老牟说道德经

牟忠祥 主编

图书在版编目(CIP)数据

老牟说道德经 / 牟忠祥主编. -- 长春 : 吉林文史出版社, 2020.11

ISBN 978-7-5472-7420-0

Ⅰ. ①老… Ⅱ. ①牟… Ⅲ. ①道家②《道德经》- 研究 Ⅳ. ①B223.15

中国版本图书馆 CIP 数据核字(2020)第 225691 号

书　　名　LAOMOU SHUO DAODEJING
　　　　　老牟说道德经

主　　编　牟忠祥
责任编辑　高冰若
封面设计　张飞飞
出版发行　吉林文史出版社
地　　址　长春市福祉大路 57886 号　邮编:130118
网　　址　www.jlws.com.cn
印　　刷　潍坊新天地印务有限公司
开　　本　700mm × 1000mm　1/16
印　　张　26
字　　数　330 千字
版　　次　2021 年 1 月第 1 版　2021 年 1 月第 1 次印刷
书　　号　ISBN 978-7-5472-7420-0
定　　价　68.00 元

序 言

中华传统经典文化是中华民族古老文明的结晶，它体现着中华民族的价值取向、道德规范、思想风貌及行为特征，是中华民族的独特标识，也是人类共同的精神财富。

形成于春秋时期的《道德经》无疑是浩若烟海的中华传统经典中极其璀璨的明珠和伟大的著作。《道德经》是老子（李耳）的哲学著作，被视为中国道家哲学思想的重要来源。其以哲学意义的“道德”为纲宗，文深意奥，包涵广博，对传统哲学、科学、政治、宗教等都产生过深刻影响，被誉为“万经之王”，是当今除《圣经》以外被译成外国文字发布量最多的世界文化名著。据不精确统计，历史上各种注本约有三千多种。

受当今文化传承的局限，今人已经很难直观地阅读《道德经》一书，更遑论理解，因此迫切需要有一部更加适合大众阅读的通俗注本问世，以满足当今人们的需求。于是，牟忠祥先生的《老牟说道德经》一书应运而生。

作者以现代人思维视角和通俗易懂的文字，对《道德经》进行了系统的字句解读和思想梳理，让读者在获得通达顺畅的阅读效果的同时，又将大义深入浅出地融入当今社会的万象当中，留作长久的感悟和思考。作者以高超的文字驾驭能力，最大程度地保留了原著艺术特色，通篇词句准确、鲜明、生动，富有说理性和艺术感染力。

通观全篇，该书具有不同于其他注本的三个特点：

一、结合儒家思想观点，对比解析《道德经》“无为”之道，辩证探究老子和孔子两位哲人的思想异同，理性赏析历史上道家、儒家文化双峰的思想精华。

二、将史上公认最佳注本中的王弼《道德经注》和河上公《河上公章句》一并白话译注，与牟忠祥的观点从三个角度构成系统解析，让读者能够更加直观地、整体地理解原著。

三、每章都附有“老牟悟语”，将作者学习《道德经》的感悟和修身心得编成短语，句句切中肯綮，发人深省。无论是悟语，亦或是创新，总归以作者之心血，诚心助读者之感悟。

牟忠祥是我的朋友，是一位致力弘扬传统文化的普通人，他热衷于对民族传统文化的培根铸魂，并以执着和努力取得了可观的成就。十几年的时间里，他创建华夏牟氏文化网站，出版牟氏文化报刊，引导牟氏文化研究，为姓氏文化在新时代的中兴和繁荣竭尽力量。近年来，他又致力于中华经典文化的弘扬普及，追溯古圣先贤之道，顺应时代社会要求，以普通人的视角倾心探究传统经典的当代价值、世界意义。这部《老牟说道德经》就是他继《老牟说论语》之后，推出的又一部力作。老牟之“说”，追圣慕贤、古为今用；老牟之“说”，传承经典、造福文明。我衷心希望老牟不断“说”下去，帮助更多的人从经典中汲取民族精神的源头活水，为民族复兴提供不竭的道德力量。

新书出版之际，简单寄语，是为序。

牟　成

2020 年 9 月

（牟成，中国美术家协会会员，中国版画家协会理事，文化部诗书画院副院长，中国美术教育学会师范专业委员会副主任，白山黑水画院院长。）

目　录

一章

【原文】道可道，非常道；名可名，非常名。无名天地之始，有名万物之母。故常无欲，以观其妙；常有欲，以观其徼。此两者同出而异名，同谓之玄，玄之又玄，众妙之门。

【译文】道如果可以用言语来表述的，那就不是永恒的“道”。名如果可以去命名，那它就不是恒久的“名”。“无”是用来表述天地混沌未开之际的状况；而“有”是宇宙万物产生本源的命名。因此，要从“无”中去观察领悟道的奥妙；要从“有”中去观察体会道的端倪。“无”与“有”这两者，来源相同而名称相异，都可以称之为玄妙、深奥。它不是一般的玄妙、深奥，而是极其玄妙、极其深奥，是认知一切奥妙的门径。

【说解】本章是整部《道德经》总纲，后面各章是对本章内容的分解。《道德经》共有八十一章，前三十七章是《道经》，主要谈“道”，后四十四章是《德经》，主要谈 “德”，最后一章再归结至天之道和圣人之道。《道德经》的主要思想说来也很简单，王弼总结就是四个字“崇本息末”，即探求万事万物的根本，去除表面的、枝末的东西。《道德经》到底是写了哪些内容呢？历史上众说纷纭，很多人从中解读出了管理法则、养生法则、用兵法则、纵横家法则甚至烹调法则等，应该说都有一定道理。《道德经》虽然是老子应函谷关令尹喜之请而作，其内容却像是隐居的老子和求教的当政者的对话，内容多是修身法则和社会管理箴言之类。

“道”是老子哲学的核心，学习《道德经》首先要弄明白“道”的含义。整部《道德经》中共有“道”字七十九个，其中有的是指宇宙本体和万物本源，称之为“天地之道”。其余的“道”多是指德行、规则，称之为“圣人之道”。

“道可道，非常道；名可名，非常名。”开篇老子就告诉人们，能够说出来的道不是永恒的“道”。事物如果可以去命名的话，那它就不是恒久的“名”。老子开篇谈“道”，同时又恐怕人们过于执着于“道”，所以接着打破了人们的观念，意在告诉人们“道”只可体悟，不可言传。儒家传道也是如此，《论语·里仁篇》里孔子对曾参说：“吾道一以贯之。”曾参说唯。他当下就领悟了，而当孔子和子贡说同样的话时，子贡就没有回答，他领悟不到。

为了让人明白这个不好言说的“道”，老子又借助两个比较抽象的概念“无”和“有”。“无”是天地未生成之前的混沌状态，是天地的本源；“有”是孕育万物的状态，也是万物之母。那么一般人怎么体悟这个“道”呢？接着老子讲了体悟道的方法。老子要人们经常保持“无欲”状态，这样就可以体悟到“道”的奥妙。要常从“有欲”中去观察体会“道”，就会了解“道”衍生万物的过程，也就是会观察到万物之母的广大。“有”“无”是一体的，人在“有”时体悟到的“无”是真正的“无”，人在“无”时体悟到的“有”是真正的“有”。比如一个当政者管理一方，自己生活富足，吃穿不愁，这是“有”；如果他能够想到贫困的人吃不上饭，就去救济他们，我们就说他体悟到了“无”；此时他无私为民，清正廉洁，行善有道，得到百姓积极拥护，此时就是“大有”。

虚无的道体生成有名称的万事万物，反过来说，世上万事万物也就是道体所在。从形态来看，“有”和“无”确实不同，老子唯恐人们还不能深入地了解“道”，所以又说“无”与“有”这两者，他们来源相同而名称相异，“同谓之玄”，都可以称之为玄妙。这里的“玄”是指“有”“无”之间相互转化的状态。后面讲的“玄德”就是指最接近于道体的“德”，它甚至比有为的“仁德”境界还要高。举一个现实例子，家里装修过房子的都知道，家门口的玄关部位十分重要，装修时一定要处理好，它把握着人出入家门的关口，所以称之为玄关。

科技发展到今天，在一定程度上可以说是无所不能，但是人类至今不能制造出一个能自己生长的生物，连制作一个最简单的单细胞生物也做不到，这就是道之玄妙。“玄之又玄”是指在认识中去掉“无”和“有”的表象后，再进一步去掉刻意探求的心态，去掉人本有的欲望，就是“无欲以观其妙”，这样才叫作“众妙之门”。

【老年悟语】

1.我们学习圣人的经典求“道”，就像循着手指观看日月，手指不是日月，同样圣人的经典也不是“道”；“道”寓于万物之中，就像日月之光普照万物一样；我们可以循着手指看到日月，也可以通过学习践行圣人的经典体悟大道。

2. 人的官位再高也要谦虚谨慎，否则极易因为触犯法律锒铛入狱；人的名声再大也要低调珍惜，否则极易变成压倒骆驼的最后一根稻草；人的钱再多也要用之有度，否则极易成为传承给子孙的毒药。

3.看似真实的钱权名利，不过是人在世几年的使用权，终归虚无；看似虚无的德行芳名，却是真实的，身前身后追随不已。

【王弼道德经注】

可道之道，可名之名，指事造形，非其常也。故不可道，不可名也。凡有皆始于无，故未形无名之时，则为万物之始。及其有形有名之时，则长之、育之、亭之、毒之，为其母也。言道以无形无名始成万物，以始以成而不知其所以，玄之又玄也。妙者，微之极也。万物始于微而后成，始于无而后生。故常无欲空虚，可以观其始物之妙。徼，归终也。凡有之为利，必以无为用，欲之所本，适道而后济。故常有欲，可以观其终物之徼也。两者，始与母也。同出者，同出于玄也。异名，所施不可同也。在首则谓之始，在终则谓之母。玄者，冥也默然无有也，始、母之所出也，不可得而名，故不可言同名曰玄。而言谓之玄者，取于不可得而谓之然也。谓之然，则不可以定乎一玄而已。则是名则失之远矣。故曰“玄之又玄”也。众妙皆从同而出，故曰“众妙之门”也。

译文：可以用语言说的“道”，可以命名的名称，都是用来描述具体事物和具体形态的，不是恒常的。所以真正的“道”是不可以言说，不能命名的。凡是世上所有的事物都来源于无，所以万物没有形状也没有名字的时候就是万物的初始阶段，等万物有了形状有了名称，就会生长、发育、自立、成熟，所以有是万物之母。所以说“道”因为无名无形才成就了万物，万物长成了而不知道为何长成这种状态，所以称之为玄之又玄。妙，是微小的极致。万物都是由微小的物质构成，都是从无开始逐步生成。所以在没有欲望、身心空虚的时候，就能观察到万物开始时的微妙状态。徼，是事物的归属和终点。凡是事物有被利用的好处，必定由无的关系产生作用。我们要想真正了解事物的本质，必须要遵照“道”的规律办事才能办得到。所以常有了解“道”的想法，就可以观察到事物发展最终的状态。“有”和“无”是事物的开始和母体，同出的意思，是同出于玄。名字的不同，是因为“有”和“无”所表现的形态不一样。无在前面就叫作开始，有在后面就叫作母体。玄，玄深、幽远，没有实物存在。是开始和母体共同的本源。人无法感觉到它也无法给它命名，也无法言说所以才命名叫作玄，这里老子之所以叫作玄，是因为无法感觉到它才这样命名。这样命名但是不能说他们是

一样的玄,如果认为他们是一样的玄,差错得就很远了。所以说玄之又玄。众多微小的物质都是由玄中出来的,所以说玄是众妙之门。

【河上公章句】体道第一

道可道,谓经术政教之道也。非常道。非自然生长之道也。常道当以无为养神,无事安民,含光藏晖,灭迹匿端,不可称道。名可名,谓富贵尊荣,高世之名也。非常名。非自然常在之名也。常名当如婴儿之未言,鸡子之未分,明珠在蚌中,美玉处石间,内虽昭昭,外如愚顽。无名,天地之始。无名者谓道,道无形,故不可名也。始者道本也,吐气布化,出于虚无,为天地本始也。有名,万物之母。有名谓天地。天地有形位、有阴阳、有柔刚,是其有名也。万物母者,天地含气生万物,长大成熟,如母之养子也。故常无欲,以观其妙;妙,要也。人常能无欲,则可以观道之要,要谓一也。一出布名道,赞叙明是非。常有欲,以观其徼。徼,归也。常有欲之人,可以观世俗之所归趣也。此两者,同出而异名,两者,谓有欲无欲也。同出者,同出人心也。而异名者,所名各异也。名无欲者长存,名有欲者亡身也。同谓之玄,玄,天也。言有欲之人与无欲之人,同受气于天也。玄之又玄,天中复有天也。禀气有厚薄,得中和滋液,则生贤圣,得错乱污辱,则生贪淫也。众妙之门。能之天中复有天,禀气有厚薄,除情去欲守中和,是谓知道要之门户也。

译文:可以言说的“道”称为经术政教之道,不是自然长生之道。恒常的“道”应当以无为的方法保养精神,不额外生事以使百姓生活安定,内含光明,对外隐藏自己的光辉,消灭行迹,隐藏端倪,而经术政教之道不可称为恒常的“道”。可以言说的“名”,是指富贵且备受尊崇,高于世间平凡之辈的名声,这种“名”不是自然存在的恒常之名。恒常之名应当像婴儿还没有开口说话, 像鸡蛋还没有分开蛋清和蛋黄的混沌状态,珍珠还在河蚌中,美玉还在顽石中间,虽然内部光辉显亮,但是外部粗糙顽劣。无名就是指恒常的大道,“道”没有形状,视之不见,所以不可命名。天地之始就是“道”的本源,含吐元气而布施于天地之间,出于虚无之中,是天地最根本最原始的“道”。有名是指天地,天地有形名和位置尊卑之分,有阴和阳、刚强和柔弱之分,这是天地的名。万物之母的意思,是指天地内含元气化生万物,并使万物生长成熟,就像母亲把自己的子女抚养成人。妙,要的意思。人如果能恒常地保持无欲,就可以观察到“道”的要妙。要可以称为一,一显现之后,才有“道”的名称,也是为了叙说分别是非。徼,归趣的意思。人如果常有欲望,就可以观察到世俗人的归宿与趣味。“两者”是指有欲和无欲。“同出者”是指有欲和无欲同出于人的内心。“异名者”是指有欲和无欲名称各不相同。没有欲望的人名声常存,有欲望的人名声身死。玄是指上天,是说有欲望的人和没有欲望的人同受于来自天的元气。天中还有一个天,人禀受于天的元气是有厚薄的,人得到中和元气的滋润就会成为圣贤,而受到错乱污浊之气的浸染就会成为贪婪淫邪的人。人能知道天中还有天,禀受的元气有厚薄,去除心中情色欲望,坚守中和之道,就是知道大道的要妙之门。

二章

【原文】天下皆知美之为美，斯恶已；皆知善之为善，斯不善已。故有无相生，难易相成，长短相较，高下相倾，音声相和，前后相随。是以圣人处无为之事，行不言之教，万物作焉而不辞，生而不有，为而不恃，功成而弗居。夫唯弗居，是以不去。

【译文】天下人都知道美之所以为“美”，那是因为有丑恶存在。都知道善之所以为“善”，那是因为有不善存在。所以有和无互相发生，难和易相辅相成，长和短互相显现，高和下互相衬托，音与声互相应和，前和后互相接随，这是永恒的。因此圣人用无为的观点对待世事，用不言的方式施行教化，听任万物自然兴起而不加干预，生化万物而不据为己有，培育万物而不自恃己能，功成业就而不居功自傲。正由于不居功，所以他的功业得以永存。

【说解】本章老子阐述世间事物的辩证关系，将世人和圣人的处事方式进行对比。

本章共分为两部分。第一部分老子阐述万事万物对立统一的辩证关系。世人定义了美善等概念，却又执着于这些概念，于是美善就成了世人欲望，过度追求美善会造成远离“道”的糟糕局面，所以丑恶、不善就存在了。比如宋朝以后到新中国成立前，社会上都以女人脚小为美，很多女人为追求这种扭曲美，不惜受罪将自己的脚用布条绑紧,使之变形,还美其名曰“三寸金莲”,久而久之形成了女人缠足陋习。圣人孔子的观点是以仁德为美,《论语·里仁篇》里孔子说“里仁为美”,和有仁德的人为邻,这样才是最好的选择。

接着老子列举了人们常见的有无、难易、长短、高下、音声、前后等现象。意在告诉人们,对立的事物在一定条件下可以互相转化,也就是我们所说的“对立统一”法则。

第二部分老子讲述圣人的处事原则。为使更多的人明白“道”,老子开出了一个“无为、身教”之方,也就是圣人的处事原则,“是以圣人居无为之事,行不言之教”。老子所说的圣人是指得道的统治者,是效法天地之道的人。这和儒家的圣人概念略有区别,儒家所说的圣人是指仁德至上者,应该说儒道两家思想同源,最高境界是一样的,但不少观点还是有所差别。无为和不言之教是老子思想的重要观点,这和世俗所崇尚的有为和说教恰恰相反。无为有两方面意思,一是从修身方面讲,是指当政者无私无欲,不争名利地位,类似儒家的“其身正,不令而行”,给下属和民众树立德治榜样。二是从社会治理方面讲,是指统治者不专制,不妄为,遵循管理规律,一切皆无心而为。不言之教就是身教,“道可道,非常道”,老子认为用语言说出来的道就不是那个恒常的“道”了。身教是心法,可以传道,而世俗一味地说教却很难触及人的心灵,所以很多人学历很高,学了很多知识,为人处世却常常犯一些低级错误,都是没有智慧的表现。儒释道最高级的修身方法都是心法。孔子向弟子颜回传授的心法,后世称之为孔颜心法,《论语·为政篇》中说颜回“不违如愚”,颜回看似愚笨,其实对于孔子的教诲他当下就能接受,所以颜回被后世誉为“复圣”。

圣人之道是从哪里来的呢?“人法地,地法天。”圣人之道就是效法天地之道。接着老子说出了天地之道的特点:“万物作焉而不辞,生而不有,为而不恃,功成而弗居”。天地使万物兴起而不加干预,生养万物

而不据为己有,培育万物而不自恃己能,功成名就而不自我夸耀。其实天地之道还有很多表现,比如日月轮转不休,四季循环不止,这是天地的诚信之德;太阳普照万物,既照富贵者,也照耀平民百姓,这是天地的公平和仁德。所以有人说中华文化的源头就是天地之道,就是天人合一,是很有道理的。

老子最后讲圣人功成名就的原因:“夫唯弗居,是以不去。”圣人正因为效法天地之道,不自居其功,所以其功德才永恒不灭。为人处世就是这样,一个人帮助了别人就有了“德”,如果他居功自傲到处宣扬,“德”就没有了,甚至会引发别人怨恨,如果这个人不居功宣扬,他的“德”就永远存在,甚至会流传后世。

【老牟悟语】

1.不言之教可以传道。一个家庭传承孝道,一定是源自父母孝顺长辈的不言之教。如果父母不孝,只知道用言语教育孩子,一定会教出巧言令色之徒,自己年老时也会吃到不孝之果。

2.使别人苦恼的人,实际上是将自己的苦恼传染给别人,而自己一直处在苦恼之中;使别人快乐的人,实际上是将自己的快乐传递给别人,而自己一直在快乐之中。

3.道德虽然无形,但是可以控制有形的财富。所以常见传承家道的有德之家百年兴盛,人财两旺;无德之家即使家有万贯也是富不过三代,甚至当代就会衰败。

【王弼道德经注】

美者,人心之所进乐也;恶者,人心之所恶疾也。美恶犹喜怒也,善不善犹是非也。喜怒同根,是非同门,故不可得偏举也。此六者,皆陈自然,不可偏举之明数也。自然已足,为则败也。智慧自备,为则伪也。因物而用,功自彼成,故不居也。使功在己,则功不可久也。

译文:美的事物,是人心喜欢接近的,恶的事物,都是人心所讨厌、憎恨的。美和恶的关系就像喜和怒的关系,善和不善的关系就像是和非的关系。喜和怒根源相同,是和非出自同门,所以不能得到那个就偏向那一个。有无、难易、长短、高下、音声、前后这六者都是自然存在的,不能偏执于任何一方面。万事万物都会自然生发,违背自然规律妄加干预就会遭遇失败。人的智慧自备于我心,有意而为就远离智慧了。根据事物的各自特点加以利用,自然会取得成功,成功不是人为而成所以不会去居功。如果有意将功劳加到自己身上,那么这个荣誉也不会持久。

【河上公章句】养身第二

天下皆知美之为美,自扬己美,使彰显也。斯恶已,有危亡也。皆知善之为善,有功名也。斯不善已。人所争也。故有无相生,见有而为无也。难易相成,见难而为易也。长短相较,见短而为长也。高下相倾,见高而为下也。音声相和,上唱下必和也。前后相随,上行下必随也。是以圣人处无为之事,以道治也。行不言之教,以身师导之也。万物作焉各自动也。而不辞,不辞谢而逆止。生而不有,元气生万物而不有为而不恃,道所施为,不恃望其报也。功成而弗居。功成事就,退避不居其位。夫唯弗居,夫唯功成不居其位。是以不去。福德常在,不去其身也。此言不行不可随,不言不可知疾。上六句有高下长短,君开一源,下生百端,百端之变,无不动乱。

译文:天下的人都喜欢宣扬自己长处,使自己彰显于他人,这样做就很容易发生危险。社会上有了善的功名,人们就会有产生争夺功名的念头。所以见到"有"时就知道是"无"所显现出来的。见到"难"时就知道是"易"所形成的。见到"长"时就知道是"短"比较出来的。见到

“高”时就知道是“下”所对比出来的。上位的人唱歌下面的人必定相应和。上位的人所作所为下面的人必定会跟随。圣人按照“道”的规律治理国家，自己以身作则，引导民众遵“道”而行。让万物按照自己的方式运作实现各自愿望，不辞劳苦地帮助他们而不逆止他们。让元气生养万物而不据为己有。道无私地施恩于万事万物，而不居功希望有所回报。大功告成，事业有成就，就退居回避，不占据重要位置。只有大功告成而不占居其位，才是合道而为，福德也就会常存而不离其身。这是说不遵道而行福德就不会长久伴随其身，没有不言的教化就不知道存在的问题。上面六句话有高下长短之别，上位的君主如果网开一面不遵道而行，下面就会祸端百出，再继续生变，势必发生动乱。

三章

【原文】不尚贤，使民不争；不贵难得之货，使民不为盗；不见可欲，使民心不乱。是以圣人之治，虚其心，实其腹；弱其志，强其骨。常使民无知无欲，使夫智者不敢为也。为无为，则无不治。

【译文】不推崇有贤德的人，使老百姓不互相争夺；不珍爱难得的财物，使老百姓不去偷窃；不显耀足以引起贪心的事物，使民心不被迷乱。因此圣人的治理原则是：净化百姓的心灵，填饱百姓的肚腹；减弱百姓争强好胜的心志，增强百姓的筋骨体魄。经常使老百姓保持无知无欲，使那些智巧聪明的人也不敢妄为生事。按照无为的原则去做事，那么就没有什么事做不好。

【说解】本章讲圣人的治国理念，体现了老子无为而治的思想。

本章共分为两部分。首先老子讲当时的社会问题及其对策。老子所处的春秋乱世物欲横流、道德沦丧，所以本章开始老子针对“尚贤”“贵难得之货”“见可欲” 三种社会突出问题开出对症治疗的药方。当时的墨家明确主张尚贤，推崇有才德的贤人。老子看清问题本质后开出此方，借以警醒世人，过度推崇贤人的弊端是加剧社会动荡，同时名利的诱惑会引发百姓无序竞争，甚至引发狡诈、作假之风。孔子的观点是使用正直的人，也就是有才又有德的人，他在《论语·颜渊篇》中说“举直错诸枉，能使枉者直”，他认为把正直的人提拔到邪恶的人之

上，就能使邪恶的人正直起来。当政者珍爱稀奇难得的宝贝，会使百姓产生占有、逐利念头，如果得不到他们就会产生偷盗想法。显露容易引起欲望的东西，就会扰乱民心。从个人修养来讲也是一样，如果过度关注外在欲望，没有将所学的修身之道应用到自身上，只是讲给别人听，而自己的言行一点儿也没有改变，那所谓的修身就是在门外耍花拳绣腿，一定会有出丑的时候。

针对社会上的这些问题老子开出了“不尚”“不贵”“不见”的对治之方，不要认为这是老子消极的处世思想，其实这个“药方”是中性的。老子不是让统治者不用贤人，而是正确使用贤人不对其过于推崇；不是把稀有的东西扔掉，而是对其适当使用不要过于珍爱；不是彻底消除人们的欲望，而是让人们收敛过多的欲望，回归质朴的本性。这个对治之方基本等同于儒家的中庸之道。

第二部分老子说出了圣人社会治理的理想境界：“虚其心，实其腹；弱其志，强其骨。”有人将这句话总结为老子修身养性的八字真诀：虚心弱志、实腹强骨。意思是养性时虚心弱志，可以使人清静无为，修身时实腹强骨，可以使人强体健身。而有的批评者将此句解释为老子的愚民政策，认为老子是想让百姓头脑简单、四肢发达、消除欲望。其实这种理解是片面的，老子的本意是说圣人治理社会抓住根本，一方面满足百姓基本需求，另一方面要削弱百姓争强好斗之志。“心虚则众欲不生，腹实则贪求自止”，百姓吃饱饭，有了健康的身体后，追求心虚清净，减损物欲，减弱百姓攀比竞争的心志，这样百姓就会心安，社会就会安定。

百姓的温饱问题解决了，他们的身体健康，社会又安定，自然就去除狡诈的心智和贪婪的欲望，那些有智巧私欲的人也不敢妄为生事了。孔子则提出了以教化为主的治国理念，他在《论语·为政篇》中说：“道之以德，齐之以礼，有耻且格。”用道德礼仪教化百姓，让百姓去除追逐欲望之念，百姓就会有羞耻心并遵守社会制度。孔子和老子提出的社会治理理念虽然不同，但殊途同归，都是追求社会治理的安定和谐，让百姓生活幸福。

最后老子进行了总结：“为无为，则无不治。”这也是本章的主题。圣人按照“不尚贤”、“不贵货”、“不见可欲”的原则，让社会治理遵道而行，圣人没有任何私欲，处处无己利他，那么就没有什么事做不好。一般人的“有为之为”，是有目标、有私欲的有心而为，是为小为，只能在一些小事或者小的范围内取得成效。而圣人是“为无为”，是遵循社会管理规律而为，并非不为，而是为大为，这样才会达到“无不治”的境界。

【老牟悟语】

1.人的贵贱不在于权位而在于内在修养，人无求则贵，多欲则贱；人的苦乐不在于钱财多少而在于把握心态，知足常乐，多贪即苦。

2.贪欲者不断追求身外之物，欲壑难填，整天烦恼不断，劳苦一生；修身者不断追求内心觉悟，清心寡欲，天天知足常乐，快乐一世。

3.看一个人命运好坏，关键看他待人仁厚还是刻薄；看一个人福分深浅，关键看他为人谦虚还是骄傲。

【王弼道德经注】

贤，犹能也。尚者，嘉之名也。贵者，隆之称也。唯能是任，尚也曷为；唯用是施，贵之何为。尚贤显名，荣过其任，为而常校能相射。贵货过用，贪者竞趣，穿窬探箧，没命而盗。故可欲不见，则心无所乱也。心怀智而腹怀食，虚有智而实无知也。骨无知以干，志生事以乱。心虚则志弱也。

译文：贤，是指才能。尚，推崇美好的名声。贵，隆重、重视的意思。

只要是有才能的人就任用,还用推崇吗?只要做到物尽其用,怎么会以此为贵呢?推崇贤人以显其名,荣誉大过实际贡献,就需要经常进行对比,看是否名实相符。贵重的货物都愿意使用,贪婪的人会竞相争夺,他们翻越墙头,打开箱子偷盗,甚至置性命于不顾。所以看不到引起欲望的东西,心就不会被迷乱。心里怀有智巧而又吃饱了肚子,就是虚有智巧实际上没有智慧。骨骼没有人类的智巧所以坚强地支撑着人的身体,人有欲望所以会惹是生非引起动乱,人的心灵清净欲望就会减弱。

【河上公章句】安民第三

不尚贤,贤谓世俗之贤,辩口明文,离道行权,去质为文也。不尚者,不贵之以禄,不贵之以官。使民不争。不争功名,返自然也。不贵难得之货,言人君不御好珍宝,黄金弃于山,珠玉捐于渊也。使民不为盗。上化清静,下无贪人。不见可欲,放郑声,远美人。使心不乱。不邪淫,不惑乱也。是以圣人之治,说圣人治国与治身同也。虚其心,除嗜欲,去乱烦。实其腹,怀道抱一,守五神也。弱其志,和柔谦让,不处权也。强其骨。爱精重施,髓满骨坚。常使民无知无欲。返朴守淳。使夫智者不敢为也。思虑深,不轻言。为无为,不造作,动因循。则无不治。德化厚,百姓安。

译文:不崇尚贤才,贤是指世俗所称的贤能之人,这些人善于辩论和文饰,善于行使权力背离大道,远离质朴善于包装自己。不尚的意思是不把禄位看得贵重,不把官位看得高贵。使民不争就是不争功名,先人后己,返回纯真朴实的自然本性。不贵难得之货是说国君不使用、不喜好珍宝,那么黄金就会弃于山野,珠宝玉石就会被弃于深渊。使民不为盗就是说上位的人清净做人,无私无欲,下面的人就不会贪婪。不见可欲是指要放弃像郑国那样的低俗音乐,远离美色,修身养性,这样就会使人不走上邪恶淫乱之路。是以圣人之治意思是说圣人治国与治身道理相同。虚其心是指消除不良嗜好和欲望,去除烦恼和迷乱,内心自然清净。实其腹是指胸怀大道,抱朴归一,守住五脏之神。弱其志是指为人平和柔顺,善于谦让,不过度看重权势。强其骨是指爱惜身体的精气,不随意抛施,这样精气就会化为骨髓,骨头自然坚强。常使民无知无欲是指让人们返回质朴本性,持守淳厚道德。使夫智者不敢为也是说圣人深思远虑,出言慎重,使智诈的人不敢乱为。就如孔子著《春秋》而乱臣贼子惧一样,怕留下坏名。为无为是指不违背规律妄作,一行一动都遵循自然规律。这样用德行教化世人,百姓自然会安居乐业。

四章

【原文】道冲而用之或不盈，渊兮似万物之宗。挫其锐，解其纷，和其光，同其尘。湛兮似或存，吾不知谁之子，象帝之先。

【译文】大道空虚无形，但它的作用又是无穷无尽。深远啊！它好像万物主宰。它不露锋芒，消除纷扰，与日月齐光。隐没不见啊，又好像实际存在，我不知道它从何而来，似乎是天帝的祖先。

【说解】本章老子是讲道的特点和作用。

为使人们加深对“道”的理解，老子本章说了“道”的三个特点：冲、渊、湛，就是空虚、深远、模糊。“道”不可言说，老子又恐怕人们过于倚重言语体悟“道”，所以用了“或”“似”“似或”这样的词，以消除人对言语概念的执着。“道”的第一个特点是“道冲而用之或不盈”。这个“冲”字很重要，冲有动的意思，引申为器物虚空，一般解释为虚空、谦虚，正因为得道之人有谦德，所以“道”的作用才会源源不断。

“道”的第二个特点是“渊兮似万物之宗”。深远啊！它好像是万物的主宰。这里说的是天地未生成之前的混沌状态，那时候“道”没有命名，也没有任何称谓，也就是天地的本源。万物来源于道，万物皆有道，我们常说：“你知道吗？”问的就是透过表象要明白万事万物内在的“道”。《中庸》中孔子说：“道不远人，人之为道而远人，不可以为道。”得道的圣人告诉我们，人的吃穿住行无不是“道”。而有的人为了求“道”，跑到深山老林里去了；还有的学传统文化常年做义工，吃穿还要父母救济。这些人没有做好人伦之道，而去求做圣贤、真人、佛菩萨，其实都是学歪了，这是修身求道应该注意的问题。

“道”的第三个特点是“湛兮似或存”，“道”隐没不见啊，又好像存在。一般人都相信自己的感官，认为看得见摸得着的才是“有”。其实还有很多物质我们感觉不到却真实存在，比如射线、光波等。科学研究发现，人类可见的物质不到宇宙物质总量的百分之五，百分之九十五以上是至今仍笼罩着神秘面纱的暗物质和暗能量。“道”就是这样，我们平时感觉不到，但又无处不在。

“挫其锐，解其纷，和其光，同其尘。”这四个“其”指出了“道”的作用，有人认为这句话是错简，古代是用竹简刻字记录，有的绑绳断了就会使竹简错位。这个说法的依据就是这四句话在《道德经》五十六章里重出。其实这四句重出是老子在强调道的作用，我们看《论语》《道德经》中都有多处重复出现的语句，大都是需要重点强调的内容。这四句话老子点出四种处世之病和对治之法，显示有道之人的处世智慧。“挫其锐”，锋芒太露是病，有道的人会隐藏其锐气。汉初名将韩信就是因为自恃有功，锋芒太露，最终惹来杀身之祸。“解其纷”，是说以无为的心态化解自己的欲求妄念，化解别人的纷扰，有功劳而又不居其功。史载郭子仪平叛安史之乱，居功至伟，四朝为将，两度入相，一生多次被诬陷，多次被罢兵权，甚至祖坟被挖，他都能利用老庄智慧，使自己度过难关，得以善终。“和其光，同其尘”，“和光同尘”一词就来源于此。一个人光芒显露、超凡脱俗就难以与众人相处，也容易招致不测之灾，有道的人会韬光养晦，收敛自己的光芒，和世俗人同处尘境。圣人就做到了践行和光同尘之道，《论语·乡党篇》中记载孔子回到本乡“恂恂如也，似不能言者”，他显得很温和恭敬，像是不会说话的样子。而在朝廷上却“便便言，唯谨尔”，在朝廷上很善于言辞，只是说得比较谨慎而已。

老子最后说:“吾不知谁之子,象帝之先。”这里老子谈到了世界的本源问题,据此可以断定老子是世界上最早的无神论者。中国人自古就有信仰天帝和自己祖先的传统,祭祀天地和祖先是最重大的礼仪活动。孔子相信天命,周游列国期间多次遇险,他都是谈到天命坦然面对。在《论语·述而篇》中记载,得知桓魋要害他,孔子说:“天生德于予,桓魋其如予何?”其实老子所说的“道”和儒家的天命、良知以及佛家的佛性、自性都是一个东西,都是儒释道各家的最高境界,需要修行者通过不断地修身养性,不断地去除身心欲望,才能够体悟到。

【老牟悟语】

1.记者问李泽楷家传经商之道,他说父亲只教他做人道理,一个生意挣七块,也可争取到八块,那么李家只拿六块钱。其实谦德就是最好的经商之道。如果老师不教学生做人而只求成绩,就是失去了师道;医生不为救人而只求效益,就是失去了医道。

2.人要有信仰,世上无论哪种信仰和学问,如果学了它使人在家不孝顺父母,在外不讲诚信,那么这个信仰和学问就是害人的,还是不学为好。

3.对待别人的过错,要想到“人非圣贤孰能无过”,宽恕别人过错便有德;对待自己过错,要想到“细行不矜终累大德”,宽恕自己过错便失德。

【王弼注道德经】

夫执一家之量者,不能全家;执一国之量者,不能成国;穷力举重,不能为用。故人虽知万物治也,治而不以二仪之道,则不能赡也。地虽形魄,不法于天则不能全其宁;天虽精象,不法于道则不能保其精。冲而用之，用乃不能穷。满以造实，实来则溢。故冲而用之，又复不盈，其为无穷亦已极矣。形虽大，不能累其体；事虽殷，不能充其量。万物舍此而求主，主其安在乎？不亦渊兮似万物之宗乎？锐挫而无损，纷解而不劳，和光而不汙其体，同尘而不渝其真，不亦湛兮似或存乎？地守其形，德不能过其载；天慊其象，德不能过其覆。天地莫能及之，不亦似帝之先乎？帝，天帝也。

译文：一个人的格局刚够管理一个世家，给他世家是管理不好的。一个人的格局刚够驾驭一个邦国，给他邦国是治理不好的。一个人竭尽全力举起一个非常重的东西，这东西已经不能发挥作用了。所以人虽然都知道万物会治理得很好，但是治理却不合乎天地之道，也就不能做到周全。大地虽然形神兼备，如果不效法天的法则大地就不会安宁；天虽然有精微之象，如果不效法道的法则即不能保持其精微之象。虚无发挥作用没有穷尽，作用满到一定程度就成了充实，充实到一定程度就会外溢。所以虚无发挥作用而又保持不满状态，作用就会达到无穷极致。形体虽然很大，但也不能牵累本体；事情虽然很多，也要留有余地，不能安排得太满。万物舍去空虚而去求道，道真的会求得到吗？不是深远得像万物的本源一样吗？道的锋芒被消磨而自身无损，繁杂解除却心神不劳，调和光芒却不污及形体，其体混同于尘土却不失本真，这不就是深沉而似有似无的状态吗？大地固守它的形态，德行不会使它超过自己所能承载的，天有它的广阔形象，其德不会使它超过自己所能覆盖的。天地也有受其局限所达不到的，道不就像天帝的始祖吗？帝，是指天帝。

【河上公章句】无源第四

道冲而用之，冲，中也。道匿名藏誉，其用在中。或不盈，或，常也。道常谦虚不盈满。渊乎似万物之宗。道渊深不可知，似为万物知宗祖。

挫其锐，锐，进也。人欲锐精进取功名，当挫止之，法道不自见也。解其纷，纷，结恨也。当念道无为以解释。和其光，言虽有独见之明，当知闇昧，不当以擢乱人也。同其尘。当与众庶同垢尘，不当自别殊。湛兮似若存。言当湛然安静，故能长存不亡。吾不知谁之子，老子言：我不知，道所从生。象帝之先。道自在天帝之前，此言道乃先天地之生也。至今在者，以能安静湛然，不劳烦欲使人修身法道。

译文：道冲而用之，冲，空虚之义。道隐匿名声美誉，其作用在中虚。或不盈，或是经常的意思。有道的人经常谦虚，不骄盈自满。大道渊源深远不可探知，好像是万物先祖。锐是进取的意思。人用过多精力进取功名，应当减损自己欲望，效法大道不过于显耀自己。解其纷，纷是结怨，是指心存道的无为以化解怨恨。和其光，是说虽然有独到光芒，但应当知道韬光隐晦，不要以光芒惑乱人。同其尘是指应当与百姓同处垢尘之地，不因自己身份特殊享受特别待遇。湛兮似若存，是说道幽远而又安然寂静，所以能够常存而不灭亡。老子说，我不知道大道是从哪里诞生的，但我知道在天帝之前就有道了。就是说道生在天帝之前。大道之所以至今依然存在，是因为道安然寂静而又幽远，不辞烦劳地使人修身效法大道。

五章

【原文】天地不仁，以万物为刍狗；圣人不仁，以百姓为刍狗。天地之间，其犹橐龠乎？虚而不屈，动而愈出。多言数穷，不如守中。

【译文】天地是无所谓仁慈的，它没有仁爱，对待万事万物就像对待刍狗一样，任凭万物自生自灭。圣人的至仁也是没有仁爱的，也同样像对待刍狗那样对待百姓，任凭人们自作自息。天地之间，岂不像个风箱一样吗？它空虚而不枯竭，越鼓动风就越多，生生不息。政令繁多反而更加使人困惑，更行不通，不如保持虚静无为。

【说解】本章讲圣人治国效法天地之道。

本章老子用两个物品做比喻以阐明深奥的大道。一个是刍狗，就是草扎的狗，古人专门将刍狗用于祭祀，仪式过后刍狗就被扔掉。前两句有人解释为天地和圣人没有仁爱，对待万物和百姓就像对待刍狗一样，有用时礼敬有加，不用时任意践踏。其实，老子所谈的仁德不同于儒家的仁德，儒家所说的仁德是至德，甚至可以用生命成全仁德。《论语·卫灵公篇》中孔子说：“志士仁人，无求生以害仁，有杀身以成仁。”而老子认为，仁德是有心而为，离“道”较远，离“道”最近的是无心而为的玄德。上天不会有心而为，所以上天没有仁德，而老子所说的圣人是遵循天地之道而为的统治者，所以也没有仁德。天地和圣人对待万物没有偏袒之心，看似不仁，其实是对万物一视同仁，是最

大的平等，所以这里老子所说的不仁等同于至高无上的善行。同样是教人向善，儒释道三家还是略有区别，儒家的教化是首先要讲一番修身立德的好处，佛家会说他们的最终目标是成为佛菩萨，是到极乐世界。而老子的至仁则没有任何先决条件，没有任何理由，全部是发自本心，自然而然，其向善的境界是最高的。

我们做事也是一样，不随便施予爱心帮助别人，而遵守规则维护大多数人的利益就是最大的仁德。据报道，有个中国志愿者出国参与救灾，看到有人很可怜就要送给他们食品，当场就被一个外国志愿者大声喝止，过后那个人对他说，无规则随意发放食品，极易引起哄抢，真正需要救助的人可能什么也抢不到。所以当政者遵守规则比随意施与仁慈更重要，如果当政者执法过于随意，社会就会失去公平，最后会使更多百姓遭殃，这是最大的不仁。

老子的第二个比喻是橐龠。橐龠是古代鼓风的风箱，鼓动风箱，风就会源源不竭地发出。天地之间也像风箱一样，虽然是空虚状态，但是它的作用却是穷竭不尽。“动而愈出”，越鼓动风就越多，消极不动当然就没有风了，所以老子所说的空虚不是一个消极概念，而是一个积极观念。人修身也是一样，必须要先有一个虚静心态。南怀瑾年轻时求道遇到一位名师，老师告诉他人心只有拳头那么大，事情装多了会迸开，所以不管什么事心里一过就永远丢出去，这样人一辈子就受用无穷。南怀瑾告诉我们，修身的人要有谦德，要先求内心空虚，然后才会有所得。

最后老子得出的结论是“多言数穷，不如守中”，政令繁多反而更加使人困惑，更行不通，不如保持虚静无为。天地不仁和天地空虚都是老子无为思想的引申，无为的反面是有为、妄为，当政者不按照客观规律办事，实施烦苛的政令，也就是“多言”，必然会导致政令不通。还有一种解释是从修身方面讲，人要学习天地之道，内心虚静而又包容一切，做到心胸坦荡，不以物喜，不以己悲。与人交往做到言辞谨慎，说话太多，言多必失，就会有危机。《论语·里仁篇》里子游说："事君数，斯辱矣。朋友数，斯疏矣。"意思是侍奉君主多言琐碎，反而会招来羞辱；与朋友交往多言琐碎，朋友就会疏远你，所以与人交往把握中道的原则最重要，可以看出，老子的这一思想与儒家的中庸思想十分相近。

【老牟悟语】

1.古来的圣贤都有谦德，从不会自夸。现在的人有点成绩就喜欢夸耀，唯恐别人不知。而修行的人一旦有了自夸毛病，就断了修身求道之路。"夸"字是由"大"和"亏"两个字组成，所以自夸者就是显示小聪明而吃大亏的人。

2.抱着善心做善事的人，不求得到好名声，最终会成为真正的善人；抱着求名做善事的人，得到好名声也是暂时的，时间会脱去他善人外衣。

3.人心只有拳头那么大，如果装满了自私的想法和欲望，就听不进去别人的意见，同时也将智慧排挤在外。这时人的言行就会被装满欲望的心所左右，人们看到的就是一个自私自利的人。

【王弼注道德经】

天地任自然，无为无造，万物自相治理，故不仁也。仁者必造立施化，有恩有为。造立施化，则物失其真。有恩有为，则物不具存。物不具存，则不足以备载矣。地不为兽生刍，而兽食刍；不为人生狗，而人食狗。无为于万物而万物各适其所用，则莫不赡矣。若慧由己树，未足任也。圣人与天地合其德，以百姓比刍狗也。橐，排橐也。籥，乐籥也。橐籥之中空洞，无情无为，故虚而不得穷屈、动而不可竭尽也。天地之中，荡然任自然，故不可得而穷，犹若橐籥也。愈为之则愈失之矣。物树其恶，事错其言，不济，不言不理，必穷之数也。橐籥而守数中，则无穷尽。弃己任物，则莫不理。若橐籥有意于为声也，则不足以共吹者之求也。

译文：天地任万事万物按照道的规律自然发展，不妄施影响不造作，万物都会自由发展，自我管理，所以无所谓不仁。仁德之人必然会创造、施与、教化，让他们感到有恩德有作为。创造、施与、教化就会使事物失去本真状态，有恩德有作为就不能对万物一视同仁，不能对万物一视同仁，就不能使所有的事物都在世上存在。天地不是为动物而生养了草，而动物会去吃草；天地不是为人而生养了狗，而人会去吃狗。不对万物有什么作为而万物各自发挥作用，都丰富够用了。如果使用自己的那些智慧，是不会达到那种程度的。圣人与天地有一样的德行，把百姓比作草扎的狗。橐，排橐，就是风箱。籥，乐籥，就是乐器。橐籥中间是空的，没有感情也没有作为，所以是空虚的，风没有穷尽，是因为不断屈伸运动而没有竭尽啊。

【河上公章句】虚用第五

天地不仁，天施地化，不以仁恩，任自然也。以万物为刍狗。天地生万物，人最为贵，天地视之如刍草狗畜，不责望其报也。圣人不仁，圣人爱养万民，不以仁恩，法天地行自然。以百姓为刍狗。圣人视百姓如刍草狗畜，不责望其礼意。天地之间，天地之间空虚，和气流行，故万物自生。人能除情欲，节滋味，清五脏，则神明居之也。其犹橐籥乎。橐籥中空虚，人能有声气。虚而不屈，动而愈出。言空虚无有屈竭时，动摇之，益出声气也。多言数穷，多事害神，多言害身，口开舌举，必有祸患。不如守中。不如守德于中，育养精神，爱气希言。

译文：天地不仁，意思是上天施与阳光雨露，大地化育万物，不是天地的仁德和恩惠,是自然而然发生的。天地生养万物,人最为珍贵,天地视之为草扎的狗一样,不指望有所回报什么。圣人爱护、生养平民百姓,也不是以仁德和恩惠,效法天地行效自然而然法则。圣人对待百姓就像对待草扎的狗一样,就是不注重百姓对其回报的意思。天地之间中和之气流行, 所以万物自然得以生养。人能够去除情欲,节食各种美味,清养五脏,那么神明自然就会居住其中。人如果像风箱一样中间空虚,就能有声气。是说风箱正因为中间空虚,所以发出的声气没有穷竭,只要摇动风箱,它就会不断溢出声气。如果杂事太多,就会伤害心神,说话太多,就会害及身体,口无遮拦,必然会有祸患。所以,不如持守德行于中道,育养精神,少说话以珍爱中和之气。

六章

【原文】谷神不死，是谓玄牝，玄牝之门，是谓天地根。绵绵若存，用之不勤。

【译文】虚空的“道”是永恒长存的，它就是深妙莫测的母体。玄妙母体的生育之门，就是产生天地万物的本源。它就是这样连绵不绝地永存，作用无穷无尽。

【说解】本章是讲“道”化生万物的功用。

“谷神不死”，谷是山谷，山谷的特点是中间是空的，上有高山，下有洼地和流水，是很多动植物得以生养栖息的场所，这里的谷是指虚空生养之意。虚怀若谷一词就来源于《道德经》，说一个人的胸怀像山谷一样深广。神是说“道”很神妙，无形的“道”存在于有形的万物之中，使万物自然化成，玄妙莫测，所以叫作“神”。老子在本章用“谷神”代指虚空的“道”，“道”虚无至极、永恒存在，自古以来生生不息，所以是“谷神不死”。这里的“死”不是生物生命的死亡，而是指休息、停止的意思。老子的话很精炼，“谷神不死”四个字说出了“道”的三个特点：虚空、玄妙、长生。而与“道”的这些特点相反的，我们所能看得到的万事万物则是实存的、粗犷的、不断消亡的，对比之后就足见“道”的功用之伟大。孔子在《论语·子罕篇》中也借水喻道：“逝者如斯夫！不舍昼夜。”道体像流水一样生生不息，感慨人生世事变化之快。

“是谓玄牝。”玄是黑色的、深奥的意思。牝是指雌性动物，雄性动物叫牡。意思是说“道”永恒长存、生生不息，是玄妙莫测生养万物的母体。生活中可以看到生物不断繁衍后代，甚至树枝插到地里就可以长成大树，这是万物有“道”。而现今科技如此发达，却不能制造出一个有生命的细胞，由此就可以体悟到“道”的玄妙。大家看老子这里用了肯定的词语“是谓”，意思是玄牝就是“道”。而老子在其他章节谈到“道”时用的词各不相同，比如“犹橐龠”，“道”像风箱一样；比如“水几于道”，水的特点接近于“道”，老子认为还是玄牝的特点和“道”最相像。在《易经》中坤卦代表母性，母性有温柔、顺从之美德，如果过于强势就不合道了。比如后世对武则天的评价是“牝鸡司晨”，意思是女人干了男人的事，本来应该是公鸡打鸣却变成了母鸡打鸣，这与古人的人伦观念不符，所以武则天也自知理亏，最终她为自己立的是无字碑。直接用玄牝比作“道”也显示了老子的智慧。因为人类文化趋向是过于文饰，有的方面是走向堕落的，而“道”又不可言说，所以老子用玄牝一词可以让人更直接地体悟到生生不息的“道”。如果说老子讲的“道”比较玄远，像是在深山里讲给国君和卿大夫们的，那么孔子所谈的“道”更为具体，更接近于现实社会，像是在会场里讲给弟子和各界人士听的。在《论语·述而篇》中孔子说:“志于道,据于德,依于仁,游于艺。”教育弟子要志于圣贤之道，以德行修养为根据，不背离仁爱思想，活动于六艺范围中。

“玄牝之门，是谓天地根。”玄妙母体的生育之门，就是产生天地万物的本源。古人对生衍繁殖现象十分不解，看到从母体中生出新的生命幼体感到很神奇，所以古人有生殖崇拜的习惯，是对生物界繁殖能力的一种赞美和向往。德国心理学家海灵格博士提出了著名的“家庭系统排列”工作方法，他有一个重要观点，是说一个人如果不孝顺自己的母亲，经常与母亲发生冲突，那他的事业一定不顺。这个观点和中国传统孝文化相符。人出生后，母亲就是其生命之本，本立而道生，如果失去这个立身之本，那他的事业也便成了无本之木、无源之水。对于一个家庭来说，一般家庭男人在外干事业，女人既要干工作，还要教育孩子，“至要莫如教子”，而孩子德行教育主要源自家庭，所以母亲对一个家庭来说更加重要。古人说一个好媳妇可以旺三代，上面孝养好父母，家里辅助好丈夫，下面教育好孩子。相反，找个不好的媳妇，三代遭殃。我们看周朝周文王的奶奶太姜、母亲太妊和媳妇太姒，合称周初“三太”，她们都有深厚的德行，周朝八百年国祚与她们有很大关系，所以现在尊称有德行的媳妇都称太太，代表贤德直追“三太”。

“绵绵若存，用之不勤。”绵，是幽深细微而又不绝，“道”就是这样连绵不绝地永存。这与第四章“湛兮，似或存”意义相近。不勤，是不劳倦，其实就是老子所说的无为，让一切事物遵道而行，不过于勤劳有为，那么“道”的作用就无穷无尽。

【老年悟语】

1.母亲又称“娘”，“娘”字意味着是善良的女人；母亲又称“妈”，“妈”字意味着是为儿女做牛做马的女人。母亲是让家庭幸福的人，是天底下最能忍苦受累的人。

2.慈悲和智慧是人生最好的两味药，慈悲可以让我们处理好一切人情，智慧可以让我们应对好一切事变。

3.不良嗜好虽觉爽快，其实会伤害自己身体；不义之财用着舒服，其实会毁坏家庭幸福；执法不公看似高效，其实会失去百姓信任；不实名誉看似好事，其实会损毁子孙福祉。

【王弼注道德经】

谷神，谷中央无。谷也，无形无影，无逆无违，处卑不动，守静不衰，谷以之成而不见其形,此至物也。处卑而不可得名,故谓天地之根,绵绵若存,用之不勤。门,玄牝之所由也,本其所由,与极同体,故谓之天地之根也。欲言存邪,则不见其形,欲言亡邪,万物以之生。故绵绵若存也,无物不成,用而不劳也。故曰,用而不勤也。

译文:谷神,是指两边有山中间空无。谷是没有形状也没有影子,不会逆反也不会违抗,坦然处于卑下之地不动,守在幽静的地方而不会衰竭,我们看不到它的形状,这样一种达到极致的东西就是“道”。处于卑下的地方而不能为其命名,所以叫作天地的根源。道连绵不绝地永存,作用无穷无尽。门,是说玄牝之所由来,追其由来,与太极是一体的,所以称为天地之根。要说“道”是存在的,却看不到它的形状,要说“道”是不存在的,万物都遵循它的规律。所以说它绵绵不绝而又若存若无,没有物质不是它成就的,发挥作用却不辞劳苦。所以说,它的作用无穷无尽。

【河上公章句】成象第六

谷神不死,谷,养也。人能养神则不死也。神,谓五脏之神也。肝藏魂,肺藏魄,心藏神,肾藏精,脾藏志,五藏尽伤,则五神去矣。是谓玄牝。言不死之有,在于玄牝。玄,天也,于人为鼻。牝,地也,于人为口。天食人以五气,从鼻入藏于心。五气轻微,为精、神、聪、明、音声五性。其鬼曰魂,魂者雄也,主出入于人鼻,与天通,故鼻为玄也。地食人以五味,从口入藏于胃。五味浊辱,为形、骸、骨、肉、血、脉六情。其鬼曰魄,魄者雌也,主出入于人口,与地通,故口为牝也。玄牝之门,是谓天地根。根,元也。言鼻口之门,是乃通天地之元气所从往来也。绵绵若存,鼻口呼噏喘息,当绵绵微妙,若可存,复若无有。用之不勤。用气当宽舒,不当急疾懃劳也。

译文:谷,养育的意思。人能够养育自己,神就能长生。神是五脏中的神。魂藏于肝中,魄藏于肺中,神藏于心中,精藏于肾中,志藏于脾中,如果人的五脏都受伤,那么五脏之神就会离去。是谓玄牝意思是长生不死之道在于玄牝。玄是指天,在人则代表鼻子。牝是指地也,在人则代表口。天赐予人五行之气,从鼻子进入然后藏于心中。五行之气清灵微妙,化为精、神、聪、明、音声五种特性。其精灵为魂,魂为雄性,它主要从鼻子出入人体,与天相通,所以我们称鼻子为玄关。大地赐予人以五味,从人的口中进入胃脏,五味十分污浊,形成人体的形、骸、骨、肉、血、脉。大地的精灵为魄,魄为雌性,它主要通过人的口出入人体,与大地相通,所以我们称口为牝。是谓天地根。根是本源的意思。说鼻口是出入人体的门,是指天地元气从人的鼻口出入。鼻子和口的呼吸喘息,应该缓和绵长,精微玄妙,好像存在,又好像没有。用之不勤的意思是呼吸用气应当宽松舒缓,不应当又急又快,像干活劳累急促时的样子。

七章

【原文】天长地久。天地之所以能长且久者，以其不自生，故能长生。是以圣人后其身而身先，外其身而身存。非以其无私邪？故能成其私。

【译文】天长地久，天地所以能长久存在，是因为它们不为了自己的生存而自然地运行着，所以能够长久生存。因此，圣人遇事谦退无争，反而能在众人之中领先；将自己生死置于度外，反而能保全自身生存。这不正是因为他无私吗？因其无私所以能成就自己。

【说解】本章讲天地长生之道和圣人身存之道。

共分为三部分。第一部分讲天地之道。天长地久是人们经常用于赞美友谊、爱情、精神的词语。人生不过百年，天长地久人人向往。那么天地为什么会长久呢？本章老子给出答案，那就是“不自生”。不自生即意味着天地生养万物却不生养自身，利于万物而不自利，也就是无私。天地如果和万物争取自己的利益，天地就成了一普通“万物”而已，也就不能长久。正是因为天地无私生化万物而不据为己有，培育万物而不自恃己能，功成业就而不居功自傲，所以它能长久，它的功绩也永远不会失去。

第二部分讲圣人之道。老子讲圣人也是效法天地无私、谦退的精神，“是以圣人后其身而身先，外其身而身存”，圣人遇事谦退无争，不把自身利益摆在别人前面，也就是“后其身”，反而能赢得大家拥戴，也就是“身先”，在众人之中领先；圣人将自己生死置于度外，不优先考虑自身的利害，也就是“外其身”，反而能保全自身，完成他的精神使命，也就是“身存”。正是由于圣人处处不为自己着想，反而成就了他的理想生活。儒家则提出了以“杀身成仁”成就圣贤之道的观点。《论语·卫灵公篇》中孔子说：“志士仁人，无求生以害仁，有杀身以成仁。”儒家杀身成仁、舍生取义的精神影响了后世文天祥、谭嗣同等众多志士仁人。

现实生活中无私、谦让的精神其实就是最好的与人相处之道。新东方创始人俞敏洪讲过自己的经历，他大学四年中每天都为宿舍同学打开水，同学们都很感激他、信任他，后来得知他创业遇到困难时，同学们都鼎力相助。所以人们常说，无私助人、懂得谦让的人最有福气。

老子最后进行总结，天地长生之道和圣人身存之道就是因为无私。“非以其无私邪？故能成其私。”因其无私所以能成就自己。后面的私是大私，是个人私利的最大化。我们看留名青史的伟大人物，都是无私无我之人。圣人孔子就是这样，他为往圣继绝学，知其不可为而为之，颠沛流离十四年，多次生命受到威胁，他都矢志不移推行圣贤之道。《论语·八佾篇》中记载一个地方官拜见孔子，出来后对其弟子说：“天下之无道也久矣，天将以夫子为木铎。”意思是说天下无道已经很久了，上天将以孔夫子为圣人来号令天下。孔子去世后被推崇为大成至圣先师，至今还享受世人推崇。正因为孔子自己无私，处处为天下百姓着想，所以成就了他的伟大。

有人在解析本章时曲解老子思想，认为老子是想通过“后其身”的手段达到“身先”目的，尤其是“非以其无私邪？故能成其私”一句，认为圣人想保住自己权位，却用狡诈方式，通过“无私”手段达到“成其私”的目的。其实，这些人看圣人的经典时是用“有私”的心揣摩圣人境界，他们琢磨经典语句时加入个人动机，所以他们的观点惊世骇俗。当然，对经典的解读出现多元化也是正常的，仁者见仁，智者见智，应该冷静看待这一点。

【老牟悟语】

1.知足而少欲的人富有，人知足后富裕、快乐会牵手而来；贪婪而多欲者心贫，人贪婪后贫困、忧愁会相继而至。

2.庄子说：“嗜欲深者天机浅。”一个人沉溺于欲望，他的天道智慧一定很浅薄。只有完全去除私欲，为大众利益服务才符合天道。也就是说，只有从个人欲望中超脱出来的人，才能具有大智慧。

3.个人利益不必费心谋取，应当为大众利益尽心谋划。眼前利益不必费心考虑，应当为长久利益尽心争取。有功的人将自己的利益放到大众后边，大众会将他推到前面；无私的人将自己的利益融入大众利益，他的利益将会无限扩大。

【王弼道德经注】

自生则与物争，不自生则物归也。无私者，无为于身也。身先身存，故曰，能成其私也。

译文：天地注重自己的生存就会与万物相争，天地不在意自己的存在所以万物都各有归属。圣人无私，就是不为自己的利益考虑，自己实行了无为。因为做到了无为，所以圣人做到了身先，保全了自身，反过来圣人也成就了自己。

【河上公章句】韬光第七

天长地久，说天地长生久寿，以喻教人也。天地所以能长且久者，

以其不自生，天地所以独长且久者，以其安静，施不求报，不如人居处，汲汲求自饶之利，夺人以自与也。故能长生。以其不求生，故能长生不终也。是以圣人后其身，先人而后己也。而身先，天下敬之，先以为长。外其身，薄己而厚人也。而身存。百姓爱之如父母，神明佑之若赤子，故身常存。非以其无私邪。圣人为人所爱，神明所佑，非以其公正无私所致乎。故能成其私。人以为私者，欲以厚己也。圣人无私而己自厚，故能成其私也。

译文：天长地久的意思是天地长久存在，生生不息，老子用天地之道教化世人。天地所以能够长生久寿，是因为能够做到天安地静，施与万物阳光雨露而不求回报，不像世间俗人一样，整天忙忙碌碌为自己谋取利益，甚至争夺别人的名利据为己有。正因为天地不求长生，所以能够长生没有终老。圣人后其身是指圣人事事会先想到别人，而后想到自己的利益。这样天下人就会尊敬他，并首先把圣人推崇为尊长。外其身是指薄待自己而厚待别人，这样百姓对待圣人就如同对待父母，神明护佑他们像对待刚出生的婴儿，所以他们的形象常存世人心中。圣人被世人所爱戴，被神明所护佑，不正是因为他们公正无私所导致的吗？世俗的人之所以有私心，是想用丰富的财物使自己富有。圣人没有私心，而用高尚的德行来丰富自己，所以圣人最终会成就自己。

八章

【原文】上善若水,水善利万物而不争。处众人之所恶,故几于道。居善地,心善渊,与善仁,言善信,正善治,事善能,动善时。夫唯不争,故无尤。

【译文】最善的德行就好像水一样,水善于滋润万物而不与万物相争。停留在众人都不喜欢的卑下的地方,所以最接近于道。圣人会像水一样把自己的位置放到很低的位置,心胸善于保持沉静而深不可测,待人像水一样真诚、仁爱,说话恪守信用,处理政务顺道而为,能把国家治理好,处事善于发挥所长,行动善于把握时机。圣人正因为有不争的美德,所以没有过失,也就没有怨咎。

【说解】本章老子称赞圣人的不争之德,像水一样接近于"道"。

老子用水比喻圣人的德行和品格:"上善若水,水利万物而不争。"最高境界的善行就像水一样,泽被万物而不争。上善并非一般善行,而是指行善而不争其善。孔子的弟子颜回就达到上善境界,《论语·公冶长》中记载,孔子要弟子们谈谈各自志向,颜回说:"愿无伐善,无施劳。"意思是说我愿意不夸耀自己的好处,不表白自己的功劳。颜回是孔子弟子中修养最高的人,被后世誉为"复圣"。老子接着说:"处众人之所恶,故几于道。"世俗的人受欲望影响,都喜欢争强好胜,追求财色名利。而圣人则相反,他们看淡名利,懂得谦让,常处于低下位置,

其谦下、无私的德行像水一样接近于道。

随后老子说出水和圣人相近的七个特点。“居善地”，水是顺势而为，流向洼地。圣人与人相处谦逊有礼，也像水一样把自己放到很低的位置。有人将“居善地”译为居于善于选择地方，也有道理。古代“孟母三迁”的故事就是孟母多次搬家，为孟子选择了一个适宜学习的地方。还有的将“居善地”解释为选择风水好的地方，这样理解就有点偏了。古人讲“福人居福地”，一个人只要心正言正行正就是有福之人，他们住到哪里都是风水宝地。“心善渊”，渊的特点是又空又深，圣人的心没有了欲望牵挂，心胸也像深渊一样宽广，沉静而有定力，不会被世俗污染。郑崇是西汉的尚书仆射，手握重权，平时上门请托的人很多，有人诬告其“有奸”。面对皇帝质问，郑崇坦然地说：“臣门如市，臣心如水。”意思是虽然找我办事的人很多，但我的心却像清水一样纯洁。水也代表了心胸宽广、无欲无求的廉洁从政意识。“与善仁”，水无偿滋润万物，一视同仁，圣人对待百姓也像水一样和善可亲，平易近人。《论语·乡党篇》中记载，孔子退朝回家，听说马棚里失火，赶紧问“伤人乎？不问马”，孔子关心的是人是否受伤，而不是财物的损失，这就体现了圣人的仁爱之心。“言善信”，海水潮起潮落，夏雨冬雪皆有定时，水利万物，诚实和顺。圣人言出则行，行必有果，表里如一，都有诚信之德。“曾子杀猪”的故事广为人知，曾子就是用言而有信的身教告诉妻子和儿子，做人要讲诚信。“政善治”，水有不争、无私、公平的特点，圣人治国也是顺道而为，公正无私，最终会达到无为而治的结果。“事善能”，万物离不了水，水行船渡筏，兴云致雨，用途广泛。圣人也是多才多能，治国理政都能应对自如。《论语·子罕篇》中孔子说自己“少也贱，故多能鄙事”，孔子小的时候生活很苦，所以学会了很多技能。“动善时”，水不违天时，夏有雨水冬有雪，滋润万物。圣人也是审时度势，把握时机。《六祖坛经》记载惠能得传五祖衣钵之后，多次被恶人追逐，后来在猎人的队伍里躲了十五年避难，最后遇到印宗法师才感到时机成熟，开东山法门授法，使禅宗得以发扬光大。

老子最后总结："夫唯不争，故无尤。"正因为水不争，所以化矛盾于无形。安徽桐城有个六尺巷的故事，清朝大学士张英一首："千里来书只为墙，让他三尺又何妨。万里长城今犹在，不见当年秦始皇。"化解了家人因盖房占地问题与邻居的纠纷，互相让出三尺，便形成了一条六尺宽的巷道。这个故事可以看出张英深悟老子不争的智慧。世人多争名利、地位、胜负等，有争必有胜负，胜者高兴，败者必有怨尤。水不与人争，所以人对水没有怨言，圣人不与人争，所以圣人会立于不败之地，也不会招致怨尤。

【老牟悟语】

1.有人将家庭打扮成天堂，有的将家庭改造成地狱，关键问题在于心站在哪里。如果都夫妻都站在对方立场上考虑问题，将对方的问题和自己的问题都当成自己的问题，就会化矛盾为无形，家庭就成了人间天堂。如果都将对方的问题和自己的问题都当成对方问题，小事也会成为大矛盾，家庭就逐步改造为人间地狱。

2.有颗善良的心传承给子孙最为宝贵，子孙处处行善将会得到善意的回报，可保子孙幸福一生；有颗贪欲的心让子孙效仿最为糟糕，子孙处处争抢必将得到恶意回报，会让他们烦恼一生。

3.无德之人有了财富与富贵，极易招致祸灾，应对之法就是要修身立德，宽厚待人，这样才会避免灾祸发生。

【王弼注道德经】

人恶卑也。道无水有，故曰，几也。言人皆应于治道也。

译文：人都是厌恶卑下。"道"是空虚的，没有形状的，而水是现实

存在的，有形状的，所以说水只是接近于“道”。是说得道的人应该符合“道”的准则。

【河上公章句】易性第八

上善若水。上善之人，如水之性。水善利万物而不争，水在天为雾露，在地为源泉也。处众人之所恶，众人恶卑湿垢浊，水独静流居之也。故几于道。水性几于道同。居善地，水性善喜于地，草木之上即流而下，有似于牝动而下人也。心善渊，水深空虚，渊深清明。与善仁，万物得水以生。与，虚不与盈也。言善信，水内影照形，不失其情也。正善治，无有不洗，清且平也。事善能，能方能圆，曲直随形。动善时。夏散冬凝，应期而动，不失天时。夫唯不争，壅之则止，决之则流，听从人也。故无尤。水性如是，故天下无有怨尤水者也。

译文：上善的人德行和水一样。水在天上是云雾和雨露，在地上就成了水流源泉。人们都讨厌低下潮湿、污垢浑浊的地方，而水却独自静处那些被人厌弃的地方。水的特点和道几乎相同。水喜欢在地面低下的地方流动，在草木上面的水随即会流到下面，就如生生不息的母性，动而处于卑下的位置。“心善渊”是指水渊深清澈明亮。“与善仁”是指万物得到水的滋养而生生不息。与，是虚静地给与而不会盈满。“言善信”是指水可以照出外物形状，不失其真情的表达，内外如一。“正善治”是指水没有不能冲洗的东西，使之恢复清净平和的本性。“事善能”是指水能随方就圆，随着外部变化或曲或直。“动善时”是指水夏天散化为水冬天凝结为冰雪，会随着季节变化而变化，不会违背天时。水被阻塞时会停止不动，把阻塞决开便会继续流动，服从于人的意志。水的本性就是如此，所以天下没有怨恨水的人。

九章

【原文】持而盈之，不如其已。揣而锐之，不可长保。金玉满堂，莫之能守。富贵而骄，自遗其咎。功遂身退，天之道。

【译文】执持盈满，不如适时停止。显露锋芒，锐势难以保持长久。金玉满堂，无法守藏得住。富贵到了骄横的程度，那是自己留下了祸根。一件事情做得圆满了，就要含藏收敛，这才符合自然规律。

【说解】本章老子是讲适可而止的处世之道。

共分两部分。第一部分老子首先点出了成功人士常有的四种病：持盈、揣锐、守金、骄贵，并相应列出应对之法。“持而盈之，不如其已。”天道忌满，做事过满就会出问题。比如你端着满满的一杯水就不敢随意走动，否则水就会溢出来。儒家讲的中庸之道也是一样，要求做事不能太过，也不能差得太多，《论语·述而篇》中孔子说：“质胜文则野，文胜质则史。文质彬彬，然后君子。”生活中也是这样，比如一个人的全部精力都用在了工作上，事业做得红红火火，但是因为整天不着家，家庭就出现问题了，这就是过于追求某一方面的盈满而远离了人生中道的智慧。

“揣而锐之，不可长保。”一个人锋芒太露，就容易导致挫折。历史上的法家人物就是这样，他们多使用比较激进的策略，来激发人们的欲望，这样通常在短时间内会取得明显的成效。但是“木秀于林，风必摧之”，激进的做法也会产生很多矛盾，所以法家人物下场大多都很悲惨。历史上著名的魏武卒就是这样，吴起用五万魏武卒战胜五十万秦军，还创造了大战七十二场无一败绩的神话，但是连年征战也将魏国拖入亡国泥潭，吴起最后也惨遭杀害。

“金玉满堂，莫之能守。”金钱和富贵是守不住的。圣人不以富贵为富贵，所以才能长久保持富贵。有人误解为老子反对人们富贵，其实老子和孔子一样，都不反对人们追求富贵，他们反对不合乎道义的富贵。《论语·述而篇》中孔子说：“不义而富且贵，于我如浮云。”也就是常说的君子爱财取之有道。老子反对的是一味地想守住金玉，这样金玉也就变得没有用途了，守财还助长了人们的贪欲。曾国藩是有大智慧的人，他知道留给子孙最宝贵的不是金银财宝，而是德行和家风传承。据统计，至今二百年间曾国藩的后人中出了二百四十多位杰出人物。曾国藩说一个家族是否兴旺看三点就够了：一是看子孙是否早起；二是看子孙是否干家务活；三是看子孙是否读圣贤书。

“富贵而骄，自遗其咎。”历史上很多开国大将南征北战，以至于富贵加身，后来却因居功自傲，晚节不保。《论语·学而篇》中孔子就谈到一个保持富贵的方法，那就是“富而好礼者也”。一个人做到了富贵不骄傲，还不如富贵而又好礼。

第二部分老子讲了立身处世的原则：“功成身退，天之道。”前面四种现象都是发生在功成名就的人士身上。老子告诫这些人要遵循天道，要有谦让之德。历史上的范蠡、王翦、张良就深悟功成身退之道，而得以善终。这里的身退不是指退出庙堂，辞职到深山老林隐居，而是要有谦让之德，不再争权夺利。因为事业发展到一定阶段，时间、人物、环境等一切条件都在变，如果功成者没有智慧，放纵骄傲享乐之心，则必然遭遇挫折，甚至身败名裂。历史上李斯、文种、苏秦、韩信等人莫不如此。

【老牟悟语】

1.莲花早晨开放,傍晚闭合,不能闭合时,就是要凋落了,身处富贵的人体悟至此,就该明白人生收敛之道。高大的树木遇强风就容易折断,而柔软的草木却安然无恙,身处高位的人体悟至此,就该懂得进退之道。

2.给子孙留财无益。如果子孙有才能,钱财会使他们不求上进,甚至陷于享乐败德;如果子孙无德,钱财就会遗祸子孙,财富就成为毒药。正确的方法是先培养子孙德行,有了德行自然有上进心,德才兼备自然有财,这就是厚德载物。

3.贪官污吏即使官位再大也使家族蒙羞,品行端正即使身为平民也是家族之福,奸邪之人即使饱读诗书也会伤风败俗,积德行善即使大字不识也可传承家道。

【王弼道德经注】

持,谓不失德也。既不失其德,又盈之,势必倾危。故不如其已者,谓乃更不如无德无功者也。既揣末令尖,又锐之令利,势必摧衄,故不可长保也。不若其已。不可长保也。四时更运,功成则移。

译文:持有,就是使自己不失德。做到了不失德,而又为满足自己的私利追求盈满,必然就会有倾覆的危险。所以不如适可而止的人,甚至不如无德无功的人。既捶打令刀刃尖锐,又打磨它使之锋利,这样必然会损伤尖刃,所以就不能保持刀刃的尖锐。无法守藏满堂的金玉,不如不去守藏。如果富贵到了骄横的程度,就不能保全富贵了。运势会随着时间变化交替更换,事业成功了运势就将转移。

【河上公章句】运夷第九

持而盈之，不如其已。盈，满也。已，止也。持满必倾，不如止也。揣而锐之，不可长保。揣，治也。先揣之，后必弃捐。金玉满堂，莫之能守。嗜欲伤神，财多累身。富贵而骄，自遗其咎。夫富当赈贫，贵当怜贱，而反骄恣，必被祸患也。功成、名遂、身退，天之道。言人所为，功成事立，名迹称遂，不退身避位，则遇于害，此乃天之常道也。譬如日中则移，月满则亏，物盛则衰，乐极则哀。

译文：盈是满的意思。已是停止的意思。持守盈满就会有倾覆危险，就不如停止。揣是锤击的意思。先是锤击使之锐利，过于锐利必遭挫折，之后必然会被弃捐。一个人过度嗜欲就会使心神受到伤害，过多追求财富，就会使身体劳累。如果富有就应当救济贫困的人，富贵就应当怜悯卑贱的人，如果富贵的人不是这样反而放纵自己，那一定会招致祸患。人生在世，事业有成，名声在外，为人称道，这时如果不知道谦退，回避显要的职位，就容易伤身累心，甚至遭遇不测，这是永恒不变的规律。就像太阳到了正午就开始下移，月亮圆满了就开始亏缺。一切事物到了强盛的时候就会走向衰败，一个人过度快乐便生悲哀。

十章

【原文】载营魄抱一，能无离乎？专气致柔，能婴儿乎？涤除玄览，能无疵乎？爱民治国，能无为乎？天门开阖，能为雌乎？明白四达，能无知乎？生之畜之，生而不有，为而不恃，长而不宰，是谓玄德。

【译文】灵魂和身体合一，能不分离吗？聚结精气以致柔和温顺，能像婴儿的无欲状态吗？清除杂念而深入观察心灵，能没有瑕疵吗？爱民治国能遵行自然无为规律吗？身体感官与外界的对立变化相接触，能坚守柔弱吧？洞悉一切、通晓事理，能不用心机吗？生化万物，养育万物，生养万物而不占为已有，推动事物发展而不自恃有功，作万物之长而不主宰他们，这就是最高的美德。

【说解】本章是比较难解析的一章，是讲圣人修身立德的功夫和玄德的境界。

共分为两部分。第一部分老子首先用六个反问列出圣人修身立德的功夫。“载营魄抱一，能无离乎？”营魄即魂魄，中医讲魂魄就是人的心神，白天藏于心中，晚上魂藏于肝中，魄藏于肺中。魂控制人的情绪、意识方面；魄控制人的精力、身体方面。举个形象的例子，人如果丢了魂就像弱智的病人，丢了魄就像植物人一样。抱一就是说身体和灵魂要合一，也就是我们常说的身心合一。圣人的身体安定而又精神集中，不为外界欲望所吸引，就是精神和形体合一不分离。而世俗之人妄念较多,眼观五色,口追五味,耳听五音,所以导致人的灵魂整天跟着多欲的身体乱跑。很多人做事心不在焉,就是心神不合一。《论语·八佾篇》中讲:“祭如在,祭神如神在。”祭祖就如同祖先真在那里,祭神就如同神真在那里,孔子也要求弟子做事要专一。

“专气致柔,能婴儿乎?”有的解释为这是道家练气养生之法,各家练气的方法很多,据统计有二百多种。孟子也有“我善养吾浩然之气”之说。老子在《道德经》中三次谈到婴儿,他认为婴儿纯真、柔软、不争、无欲,有接近于道的特点。老子是希望人们通过调节呼吸进行修身,以求达到婴儿般无欲无求的心态。

“涤除玄览,能无疵乎?”览同鉴,玄鉴是指修身之镜。意思是清除杂念而深入观察心灵,能没有瑕疵吗?人处尘世,人心会受到各色欲望的熏染,这样就不能客观反映现实世界,所以老子告诫人们要学习镜子的智慧,清除自身污垢,真实反映事物本来面目,做到“物来则应,过去不留”。

“爱民治国,能无为乎?”前面我们也说过,老子的无为不是什么都不干,而是不妄为、不多为。圣人无为的法则主要是用于修身,齐家治国只是顺带的事情。儒家也十分注重身教,《论语·子路篇》中孔子说:“其身正,不令而行;其身不正,虽令不从。”当政者修身立德,遵道而行,不用命令,下面就会照办,这也等同于老子所讲的不言之教。

“天门开阖,能为雌乎?”雌有谦让、柔静、柔弱的特点。天门有多种解释,无论修身还是治国,都是柔静的雌性为上。假如当政者强势与人争夺荣誉、钱权等利益,必然会引导社会走向争夺的风气,继而会引发社会动乱。当政者深悟守雌之道,吃苦在前,享受在后,就会形成良好社会风气。

“明白四达,能无知乎?”知通智,是智巧的意思。慧明白四达就是洞悉一切、通晓事理,达到这样的境界能不使用智巧、心机吗?投机取巧的人是没有智慧的。一个人很有能力但是不一定有智慧,能力和智慧的区别就是有智慧的人处理事情不留后患。比如历史上的苏秦挂六国相印,各种外交机巧无所不能,但他却不是有智慧的人,以致于死于非命被后世讥笑。司马迁评价说:“苏秦被反间以死, 天下共笑之,讳学其术。”

“生之畜之,生而不有,为而不恃,长而不宰。是谓玄德。”老子认为,圣人修身达到以上标准,还要再效法天之道具备“三德”,生养万物而不占为已有,推动事物发展而不自恃有功,作万物之长而不主宰他们,这样就达到玄德境界,老子所说的玄德最接近于“道”的境界。

【老牟悟语】

1.对待自己要多内省改过,这样不但会提高自己的德行修养,还可以使过错消失在萌芽状态;对外要多赞美别人长处,这样不但使自己仁心宅厚,还会避免彼此间出现误会。

2.善人记善不记恶,所以他们身上积累的是众善,心善言善行善,最终必有善报;恶人记恶不记善,所以他们身上积累的是众恶,心恶言恶行恶,最终必遭恶报。

3. 生气是心里存放着别人的错误; 烦恼是心里存放着自己的错误; 后悔是心里存放着过去的错误; 忧虑是心里存放着假设的风险; 自卑是心里放大了别人的优点;孤独是心里制作了无形的牢房。治疗上述病症的药方就是四个字:放心而已。

【王弼道德经注】

载,犹处也。营魄,人之常居处也,一人之真也。言人能处常居之宅,抱一清神,能常无离乎,则万物自宾矣。专,任也。致,极也。言任自然之气,致至柔之和,能若婴儿之无所欲乎,则物全而性得矣。玄,物之极也，言能涤除邪饰，至于极览，能不以物介其明。疵之其神乎，则终与玄同也。任术以求成，运数以求匿者，智也。玄览无疵，犹绝圣也。治国无以智，犹弃智也。能无以智乎，则民不辟而国治之也。天门，天下之所从由也。开阖，治乱之际也，或开或阖，经通于天下，故曰，天门开阖也。雌，应而不倡，因而不为，言天门开阖能为雌乎，则物自宾而处自安矣。言至明四达，无迷无惑，能无以为乎，则物化矣。所谓道常无为，侯王若能守，则万物自化。生之，不塞其原也。畜之，不禁其性也。不塞其原，则物自生，何功之有。不禁其性，则物自济，何为之恃。物自长足，不吾宰成，有德无生，非玄如何。凡言玄德，皆有德而不知其主，出乎幽冥。

译文：载，居处的意思。营魄，指人的精神居处之地，是一个人的本真。是说人的心神能常居魂魄，拥抱唯一的大道，那么万物自然会归附。专，是任用的意思。致，是极致。是说使用自然的气息，达到最温柔的和谐状态，如能达到婴儿那样没有欲望的状态，那么事物就会圆满并能得到本性。玄，是事物的极致状态，是说能洗去伪装的外表，恢复真本性，就能观察到事物的终极。去除瑕疵恢复神奇的本性，最终会与玄妙大道同步合一。运用智谋之术以求得成功，运用占卜数理以求隐匿之理，这样的人是智者。内心清净没有瑕疵，是圣人也没有达到的境界。不用智谋来治理国家，就是抛弃智慧。能做到不用智谋来治理国家，那么百姓就不会诡诈，国家也就实现大治。天门，天下万物都从这里出来。开阖，安定和混乱的交替，天下都要经过安定和混乱相互交替，所以叫作天门开阖。雌是指只做回应而不去倡导，也就不主动作为，如果世上安定和混乱的交替都能像雌性一样柔和无争，那么万物就会自然宾服而社会也就自然安定。明白四达，能无知乎？是说对天下事物都明白透彻，没有迷惑的地方，能够做到无所作为，万物就会自然发展变化了。所以说道通常是无所作为的，侯王若能坚守这样的原则，万物就会遵道而自然变化。"生之"是不阻塞事物发展的源头,“畜之”是不干扰事物本性。不阻塞事物发展源头,不干扰事物本性,怎么谈得上有功劳呢?不干扰事物本性,万物就自然生发,怎么会当做自己功劳呢?万物自己生长、发展,不是在我的支配下完成,有德行但不知道是谁施与的,不是玄妙又是什么呢?凡是说到玄德,都是有德而不知道是谁施与的,出于玄远的层面。

【河上公章句】能为第十

载营魄,营魄,魂魄也。人载魂魄之上得以生,当爱养之。喜怒亡魂,卒惊伤魄。魂在肝,魄在肺。美酒甘肴,腐人肝肺。故魂静志道不乱,魄安得寿延年也。抱一,能无离乎,言人能抱一,使不离于身,则长存。一者,道始所生,太和之精气也。故曰:一布名于天下,天得一以清,地得一以宁,侯王得一以为正平,入为心,出为行,布施为德,总名为一。一之为言,志一无二也。专气致柔,专守精气使不乱,则形体能应之而柔顺。能婴儿。能如婴儿内无思虑,外无政事,则精神不去也。涤除玄览,当洗其心,使洁净也。心居玄冥之处,览知万事,故谓之玄览也。能无疵。不淫邪也,净能无疵病乎。爱民治国,治身者,爱气则身全;治国者,爱民则国安。能无为。治身者呼吸精气,无令耳闻;治国者,布施惠德,无令下知也。天门开阖,天门谓北极紫微宫。开阖谓终始五际也。治身天门,谓鼻孔。开,谓喘息,阖谓呼吸也。能为雌。治身当如雌牝,安静柔弱,治国应变,合而不唱也。明白四达,言达明白,如日月四通,满于天下八极之外。故曰:视之不见,听之不闻,彰布之于十方,焕焕煌煌也。能无知。无有能知道满于天下者。生之、畜之。道生万物而畜养之。生而不有,道生万物,无所取有。为而不恃,道所施为,不恃望其报也。长而不宰,道长养万物,不宰割以为器用。是谓玄德。言道行德,玄冥不可得见,欲使人如道也。

译文:营魄是指人的魂魄。人承载在魂魄之上得以生存,应当爱养魂魄。喜怒过度就会使魂受到伤亡,突然的惊吓会使魄受到伤害。人的魂在肝中,人的魄在肺里。人经常饮食美酒佳肴,会使人的肝肺受到腐蚀伤害。所以魂得到静养,人的心志即不会混乱,魄得到安养,人就会益寿延年。人若能够抱一,使一不离于身体,便能长久在身体中存在下去。所谓一,是指道在开始所化生的太和精气。太和精气布施立名于天下,天得到它就会清明,地得到它就会安宁,诸侯王得到它就会正直公平。太和精气进入人体住于心,出于人的身体表现为德行,布施万物表现为恩德,这一切的总称为一。之所以称为一,是因为一心一意而无二心志。专心聚结精气不乱施与,那么形体就能顺应精气的特性而变得柔顺。就如同婴儿一样内心没有思虑,心外没有繁琐的政事,那么精神就不会离开心间。人应当经常打扫清洗身心,使自己心灵保持洁净。当人的心灵居于深远幽冥的境地时,就可以察知万事万物,所以称之为玄览。能无疵就是不淫邪的意思,让自己身心洁净,不沾染邪淫之气。善于修身的人,爱惜保养自己的元气,身体就会健全;善于治理国家的人,爱护民众,为民着想,国家就会安定;善于护养身体的人,呼吸天地之精气,自己的耳朵似乎听不到呼吸的声音;善于治理国家的人,将恩惠德行施与百姓,而不让百姓知道自己施舍的行为。天门是指北极的紫微宫,开阖是指其始于五际,终于五际。治身中的天门是指鼻孔,开是指吸气的快慢,阖是指呼气的快慢。修身应当如母性所具有的安静柔弱。治理国家应对变化,应该自然和顺而不必倡导什么。明白四达是说“道”对一切事物都通达明白,就如太阳和月亮光芒四射,使天下八极内外充满光明。所以说,看也看不见,听也听不见,彰显布施于十方,处处焕发光彩,辉煌鲜明。能无知是说没有人能了解“道”遍布天下。大道生出万物而又养育万物。大道生养了万物而不索取什么。大道施恩万物却不图有所回报。大道养育万物却不宰割他们为自己所用。玄德的意思是说大道行使道德,幽远深隐而不显露,欲要使人效仿大道。

十一章

【原文】三十辐共一毂，当其无，有车之用。埏埴以为器，当其无，有器之用。凿户牖以为室，当其无，有室之用。故有之以为利，无之以为用。

【译文】三十根辐条汇集到一根毂的孔洞当中，有了车毂中空的地方，车轮才会转动，车的作用才得以发挥。揉和陶土做成器皿，有了器具中空的地方，才有器皿的作用。开凿门窗建造房屋，有了门窗四壁内的空虚部分，才有房屋的作用。所以，“有”给人便利，“无”发挥了它的作用。

【说解】本章老子是讲“有”“无”相生的道理，重点强调了“无”的作用。

为了阐明自己的观点，老子开始先列举了三个常见的例子。第一个说的是车毂，常见的自行车车轮就是这样，车辐条集中到中间的车毂，有了中间空的地方，才使得车轮轻便地转动，这样就使车发挥作用。车之所以有用也是在于其中的中空部分，能够拉人和装载货物。第二个例子是制作陶器，春秋时代可能只有陶碗、陶盆等简单的陶器，现在各式各样的陶瓷用品十分常见。拿杯子来说，一般人看到的是瓷器的外表，其实杯子的“无”，也就是中空的部分才有用。简单的瓷杯还可以概括哲学上的“体相用”问题：“体”是粘土等瓷杯的原料，

“相”是瓷杯的外表形象，“用”就是瓷杯盛水的作用。第三个例子是房屋，一般人看到的是“有”，如房屋的外形大小，内部豪华的装潢，其实真正对人有用的是“无”，也就是房屋里面的空间，有门人可以出入，有窗户可以采光，这样房屋才有作用。

社会管理中“无”的作用也很重要，在百姓的温饱问题解决之后，精神方面的“无”甚至要比物质方面的“有”更重要，《论语·学而篇》中曾子说：“慎终追远，民德归厚矣。”民风淳厚，百姓自然会和谐相处，社会管理也就很容易了。

现实生活中人们一般都知道“有”的用处，只是看到了车子、杯子和房子，而不知道“无”的用处，所以老子在本章最后进行了总结：“故有之以为利，无之以为用。”“有”只是事物显现的本质特性，是为了实现目的而设置的便利，“有”只有和“无”相配合时才显示出它的用处。“无”是带来这种便利的根源，“无”也是通过“有”发挥作用。

人一生最重要的就是修身求道。老子说“为道日损”，要不断减损自己的欲望，一直坚持减损下去，最后心就成真空了，那时“道”也就成了，“道”的功用也就显现了出来，道家称之为“悟道”，儒家称之为“明明德”。孔子弟子中第一个达到“明明德”水平的是颜回，《论语·雍也》记载：“一箪食，一瓢饮，在陋巷，人不堪其忧，回也不改其乐。”颜回生活十分清苦，他在物质方面是“无”，但是在求道方面颜回是“有”，看似贫穷的颜回，其实是富有的，以至于今天我们还在赞叹他的贤能。

其实在我们生活中也处处存在“中空”和“无”的智慧。比如拥有万贯家财并不是真正的富有，知足常乐的人才是真正的富有；工作过度紧张常有过错发生，而劳逸结合可以使工作效率更高；都知道人的身体健康重要，其实对人真正有用的是人心。我们明白了老子所讲的有和无的关系，日常为人处事做到顺道而为，就会使我们的人生更有智慧,生活更加幸福。

【老牟悟语】

1.没钱的人想得到钱时心苦,有钱的人想得到权力也心苦。清闲的人想得到名利心苦,有了名利的又想清闲也心苦。解决的办法很简单:知足。

2. 一个人德行不够而得到了过高的名利,看似幸运实为不测之灾;一个人奉献很多而得到的收获很少,看似倒霉定会苦尽甘来。

3.我们的身体是修身行道的工具,一个人心有善念,就会用理智指挥自己身体,他就会处处行善;一个人心有恶念,就会用欲望支配自己身体,他就会处处行恶。

【王弼道德经注】

毂所以能统三十辐者,无也,以其无能受物之故,故能以实统众也。木、埴、壁之所以成,三者而皆以无为用也。言无者,有之所以为利,皆赖无以为用也。

译文:毂之所以能够固定三十根辐条,是因为中间空无,因为空无能够容纳轮毂和辐条,所以它能够统御众多辐条。木料、粘土和墙壁之所以制成车毂、房屋,三者都是因为产生空间而有了用途。谈到“无”,事物之所以有利用价值,都是借助“无”发挥它的作用。

【河上公章句】无用第十一

三十辐共一毂,古者车三十辐,法月数也。共一毂者,毂中有孔,故众辐共凑之。治身者当除情去欲,使五藏空虚,神乃归之。治国者寡能,总众弱共使强也。当其无,有车之用。无,谓空虚。毂中空虚,轮得转行,舆中空虚,人得载其上也。埏埴以为器,埏,和也。埴,土也。和土

以为饮食之器。当其无,有器之用。器中空虚,故得有所盛受。凿户牖以为室,谓作屋室。当其无有室之用。言户牖空虚,人得以出入观视;室中空虚,人得以居处,是其用。故有之以为利,利,物也,利于形用。器中有物,室中有人,恐其屋破坏,腹中有神,畏其形亡也。无之以为用。言虚空者乃可用盛受万物,故曰虚无能制有形。道者空也。

译文:古代的车轮是三十根辐条,是效法每月的天数。车毂中间有孔,所以众多辐条才能够汇集到一起。调理身体的人应当除去情欲,使五脏空灵清虚,这样五脏之神才会归位。当政者治理国家能力弱,汇集众人的智慧就会使国家强盛。“无”是空虚的意思。车毂中有空虚的地方,可以使得车轮转动行驶,车中有空虚的地方,上面可以载人载物。埏,糅合。埴,粘土。糅合粘土做成饮食用的器皿。器皿中间空虚,所以能够盛装东西。室叫作屋室,是说屋子开上门窗,人可以进出或者观看。屋内空虚,人可以在里面居住,这是空虚的作用。所以空虚才利于有形之物的使用。器皿中有物,屋内有人,都会恐怕遭受破坏,人体内存在的神,也担心身体受到伤害而消亡。空虚的地方才能盛得下万物,所以虚无才能制约有形事物。大道就是这样,空虚无形。

十二章

【原文】五色令人目盲，五音令人耳聋，五味令人口爽，驰骋畋猎，令人心发狂，难得之货令人行妨。是以圣人为腹不为目，故去彼取此。

【译文】缤纷的色彩使人眼花缭乱，嘈杂的音调使人听觉失灵，丰盛的食物使人舌不知味，纵情狩猎使人心情放荡发狂，稀有的物品使人生贪婪心而行为不轨。因此，圣人但求吃饱肚子而不追逐声色娱乐，所以摒弃物欲的诱惑而保持安定知足的生活方式。

【说解】本章老子谈物欲之害和应对之法。

首先老子列举了五个世俗的欲望给人带来的危害。前三个是有关人的感官方面。“五色令人目盲。”古代的五色是指青、黄、赤、白、黑五种颜色，这里指色彩多种多样。目盲也不是说眼睛看不见，而是指色彩使人眼花缭乱，随之眼睛就失去正见，没有清晰辨别事物的能力。

“五音令人耳聋。”古代的五音是指宫、商、角、徵、羽五种音阶，这里指多种多样的音声。耳聋不是指耳朵听不见，而是指人失去清楚辨别声音的能力。杂乱烦躁的声音还会通过耳朵扰乱人的心性，带给人无尽的烦恼。圣人十分重视对音乐的选择，在《论语·卫灵公篇》中孔子答弟子治国之问时说：“乐则韶舞，放郑声，远佞人。”

“五味令人口爽。”古代的五味是指酸、苦、甘、辛、咸五种味道，这里指各种食物的美味。“爽”字有四个叉号，本意是指差错，这里引申

为败坏。人们为了满足口腹之欲，追求各色美食，造成了舌头感觉器官的麻木，从而使嗅觉败坏。

“驰骋畋猎，令人心发狂。”古代狩猎是一种谋生手段，后来狩猎则成了权贵们寻求刺激的游戏。和前三个有关感官的问题不一样，这个问题直接涉及到了人心，纵马狩猎容易使人心发狂，“上天欲其灭亡，必先令其疯狂”。老子借此警告当政者，发狂地寻求刺激，就是其灭亡的先兆。

“难得之货，令人行妨。”行妨是指伤害操行。难得的金银珠宝会引起人们强烈的占有欲，从而使人做出妨害操行的事情。老子警告当政者做好身教引导，否则百姓跟风追求物欲，社会将陷于混乱。《论语·子路篇》中孔子说：“其身正，不令而行；其身不正，虽令不从。”也是要当政者注意身教，自己身正才能使政令畅通。

老子认为过分追求物欲享受会使人们迷失本性，所以老子效法圣人做法开出应对之方：“是以圣人为腹不为目，故去彼取此。”老子在这里谈到两个自我，腹是肚腹，借指身体的自我，“为腹”是说人要满足身体基本需求，不要追求过度的物质享受。目是用眼睛看，眼睛是心灵的窗户，目借指心神、精神的自我，“不为目”就是说精神的自我不要被欲望所奴役。精神的自我一旦做了欲望奴隶，那么身体的自我就会受到目盲、耳聋、口爽、心狂等伤害，甚至会导致自身灭亡。世俗人多喜欢追逐钱权，很多人就做了钱权奴隶，现实生活中还有很多欲望的奴隶，比如整天看手机的就是手机奴隶，整天挣钱还房贷的就是房奴，整天想着升官的就是权力奴隶，整天贪吃的吃货就是口欲奴隶，网瘾者就是网络奴隶。老子的对治之方可以作为解决欲望乱象的借鉴。

有人认为老子本章的观点是不让人们追求物质享受，反对物质文明。其实老子是怕人们过度追求物质享受，心被物欲蒙蔽，失去正知正见,从而使自己精神空虚。儒家也有同样的思想,《论语·卫灵公篇》中孔子教育弟子要"谋道不谋食,忧道不忧贫",要以治国平天下为己任,只担忧大道能不能推行,而不用考虑待遇。其实只要一个人修身立德,努力好学,就不怕没有前途,待遇也就不用担忧。

【老牟悟语】

1.有人为了满足口舌之爽,吃山珍海味,伤害身体健康,如同吃短了自己的寿命;有人为了修行清心寡欲,吃青菜豆腐,利于身心健康,如同吃出了自己的长寿。

2.烦恼重重的人,回归本心即可去除烦恼。烦恼是因为人心的欲望过多,将心底的欲望去除替换为知足,就会得到快乐,知足常乐!

3.以诚信方式待人,无论事情是否办成,对方都能体会到你的真诚之心,这是为以后铺路;以欺骗方式待人,无论是否隐瞒得逞,人家早晚会发现你的欺诈之意,这是为以后挖坑。

【王弼注道德经】爽,差失也,失口之用,故谓之爽。夫耳目口心,皆顺其性也,不以顺性命,反以伤自然,故曰聋、盲、爽、狂也。难得之货,塞人正路,故令人行妨也。为腹者以物养己,为目者以物役己,故圣人不为目也。

译文:爽是差失的意思,口舌失去正常品味的作用,所以叫作爽。人的耳、目、口、心都要顺着它们的特性,不顺着它们的特性,违反它们的使命,就会伤害它们自然的特性,所以出现了耳聋、目盲、口爽、心狂的问题。难得的货物,阻塞人们正常取得的渠道,所以就让人行为不轨。为了肚腹吃饱是用食物颐养自己,为了饱眼福占有财物是用物奴役自己,所以圣人不会为满足欲望占有财物。

【河上公章句】检欲第十二

五色令人目盲;贪淫好色,则伤精失明也。五音令人耳聋;好听五音,则和气去心,不能听无声之声。五味令人口爽;爽,亡也。人嗜于五味于口,则口亡,言失于道也。驰骋畋猎,令人心发狂,人精神好安静,驰骋呼吸,精神散亡,故发狂也。难得之货,令人行妨。妨,伤也。难得之货,谓金银珠玉,心贪意欲,不知厌足,则行伤身辱也。是以圣人为腹,守五性,去六情,节志气,养神明。不为目,目不妄视,妄视泄精于外。故去彼取此。去彼目之妄视,取此腹之养性。

译文:一个人贪淫好色,就会使其精力受到伤害,失去明察能力。喜欢听五音,那么体内的中和之气就会离心而去,就不能听到无声之声。爽,失去的意思。口喜欢吃五味,那么口就会失去正常的味觉,说话也会失去正道。人的精神喜好安静,纵横驰骋,呼吸会急促,人的精神会消散败亡,所以人会发狂。妨就是伤害。难得之货就是金银珠宝,人如果心生贪欲占有的念头,不知道满足,那么他的行为会受到伤害,身心也会受到侮辱。所以圣人会守住体内五脏之神的本性,去除六情的诱惑,节护志气,保养自己的神明。自己的眼睛不要胡乱看,胡乱看就会使精气通过眼睛外泄。所以,去除那种泄露精气的胡乱观察,以求在肚腹中颐养人的本性。

十三章

【原文】宠辱若惊,贵大患若身。何谓宠辱若惊?宠为下,得之若惊,失之若惊,是谓宠辱若惊。何谓贵大患若身?吾所以有大患者,为吾有身,及吾无身,吾有何患?故贵以身为天下,若可寄天下;爱以身为天下者,若可托天下。

【译文】得到宠爱和受到侮辱都感到震惊,将它看重得如同祸患缠身。为什么得宠和受辱都感到惊慌失措?得宠是卑下的,得到宠爱感到格外惊喜,失去宠爱则令人惊慌不安。这就叫作得宠和受辱都感到惊恐。我之所以有大患缠身的感觉,是因为太过于看重自身存在,如果没有了自身存在,我还会有什么祸患呢?所以,用重视自己身体的态度去重视天下的人,天下就可以托付他;用爱惜自己身体的态度去爱惜天下的人,天下就可以依靠他。

【说解】本章老子教人要用平常心对待宠辱和祸患。

老子开篇先说出了世俗人的观点:“宠辱若惊,贵大患若身。”人性有个弱点,一般人受到表扬和上级的宠爱就高兴,受到批评和侮辱就沮丧,其实任何外在的荣辱都是个人的感觉而已,从大道的角度看,世上本来没有宠爱和受辱的分别,甚至当世的宠爱到了后世则是无尽的屈辱,秦桧就是一例。有的将“贵大患若身”翻译为重视大患像重视自身生命一样,也讲得通。人处富贵时的祸患就如身体一样无常,我们看身体有好的时候也有生病的时候，还有非正常死亡的时候，富贵也是一样，人生福祸无常，用这样的观点看待富贵，人心就不会执着于贫富和得失。

为了纠正人们偏见，老子又继续解释说："何谓宠辱若惊?宠为下，得之若惊，失之若惊，是谓宠辱若惊。"宠为下，意思是得宠是卑下的，这个观点可谓惊世骇俗。我们一般人认为受宠是好事，社会上常见受宠的孩子要什么有什么，受宠的员工可以升职，似乎都是好事。这里老子透过世俗表象指出事物本质，宠辱相随，受宠不一定是好事。大家看受宠的孩子是不是叛逆概率大？快速提升的官员是不是被查处比例多？和珅被乾隆帝百般宠爱，权倾朝野，最后结果不但被赐死而且遗臭万年。相反在历史上由于受辱而成功逆袭的事例大有人在，比如周文王被困羑里七年，越王勾践卧薪尝胆，司马迁受宫刑写《史记》，他们皆因受辱而发愤成就不朽伟业。那么有没有宠为上之道呢?也就是有什么办法会使受宠变成长久的富贵呢？在《孝经》中就讲了诸侯保持富贵的办法："在上不骄，高而不危；制节谨度，满而不溢。"身为一人之下万人之上的诸侯，是受宠之至，诸侯在众人之上而不骄傲，其位置再高也不会有倾覆的危险；在生活上节俭、慎行法度，财富再充裕丰盈也不会损溢。老子意在告诉人们在人生得意时要明理，受宠是受制于人的，如果以宠为荣，宠极则辱至。所以身处富贵要做到谦虚谨慎，还要修身立德，及时改正自己过失，这样才会做到长久地保持富贵，也就是宠为上之道。

老子接着从心法上阐述了一个深刻的观点，什么是"贵大患若身"呢？身处富贵的祸患如同人的身体一样，人不知道什么时候会得病，甚至肉体会离自己而去，富贵也是一样。老子说我之所以有大患，是因为我有身体，如果我没有身体，我还会有什么祸患呢？老子的话直指人心，一般人关注的是身体自我，福祸会通过身体作用于人，而很少关注精神的自我。一个人不断修身立德，会使精神的自我越来越大，身体自私的小我会变得越来越无足轻重，自然也就没有了祸福的担忧。历史上的文天祥、谭嗣同等志士仁人就是这样，他们将自己的生死置之度外，那还有什么可以害怕的呢？同样一个人不将富贵当成富贵，富贵及身不会骄傲，富贵失去时怎么会担忧呢？

老子最后说："故贵以身为天下者，若可寄天下；爱以身为天下者，若可托天下。"所以尊贵的人以自己的身体无私地为天下百姓服务，像爱惜自己的身体一样爱护天下百姓，他们将百姓利益看得比自己身体还要重要，就像大禹治水三过家门而不入，周公握发吐哺辅助成王，诸葛亮鞠躬尽瘁死而后已，他们无私地为百姓服务，天下可以托付给这样的人。

【老牟悟语】

1.富贵不值得赞美，富贵的人无私帮助别人才值得赞美；贫穷不算是可耻，贫穷的人奉承讨好别人才是可耻。

2.一个人身处富贵却为非作歹，即使后果不严重，但是他所得的罪恶深重；一个人生活贫困却热心助人，虽然花费不多，但是他所获取的福祉很大。

3.与人交往抱着占便宜的心理，虽然得到小便宜，但失去的是信任，最终必将吃大亏；与人交往抱着吃亏的态度，虽然失去小利益，但得到的是信任，最终将收获满满。

【王弼道德经注】

宠必有辱，荣必有患，惊辱等，荣患同也。为下，得宠辱荣患若惊，则不足以乱天下也。大患，荣宠之属也。生之厚，必入死之地，故谓之大患也。人迷之于荣宠，返之于身，故曰大患若身也。由有其身也。归之自然也。无以易其身,故曰贵也。如此乃可以托天下也。无物可以损其身,故曰爱也。如此乃可以寄天下也。不以宠辱荣患损易其身,然后乃可以天下付之也。

译文:人受宠爱必然也有受辱的时候,有荣耀必然也有忧患的时候,受宠和受辱是相等的,荣耀和忧患本质是相同的。身份低下的人,得到宠爱、侮辱、荣耀、忧患都像受到惊吓一样,是不会作乱于天下的。大的忧患,是荣耀和宠爱的归属。生活待遇过于优厚,就必然会进入危险境地,所以称之为大的忧患。人都着迷于荣耀和宠爱,这样的影响反作用于自身,所以叫作"大患若身"。这就是自然规律。不被各种欲望改变自己,所以叫作贵。这样可以托付天下于他。没有外物可以使自身受损,所以叫作爱。如此就可以寄托天下于他。不被宠爱、侮辱、荣耀、忧患所改变,然后才可以担当天下重任。

【河上公章句】厌耻第十三

宠辱若惊,身宠亦惊,身辱亦惊。贵大患若身。贵,畏也。若,至也。谓大患至身,故皆惊。何谓宠辱。问何谓宠,何谓辱。宠者尊荣,辱者耻辱。及身还自问者,以晓人也。辱为下,辱为下贱。得之若惊,得宠荣惊者,处高位如临深危也。贵不敢骄,富不敢奢。失之若惊,失者,失宠处辱也。惊者,恐祸重来也。是谓宠辱若惊。解上得之若惊,失之若惊。何谓贵大患若身。复还自问:何故畏大患至身。吾所以有大患者,为吾有身。吾所以有大患者,为吾有身。有身忧者,勤劳念其饥寒,触情从欲,则遇祸患也。及吾无身,吾何有患。使吾无有身体,得道自然,轻举升云,出入无间,与道通神,当有何患。故贵以身为天下者,则可寄天下,言人君贵其身而贱人,欲为天下主者,则可寄立,不可以久也。爱以身为天下,若可托天下。言人君能爱其身,非为己也,乃欲为万民之父母。以此得为天下主者,乃可以托其身于万民之上,长无咎也。

译文：自身受到宠爱会感到惊恐，自身受辱也会感到惊恐。贵是畏惧的意思。若是到达的意思。所谓大的忧患降临到自身，所以就会惊恐。问什么是受宠？什么是受辱？受宠的人会受到尊宠和荣耀，受辱的人会遭受耻辱。老子这里设身自问，主要是让人知晓。耻辱为卑下低贱。得到尊宠和荣耀的人会受惊，是因为身处高位就像如临深渊。身贵不敢骄傲，富裕不敢奢侈浪费。失的意思是失去宠爱而遭受耻辱。惊的意思是恐怕灾祸重来。宠辱若惊是解释上面的得之若惊、失之若惊。这里还自问为什么畏惧大的祸患危及自身呢？我之所以有大的忧患，是因为担心自我身体存在。对自身有忧患的人，勤劳是因为想到身体的饥寒，有时触动感情放纵自己欲望，就会遇到祸患。假如不为自己的身体考虑，我还有什么可担忧的呢？假如我没有身体存在，通过自然而然的修道方法，就能轻而易举地升入云间，出入云间与大道和神明相通，那时还有什么可忧患的呢？所以说，君主以自身为贵而轻贱他人，要想成为天下主宰，那么只能暂时在那个位置上，不会长久。君主能爱护自己身体，不是为了自己，想作为百姓父母爱护民众，以这样态度主宰天下，就可以委托他成为万民之上的君主，长期在那个位置上也不会有过失。

十四章

【原文】视之不见，名曰夷，听之不闻，名曰希，搏之不得，名曰微。此三者，不可致诘，故混而为一。其上不皦，其下不昧，绳绳不可名，复归于无物。是谓无状之状，无物之象，是谓惚恍。迎之不见其首，随之不见其后。执古之道，以御今之有。能知古始，是谓道纪。

【译文】看它看不见，把它叫作“夷”；听它听不到，把它叫作“希”；摸它摸不到，把它叫作“微”。这三者的形状无从追究，它们原本就浑然而为一。它的上面既不显得光明亮堂；它的下面也不显得阴暗晦涩，无头无绪、延绵不绝却又不可名状，一切运动都又回复到无形无象状态。这就是没有形状的形状，不见物体的形象，这就是惚恍。迎着它，看不见它的前头，跟着它，也看不见它的后头。把握着早已存在的道，来驾驭现实存在的具体事物。能认识、了解宇宙本来面目，这可以说是“道”的规律。

【说解】本章老子再论虚无的道体，圣人通过道驾驭天下。

老子本章也是用的两段论，先谈天地之道，再谈圣人之道。“视之不见，名曰夷；听之不闻，名曰希；搏之不得，名曰微。此三者，不可致诘，故混而为一。”这是人的感官对道的感觉，道是没有颜色、没有声音、没有形状的，人用眼睛看不见、用耳朵听不见、用手也摸不着，用“夷”、“希”、“微”三个不可捉摸的词也无法探究道的本源。宋朝著名道家学者陈抟老祖被宋太宗多次召见，所赐的“希夷先生”称号，就来源于此。诘是问的意思，不知道从何问起，因为它们原本就是浑然为一的。老子所说的“一”就是指道体。韩非曰：“道无双，故曰一。”我们要知道，道体虚无，不是没有，就像人的感知是有限度的，感觉不到的不一定没有，人的耳朵听不到次声波和超声波，微小的物质眼睛看不到，手也摸不到。现代科学已经证实，人类没有发现的暗物质、暗能量要比已发现的物质、能量大很多倍。老子告诉我们“道”只可意会，不可言传。能直接看得到、摸得着的就不是真正的“道”了。佛家也有同样的说法，《六祖坛经》中五祖给慧能传授衣钵时说：“法则以心传心，皆令自悟自解。”佛法是离开语言文字而以慧心相传授，其中的“道”需要自己体悟和理解。

老子再进一步对“道”进行描述：“其上不皦，其下不昧，绳绳不可名，复归于无物。是谓无状之状，无物之象，是谓惚恍。迎之不见其首，随之不见其后。”意思是道体和我们常见的事物不一样，一般的东西受日月之照上面是亮的，下面是暗的，道体从上面看不光亮，从下面看不黑暗，虽然看不清楚，但是现象很明显。比如人的德行就是“道”之表象，一个人很孝顺父母，我们就说他懂得孝道；一个人体恤孤寡，我们就说他有仁道。“道”无头无绪、延绵不绝却又不可名状，老子勉强称之为“道”。“道”若有若无，无法用感官去体验，只能用身心去感知，这种模糊而又亦真亦幻的状态，老子称之为“惚恍”。迎着它看不见它的前头，道体的前头是万物的本源。跟着它也看不见它的后头，人们看到的只是当下万事万物的变化。像道家的老子、儒家的孔子、释家的佛陀、基督教的耶稣等都是人类先知，他们所说的道、仁、良知、佛性、上帝其实都是同样的境界，他们的智慧普通人难以企及，可以说人类自古至今对“道”的理解没有超过老子的，对伦理道德的理解没有超过孔子的，对三世因果的理解没有超过佛陀的，对上帝的理

解没有超过耶稣的。即使是科学如此发达的今天,我们也要对传统文化心存敬畏。著名物理学家朱清时先生对佛教复杂的理论及其与现代物理学的联系进行了深入研究，他在一次演讲中说:“科学家千辛万苦爬到山顶时,佛学大师已经在此等候多时了。”

最后老子谈圣人之道,也是描述道体的功用。“执古之道,以御今之有。”这句话对后世影响很大。老子说我们可以借鉴古人智慧,来处理当今社会问题。也就是要知古鉴今,“道”的本相无古今、无终始,能认识、了解宇宙的本来面目,这就叫作认识道的规律。

古人的社会管理、人伦关系理论已经很完备了,当我们遇到新问题时,直接借鉴古人智慧权变处理即可,而另起炉灶的方式很可能有风险。比如《论语》中有段对话讲了“亲亲相隐”的原则,叶公说他们那里的人很正直,父亲偷了羊结果被儿子告发了,而孔子和叶公的看法不一样,孔子认为父子相互隐匿这才是真正的正直。我们前些年的社会管理也是和这个叶公一样信奉“大义灭亲”，我们的司法机关经过几十年的司法实践也发现,被近亲属作证或告发而入狱的人,刑满释放后很难再回归家庭,从而造成再次犯罪率高发。所以在 2013 年实施的新《刑法》中就增加了“近亲属有拒绝作证权”的规定,就是说法律允许个人不举报或不作证自己亲人的犯罪行为，也就意味着司法还是回归使用了古人“亲亲相隐”的原则,两千多年前圣人的人伦智慧时至今日仍然适用。

【老年悟语】

1.一个人孝顺父母、爱好读书,孩子自然会跟着学会,孝道就能得以传承,他老了必享其福;一个人不孝顺而要求孩子孝顺长辈、好好学习,孩子心里会有怨气,这个要求就是“借债”,他老了必受偿债之苦。

2.贪财的人不认贫贱之友，这样就失去信誉，失信的人最终难成大事；贪色的人抛弃糟糠之妻，这样就抛弃道义，失道的人到老难以善终。

3.生活贫困不可怕，怕的是胸无大志却又嫌脏怕累；社会地位低下不可怕，怕的是浑浑噩噩却又不知羞耻。

【王弼道德经注】

无状无象，无声无响，故能无所不通，无所不往。不得而知，更以我耳目体，不知为名，故不可致诘，混而为一也。欲言无邪，而物由以成。欲言有邪，而不见其形，故曰：无状之状，无物之象也。惚恍，不可得而定也。有，有其事。无形无名者，万物之宗也。虽今古不同，时移俗易，故莫不由乎此，以成其治者也。故可执古之道，以御今之有，上古虽远，其道存焉，故虽在，今可以知古始也。

译文：没有状态没有形象，没有声音没有响动，所以哪里都能够通过，哪里都能到达。没有办法知道，用我的耳朵、眼睛、身体也感知不到，所以无从探究，只能把它混同在一起来看。要说道不存在，万物是由它生成。要说道是存在的，但是看不见道的形状，所以说，道是没有形状的形状，没有实物的物象。“惚恍”是指无法通过任何方法得到它以确定它的性质。“有”是指存在的事物。无形无名的“道”是万物本源，虽然今古时代不同，时间变化，民俗更改，“道”一直发挥着作用，推动万事万物发展。所以把握着早已存在的“道”，来驾驭现实存在的具体事物，上古虽然很远，但那时的“道”至今仍然存在，所以我们今天也能知道它古时候的原始状态。

【河上公章句】赞玄第十四

视之不见名曰夷，无色曰夷。言一无采色，不可得视而见之。听之

不见名曰希，无声曰希。言一无音声，不可得听而闻之。搏之不得名曰微，无形曰微。言一无形体，不可抟持而得之。此三者不可致诘，三者，谓夷、希、微也。不可致诘者，夫无色、无声、无形，口不能言，书不能传，当受之以静，求之以神，不可问诘而得之也。故混而为一。混，合也。故合于三名之为一。其上不皦，言一在天上，不皦。皦，光明。其下不昧。言一在天下，不昧。昧，有所暗冥。绳绳不可名，绳绳者，动行无穷级也。不可名者，非一色也，不可以青黄白黑别，非一声也，不可以宫商角征羽听，非一形也，不可以长短大小度之也。复归于无物。物，质也。复当归之于无质。是谓无状之状，言一无形状，而能为万物作形状也。无物之象，一无物质，而为万物设形象也。是谓惚恍。一忽忽恍恍者，若存若亡，不可见之也。迎之不见其首，一无端末，不可预待也。除情去欲，一自归之也。随之不见其后，言一无影迹，不可得而看。执古之道，以御今之有，圣人执守古道，生一以御物，知今当有一也。能知古始，是谓道纪。人能知上古本始有一，是谓知道纲纪也。

译文：没有颜色称为夷。是说“道”没有色彩，不能用眼睛看到它。没有声音称为希。是说“道”没有音声，不能用耳朵听闻到它。没有形状称为微。是说“道”没有形状，不能用手抟持而得到它。三者是指“夷”、“希”、“微”。不可致诘是说“道”没有颜色、没有声音、没有形状，用口不能说，用文字不能记录，在清净的时候才能感受到它，通过神授才能得到它，不能通过推究而得到它。混是混合，混合了“夷”、“希”、“微”三者称为“道”。其上不皦是说“道”在天上，皦是光明。其下不昧是说“道”在天下，昧是昏暗幽冥的意思。绳绳是指“道”的运行规律没有穷尽的时候。不可名是指不是一种颜色，但不可以用青、黄、赤、白、黑的颜色分别，不只是一种声音，不能用宫、商、角、征、羽的音节来听，不只是一种形状，不能用长短大小来衡量。物是指本质。天下万物应当归之于虚无的质朴。“道”没有形状，而能为天下万物作形状。“道”没有物质属性，而为万物设立形象。“道”忽忽恍恍，若存若亡，不能见到它的形象。“道”没有开端和结束，不能预先等待它。除掉情感，去掉欲望，“道”自然就会归附。“道”没有影子也没有迹象，不能得到它而观察。圣人把握古人就有的大道，达到生“一”的特性来驾驭万物，人们才知道当今有“道”的存在，人们能知道上古本来就有“道”的存在，也就了解了大道运行规律。

十五章

【原文】古之善为士者,微妙玄通,深不可识。夫唯不可识,故强为之容:豫兮,若冬涉川;犹兮,若畏四邻;俨兮,其若客;涣兮,若冰之将释;敦兮,其若朴;旷兮,其若谷;混兮,其若浊。孰能浊以静之徐清?孰能安以动之徐生?保此道者不欲盈,夫唯不盈,故能蔽而新成。

【译文】古时候善于行道的人,微妙通达,深刻玄远,不是一般人可以理解的。正因为不能认识他,所以只能勉强地形容他说:他小心谨慎啊,好像冬天踩着水过河;他警觉戒备啊,好像防备着邻国的进攻;他恭敬郑重啊,好像要去赴宴做客;他行动洒脱啊,好像冰块缓缓消融;他纯朴厚道啊,好像没有经过加工的原料;他旷远豁达啊,好像深幽的山谷;他浑厚宽容,好像不清的浊水。谁能使浊流安静下来,慢慢澄清?谁能使安静的事物变动起来,慢慢显出生机?保持这个"道"的人不会自满。正因为他从不自满,所以能够弃旧图新。

【说解】本章老子描述了形神俱妙的有道之人。

古代的有道之人是什么样子呢?老子用了一个词叫"微妙玄通",玄是玄奥深远的意思。有道之人可以做到世人难以理解的很玄妙的事情。《中庸》中也说:"至诚之道,可以前知。"其实很多古代认为很玄的事现在都有了科学解释,比如古人预测几天后的天气情况就能被称为神人,诸葛亮借东风就是这样,而现在我们可以做到预测长期的天气变化情况。化学家门捷列夫也预言了多种未发现的元素,事后证明都是正确的。

随后老子用七个排比句为有道之人勉强画像。“豫兮,若冬涉川,犹兮若畏四邻。”从行为来看,有道之人处事十分谨慎。古书中记载,“犹”和“豫”是两种动物,这两种动物生性多疑无主见,成语“犹豫不决”的意思就是拿不定主意。这里是说有道之人对所处的环境小心谨慎,就好像在冬天踩着冰面过河。“犹兮若畏四邻。”是指战乱时期对周围的人保持警惕,时时防备邻国进攻。从个人修身方面讲是指严防各种欲望入侵,就如儒家讲的“慎独”,人在独处时更要严格要求自己,警惕欲望侵犯自己的本善之心。

“俨兮,其若客,涣兮,若冰之将释。”这是从有道之人的威仪来看,他恭敬郑重的态度就如同到别人家里做客,与人相处时会让人感觉到像春天里冰块缓缓消融般惬意,十分和蔼可亲。成语“冰释前嫌”就源于此,是说恩怨像冰一样融化,比喻人与人之间的矛盾被消除。

“敦兮,其若朴,旷兮,其若谷。”从容貌来看,有道之人好像没有经过雕琢的原料一样,为人纯朴敦厚,与人交往没有心机。他的心胸旷远豁达,好像深幽的山谷。有道的人明白什么是世间最恒常的规律,知道种什么因就会得什么果,一个处处有心机的人最终算计的是自己,心胸狭窄的人最终连自己都容不下,这都是自己得的果。有道之人会用长远目光观察、处理问题,所以老子告诉我们,质朴厚道的人是最有智慧的人,大公无私的人最终是收获最多的人。

“混兮,其若浊。”从形迹来看,有道之人能做到和光同尘,可以和任何人和谐相处,他浑厚宽容,好像是浑浊不清的水,但是他的内心是明净的。古有“小隐隐于野,中隐隐于市,大隐隐于朝”之说,那些隐居于山林的隐者只是形式上的“隐”而已,而真正的隐者是达到物我两忘境界,他们会隐居于市朝。

以上老子为我们描述了一个举止得当、仪态端庄、气度非凡、胸怀坦荡的有道之人的画像。得道之人的形象大多是这样。《论语·述而篇》中记载孔子的形象是“子温而厉,威而不猛,恭而安”,看起来温和而又严正,威严而不刚猛,谦恭而又安适。

而现实中的人们多是追逐名利之徒,所以老子接下去又说:“孰能浊以静之徐清?孰能安以动之徐生?”这句话是德国著名哲学家海德格尔最喜欢的一句话,意思是谁能使浊流安静下来,慢慢澄清?谁能使安静的事物变动起来,慢慢显出生机?有道之人不会认为自己了不起,他们表面看起来有点浑浑噩噩,但内心有定力,没有欲望,就像一杯含有沙子的黄河水,在安静的状态下慢慢变清,他们精神的自我不会被世俗“浊”的欲望所污染,始终会很清醒。儒释道三家都很重视定力在修身中的作用,佛家讲“戒定慧”,人要有定力才会产生智慧。儒家的《大学》中讲“知止而后有定,定而后能静”,修身时做到知止才会有定力,有定力才能做到心静,再不断修身才会有所得。人有了定力就能做到心安,如果慌乱去做事,那会使自己真的变“浊”。一切要悠然“徐生”,慢慢顺着“道”的规律,不急不躁,然后事物就会慢慢显示出生机。这是老子教给我们的生活智慧。

“保此道者,不欲盈。夫唯不盈,故能蔽而新成。”保持这个道的人不会自满。正因为他从不自满,所以能够去旧更新。得道的人会永远保持谦虚品德,不断减少自身欲望。圣人都有谦虚好学的品德,《论语·里仁篇》孔子说:“见贤思齐焉,见不贤而内自省也。”一代明君唐太宗晚年在回顾自己治国经验时说:“君无为则人乐,君多欲则人苦。”如果当政者顺道而为,谦虚谨慎,不追求欲望满足,百姓生活就会幸福快乐,当政者追求欲望满足,横征暴敛,百姓生活就会陷于水深火热之中。

【老牟悟语】

1.一个有德的人会处处谦让,让出利益会得到更多的德,有德者将成就自己;一个贪婪的人会处处争抢,抢到利益会丢失更多的德,失德者将失去人心。

2.人受到非议、批评是好事,说明你还有值得关注的价值。只要放平心态,内省改过,就会得到大家的理解和支持,人生就会转为好运;如果心态失衡,闻过则怒,就会陷于无尽的烦恼之中,人生就会转为厄运。

3.年轻人一定要相信,父母的唠叨是他们综合几十年的阅历无私传授的经验。而别人告诉你所谓的经验,都是他们加了个人私欲后有选择性的见闻,一定要认真加以鉴别。

【王弼注道德经】

冬之涉川,豫然若欲度,若不欲度,其情不可得见之貌也。四邻合攻,中央之主,犹然不知所趣向者也。上德之人,其端兆不可睹,德趣不可见,亦犹此也。凡此诸若,皆言其容,象不可得而形名也。夫晦以理物则得明,浊以静物则得清,安以动物则得生,此自然之道也。孰能者,言其难也。徐者,详慎也。盈必溢也。蔽,覆盖也。

译文:人在冬季从冰面上走过,小心翼翼想过去,又不想过去,外人不可能从这个人的外貌上看出他真实的想法。四面的邻人一起攻击中间的人,中间的人竟然不知道要反击哪个方向的人。品德高尚的人,其行为迹象看不出来,德行志趣也看不到,就像上面的样子。所有这些比喻,都是说得道之人的样子,没有什么可以被观察到的表现而被人认知。道理可以使阴晦模糊的认识得以明白,静止能使浑浊的变清,运动可以使安静的实物生变,这是自然的“道”。老子说“孰能”,是说完成上面的事情很难。徐是平稳的意思。多盈必然外溢,蔽是覆盖

的意思。

【河上公章句】显德第十五

古之善为人者，谓得道之君也。微妙玄通，玄，天也。言其志节玄妙，精与天通也。深不可识。道德深远，不可识知，内视若盲，反听若聋，莫知所长。夫唯不可识，故强为之容。谓下句也。与兮若冬涉川：举事辄加重慎与。与兮若冬涉川，心难之也。犹兮若畏四邻：其进退犹犹如拘制，若人犯法，畏四邻知之也。俨兮其若容；如客畏主人，俨然无所造作也。涣兮若冰之将释，涣者，解散。释者，消亡。除情去欲，日以空虚。敦兮其若朴，敦者，质厚。朴者，形未分。内守精神，外无文采也。旷兮其若谷；旷者，宽大。谷者，空虚。不有德功名，无所不包也。浑兮其若浊。浑者，守本真，浊者，不照然。与众合同，不自专也。孰能浊以静之徐清。孰，谁也。谁能知水之浊止而静之，徐徐自清也。孰能安以久动之徐生。谁能安静以久，徐徐以长生也。保此道者，不欲盈。保此徐生之道，不欲奢泰盈溢。夫惟不盈，故能蔽不新成。夫为不盈满之人，能守蔽不为新成。蔽者，匿光荣也。新成者，贵功名。

译文：古代顺大道而为的人称为得道之君。玄是指天。是说得道之君的意志和节操玄妙，其精神与天相通。他的道德深远，不为人所认识了解，如果反观内视就像看不见，反听其声即好像听不见，不知其道德深远幽长。只因为不可以认识，所以勉强形容它的容貌。办事总是慎重再慎重。就如冬天走在冰面上，心里恐怕难以过去。他的进退好像受到拘束制约，好像人违反法律，怕四周邻居知道一样。就如客人敬畏主人，俨然没有任何造作的样子。涣，是解散的意思。释，是消亡的意思。圣人去除七情六欲，使自己的心灵每天都处于虚静的状态。敦，是质朴敦厚的意思。朴，是指处于形体浑然未分的状态。内心持守精神专注，而外在行为上表现在没有文采。旷，是宽大的意思。

谷,是空虚的意思。圣人不会以德行换取功名,他心胸宽广,无所不包容。浑,是持守本真的意思。浊,是不显示自己光亮。圣人与天下百姓和光同尘,不显示自己尊荣。孰,是谁的意思。谁能认识到浑浊的水静止而后慢慢变得清澈起来。谁能长久保持安静，慢慢就会得以长生。圣人就是这样保持徐生之道,不追求生活欲望的奢侈,德行上不追求骄傲盈满。只有保持谦虚不盈满的人,才能隐匿荣誉不追求功名。蔽的意思是隐匿自己的荣誉。新成的意思是追求功名。

十六章

【原文】致虚极，守静笃。万物并作，吾以观复。夫物芸芸，各复归其根。归根曰静，静曰复命。复命曰常，知常曰明。不知常，妄作凶。知常容，容乃公，公乃全，全乃天，天乃道，道乃久，没身不殆。

【译文】尽力使心灵的空明达到极点，使生活清静坚守不变。世间万物都一齐生长发育，我用求道的方法就可以看清万物生灭往复的规律。万物纷纷芸芸，最终都会各自返回它的本根。返回到它的本根就叫作寂静，寂静再到有生命就叫复命。复归于生命就叫自然，认识了自然规律就叫作高明，不认识自然规律的人妄作妄为，往往会出动乱和灾凶。认识自然规律的人无所不包容，无所不包容就会坦然公正，公正做事就能周全，做事周全了天下人就能归附，使天下人归附就是符合自然的道，符合自然之道的人才能长久，终身不会遭遇危险。

【说解】本章是对修道过程的阐述和论证。

先讲老子的致虚守静思想。“致虚极，守静笃。”人只有在内心清净的时候才能认清事物的本来面貌，要尽力清空自己的欲望，使自己心灵的空明达到极点，并坚守清静之心笃定不变，这样我们就会“常无欲，以观其妙”，心灵归于虚无的寂静，就能体会到世间的玄妙。而世俗的人多受欲望污染，达不到内心清净，所以大多喜欢追逐钱权名色。明代状元罗殿有首《醒世诗》写得很好：“急急忙忙苦追求，寒寒暖暖度春秋；朝朝暮暮营家计，昧昧昏昏为己谋；是是非非何日了，烦烦恼恼几时休；明明白白一条路，万万千千不肯修。”简单几句就为追逐名利、糊里糊涂、烦恼不已的世人勾勒出了一生的画像。

“万物并作，吾以观复。”收藏家马未都有个观复博物馆，“观复”两字就来源于此。马未都解释说这两个字是喜欢看、反复研究的意思，当然马未都仅是限于观察研究文物的层面。老子这句话的意思是说世间万物都一齐生长发育，我用求道的方法就可以看清万物生灭往复的规律。圣人观察问题都是求本，《论语·子罕篇》里孔子也谈到了一个分析问题、解决问题的基本方法，他说：“有鄙夫问于我，空空如也。我叩其两端而竭焉。”意思是有一个乡下人问我，我对他谈的问题本来一点也不知道。我只是从问题的两端去问，这样对此问题就可以全部搞清楚了。我们知道，世间万物包括没有生命的物质都有生灭的过程，比如人的生死不过百年；看似坚固的房子，最终也将化归尘土；就是人类居住的地球也是形成于四十六亿年前，宇宙也是来源于一百三十八亿年前的大爆炸，当然最终也会毁于大爆炸，一切都会归于虚无，这就是“夫物芸芸，各复归其根”。处于存在状态的万物无限追溯其根就是“无”，再追溯就是“道”。有人会说，你说的这些“道”对我们有什么用啊？其实，人明白了“道”之后作用就在当下，人看清世间万物生灭往复的规律，就不会纠结于世俗各种欲望，无论生前富贵还是贫贱，归处都一样，人的差别在于德行，德行事关人死后的名声并对后代产生影响，这就是“道”。庄子看透了人生，他把生死视为一种自然现象，所以妻子去世时庄子才会鼓盆而歌。

“归根曰静，静曰复命。复命曰常，知常曰明。不知常，妄作凶。”道家讲人有六根，眼根见美色、鼻根闻香臭、舌根品味鲜、耳根听音声、身根生烦恼、意根贪乐迷。归根曰静就是修身时要将六根逐渐清零，使心灵归于寂静，不生欲望，所谓六根清净。万物回归最原始的状态再追溯就是“无”,“无”再生出“有”,“有”冉到万物原始的状态就是“复命”。《周易》中有复卦,复卦揭示了周而复始、循环往复的自然规律。复归于生命就是生命的本常状态,也就是自然规律。认识了万事万物循环往复规律的人,就是明悉了世界本质,不认识自然规律的人妄作妄为,往往会出动乱和灾凶。儒家将“不知常”解释为世人不知晓“仁义礼智信”五常德,没有这些基本德行约束的人一定胡作妄为。《论语·阳货篇》中孔子说:“小人有勇而无义为盗。”意思是有勇无义的小人就会成为盗贼,妄为就一定会自取其辱,遭遇不测之灾。

最后老子讲修道的好处:“知常容,容乃公,公乃全,全乃天,天乃道,道乃久,没身不殆。”有道之人体悟天地之道,了解世间循环往复规律,看透万事万物生灭过程,所以他没有世俗欲望,处事不惊,对万事万物没有不包容的。人宽容了之后就没有私心,做事顺道而为就会公正,公正以后就会周全。当政者无己利他,处事公正,做事周全,百姓自然会携妻带子前来归附,使天下人归附就是符合自然的“道”,执掌天下就能长久,顺道而为就会得到上天护佑,他就终身不会遭遇危险。有道的圣人都会得到上天护佑,《论语·子罕》里记载“子畏于匡”,孔子周游列国时在匡地被围困多日,有的弟子病倒了,有的弟子对孔子的“道”产生疑问,而孔子依然抚琴而歌,他说:“周代的文化都传承到我的身上,上天如果想要消灭这种文化,那我就不可能掌握这种文化;上天如果不消灭这种文化,那么匡人又能把我怎么样呢?”孔子坚信自己禀受天命弘扬圣贤之道,一定会得到上天护佑。

【老年悟语】

1.读书的目的是修身养性,造福社会,很多人却将读书当成舞文弄墨的功夫;做官的宗旨是清正廉洁,为民服务,很多人却将做官当成获利享福的美差;医生的责任是救死扶伤,治病救人,很多人却将医疗当成谋取暴利的工具。老子警告这些人,失道的结果就是:凶!

2.知足常乐的人心胸宽广,心里充满阳光,即使贫穷也芬芳怡人;贪心不足的人心胸狭窄,心里堆满垃圾,即使有钱也铜臭熏人。

3.一个人听从领导安排做了错事,这样的人负次要责任,因为无心做错了情有可原;如果一个人明知领导做错了事,还找理由替他开脱,这样的人罪加一等,因为会使领导产生错觉而继续犯错。

【王弼注道德经】

言致虚,物之极笃;守静,物之真正也。动作生长。以虚静观其反复。凡有起于虚,动起于静,故万物虽并动作,卒复归于虚静,是物之极笃也。各反其所始也。归根则静,故曰静。静则复命,故曰复命也。复命则得性命之常,故曰常也。常之为物,不偏不彰,无皦昧之状,温凉之象,故曰知常曰明也。唯此复乃能包通万物,无所不容,失此以往,则邪入乎分,则物离其分,故曰不知常,则妄作凶也。

知常容,无所不包通也。容乃公,无所不包通,则乃至于荡然公平也。荡然公平,则乃至于无所不周普也。无所不周普,则乃至于同乎天也。与天合德,体道大通,则乃至于极虚无也。穷极虚无,得道之常,则乃至于不有极也。无之为物,水火不能害,金石不能残。用之于心则虎兕无所投其齿角,兵戈无所容其锋刃,何危殆之有乎?

译文:谈虚无的极致,就是万物最终的归根。持守清净,是事物真正的选择。万物不断运动生长,要以空虚清净的状态观察事物往复变化。存在由虚无发展而来,运动由静止而来,所以万物虽然同时运动变化,最终都要归于空虚清净,这是事物发展的归根。万物最后都会返回其原始状态。回归到本始状态就会静下来,所以称为静。清净了就会回归生命本质,所以称为复命。回归生命本质就会得到最永恒的规律,所以称为永恒。永恒的规律作用于万物,不会走偏也不会过于彰显，没有明暗，也没有冷热，所以知道永恒规律，人就会明智。唯有如此才能通晓万物，也没有包容不了的。如果不按照恒常规律办事，那么不正当的做法就会参与进来，就会偏离事物本分，所以说，不了解恒常规律，轻举妄动就会有凶灾。得道的人是包容的，包容的人就会无所不通达。无所不通达就会坦然公正，坦然公正恩德就会惠及万物，恩德惠及万物就是上天之德。具有了上天之德，体悟了大道，就会通达无碍，内心就达到完全的虚无。内心穷极了虚无，就得到了道的永恒规律，以至于对身体也没有了过度的关注。把虚无作为事物，水火就不能对它进行伤害，金石等坚硬的东西也不能使它破损，有了虚无的心态，猛兽的尖齿利角都用不上，锋利的兵器都没用了，还会有什么危险呢?!

【河上公章句】归根第十六

致虚极，得道之人，捐情去欲，五内清静，至于虚极。守静笃，守清静，行笃厚。万物并作，作，生也。万物并生也。吾以观复。言吾以观见万物无不皆归其本也。人当念重其本也。夫物芸芸，芸芸者，华叶盛也。各复归其根，言万物无不枯落，各复反其根而更生也。归根曰静，静谓根也。根安静柔弱，谦卑处下，故不复死也。是谓复命。言安静者是为复还性命，使不死也。复命曰常。复命使不死，乃道之所常行也。知常曰明；能知道之所常行，则为明。不知常，妄作凶。不知道之所常行，妄作巧诈，则失神明，故凶也。知常容，能知道之所常行，去情忘欲，无所不包容也。容乃公，无所不包容，则公正无私，众邪莫当。公乃王，公正无私，可以为天下王。治身正则形一，神明千万，共凑其躬也。王乃天，能王，德合神明，乃与天通。天乃道，德与天通，则与道合同也。道乃久。与道合同，乃能长久。没身不殆。能公能王，通天合道，四者纯备，道德弘远，无殃无咎，乃与天地俱没，不危殆也。

译文:得道的人抛去情感去除欲望,五脏之神保持清净,达到虚极的境界。内心持守清净,行为忠实厚道。万物都在生长变化,我观察万物没有不回归自己根本的。人也应当念念不忘回归根本。芸芸是果实枝叶茂盛的意思。万物没有不枯朽败落,都会返归其根本而使生命得到新生。清净是生命的根本,有道的人以安静、柔弱、谦虚、处下为根本,所以会长生不死。安静的人回归生命根本,就会长生不死。回归生命根本,使其长生不死,这是大道运行的恒常法则。能够知道大道恒常不变的运行法则就称之为"明"。不知道大道恒常运行法则,妄自作为,奸巧诈取,就会失去神明护佑,就会遭遇凶险。能够知道大道运行法则,除去情感忘掉欲望,效法大道包容一切。无所不包容,就会做到公正无私,一切邪恶之事就会避之而去。只有做到了公正无私,才可以主宰天下。治理天下做到身正就会与大道合一,那么千万的神明就会凝聚到身上。圣王的德行与神明相合,与天道相通。美德与天道相通,就可以与大道相合而同,其与大道相合才能长久。能做到公正无私,主宰天下,那么就与天相通与道相合。具备这四者,才能使道德弘扬深远,没有灾殃也没有过失,才可以与天地同存亡,没有任何灾难与危险。

十七章

【原文】太上,不知有之;其次,亲而誉之;其次,畏之;其次,侮之。信不足焉,有不信焉。悠兮其贵言,功成事遂,百姓皆谓我自然。

【译文】最好的统治者,百姓并不知道他的存在。次一等的统治者,百姓亲近他并且称赞他。再次一等的统治者,百姓畏惧他。最次等的统治者,百姓轻蔑、侮骂他。统治者的诚信不足,百姓才不相信他。最高明的统治者悠闲自得,不轻易发号施令,反而会功成业就,百姓说我们原本就是这样的。

【说解】本章老子谈统治者的层次和境界。

如何判断统治者是有道还是无道呢?老子本章给了我们一个判断方法,就是以老百姓反应作为标准,等于现在所说的倾听群众呼声。《尚书》中也有同样说法:“天视自我民视,天听自我民听。”老百姓的眼睛和耳朵就是上天的眼睛和耳朵,统治者治国合不合天道就是看老百姓的意见。老子将统治者的层次和境界分为四等:“太上,不知有之;其次,亲而誉之;其次,畏之;其次,侮之。”太字比大字还要多一点,是至上的意思,比如太上皇就是指皇帝的父亲。这里老子将统治者最高的境界称为太上,是说他们用大道治国,老百姓隐隐约约感觉到有人在治理这个国家,但是并不知道这个人是谁。从心法上说,“太上”是统治者无为的境界,他们为百姓服务也没有任何个人目的。企业管理的最高境界也是如此，比如顺风快递公司的管理令人称道，创始人王卫是个十分低调的人，他创业近二十年从未接受过任何媒体采访，就是本企业的内刊出版七年也见不到他的容貌，员工们都知道有这么个人，但不认识他，以致于他到下属营业网点干活也没有被认出来。可以说王卫就是具有“太上”管理智慧的人。

次一等的统治者亲近百姓，关心民众疾苦，受到百姓赞誉，这类似于儒家所说的王道之治。从心法上说，这个层次的统治者的管理是有心而为，但他们为百姓服务又是无私的。《论语·公冶长》中孔子谈到自己的志向时说：“老者安之，朋友信之，少者怀之。”孔子的这个志向与“亲而誉之”的层次相近。

再次一等的统治者是用法制治国，类似于霸道之治，让百姓很害怕。从心法上说，这个层次的统治者是有心而为，同时又有私心。历史上法家人物的管理方式多是如此，他们制定严苛的法律制度，用强制手段管理百姓，这样的管理见效快后患也多，所以历史上法家人物的下场都很悲惨。

最差的统治者是用权术治国，行亡国之路，统治者专横跋扈，对百姓肆意压榨、奴役。这个层次就没有什么心法可言了，统治者就好像是被欲望驱使的动物。百姓私下里都轻蔑、侮骂他们，等矛盾积累到一定程度，百姓就会揭竿而起推翻无道政权。历史上的商纣王就是这样，终致众叛亲离、身死国灭，还被后世唾骂。

后面两种的管理水平为什么这么低呢？老子接着说出了原因：“信不足焉，有不信焉。”统治者诚信不足，老百姓就不信任他们。孔子也认为国家治理中民众对统治者的信任最重要。《论语》中孔子答弟子问时说，治国要做到粮食、军备充足，老百姓信任统治者。如果不得已要去掉的话，就先去掉军备，再去掉粮食，孔子说：“自古皆有死，民无信不立。”自古以来人总是要死的，如果老百姓对统治者不信任，那么

国家就不能存在了。

“悠兮其贵言。功成事遂，百姓皆谓我自然。”最高明的统治者顺道而为，他们不轻易发号施令，自己悠闲自得，老百姓都感觉不到当政者存在，上下都努力工作，他们认为这一切都是自然而然的。上古时期，有一首《击壤歌》就是咏赞这种美好的生活：“日出而作，日入而息。凿井而饮，耕田而食。帝力于我何有哉！”

【老牟悟语】

1.行善的三个层次：最高的是心存善念，时时都会从善的方面考虑问题；其次是习惯行善，坚持习惯行善自然心存善念；再次是勉强行善，坚持勉强行善自然习惯行善。

2. 劝人时要先让人感受到你的真挚友情，这样对方容易信任你，规劝就更加有效；如果毫无诚心地规劝别人，会令对方有厌恶情绪，规劝自然不会有效。

3.儿子帮父亲干活不会说谢谢，所以最高的礼没有人我之分；朋友之间讲义气，需要的东西尽管拿去用，所以最高的义没有物我之分；用谋略办事有后患，用智慧办事没有后患，所以最高的智不用谋略，金钱再多也买不到信任，最高的信用勿须抵押。

【王弼道德经注】

太上，谓大人也。大人在上，故曰太上。大人在上，居无为之事，行不言之教，万物作焉而不为始，故下知有之而已，言从上也。不能以无为居事，不言为教，立善行施，使下得亲而誉之也。不能复以恩仁令物，而赖威权也。不能法以正齐民，而以智治国，下知避之，其令不从，故曰，侮之也。夫御体失性则疾病生，辅物失真则疵衅作。信不足焉，则有不信，此自然之道也。已处不足，非智之所齐也。自然，其端兆不可得而见也，其意趣不可得而睹也，无物可以易其言，言必有应，故曰，悠兮其贵言也。居无为之事，行不言之教，不以形立物，故功成事遂，而百姓不知其所以然也。

译文：太上，是指在上位的领导。他的地位在上，所以叫太上。他的地位高高在上，尊重规律不妄为，自己以身作则教化百姓，让万物自然发展而不去改变，所以下面百姓只知道有这个领导而已，这是说崇尚上层的管理方法。不能做到以无为方式处理政事，不能以身作则教化百姓，而是做出善行施恩于百姓，使得百姓爱戴并赞扬他。不能给百姓施予恩德仁爱只知道发放物品，而管理依赖权力威严。不能用法律规则管理纠正百姓，而是用智谋治理国家，百姓都明白从而回避政令，使政令得不到执行，所以说是百姓轻蔑、侮骂他们。人使自己身体失去本性就会生病，执着于外物失去自己本真就会产生过失、争端。诚信不足的人，人们也会不信任他，这是自然规律。自己处事德行不足，不是可以用智力所能弥补。按照自然规律办事的人，他行动的预兆人们见不到，他的志向和想法人们看不到，他的话不会被任何事物改变，说了就一定做到，所以说，他悠闲自得而又珍惜自己的话语。按照自然规律做事不妄为，不以话语教化百姓，不树立榜样让大家学习，所以建立功绩、事情办好了，而百姓还不知道为什么会做到这样。

【河上公章句】淳风第十七

太上，下知有之。太上，谓太古无名之君。下知有之者，下知上有君，而不臣事，质朴也。其次，亲之誉之。其德可见，恩惠可称，故亲爱而誉之。其次畏之。设刑法以治之。其次侮之。禁多令烦，不可归诚，故欺侮之。信不足焉，〔有不信焉〕。君信不足于下，下则应之以不信，而欺其君也。犹兮其贵言。说太上之君，举事犹，贵重于言，恐离道失自然也。功成事遂，谓天下太平也。百姓皆谓我自然。百姓不知君上之

德淳厚,反以为己自当然也。

译文:太上,是指太古时期没有名字的得道君主。下知有之是指下面的臣民知道上面有君主的存在,而看不到以臣侍奉君子的情况,这是一位淳厚质朴的得道君主。次一等的君主其美德可以看得见,对百姓的恩惠令人称道,所以百姓倍感亲爱而赞誉他。再次一等的君主设立刑法治理国家,百姓都感到畏惧。最次一等的君主设立繁杂禁令,百姓深受其害不会诚心归顺,所以会欺骗、侮骂他。君主的诚信不足以让臣民信服,那么臣民就会用不诚信回应君主、欺骗他们的君主。太上得道的君主,办事十分小心,从不轻易说话,唯恐言行背离自然大道。功成事遂是说天下太平的意思。百姓不知道君主的德行淳厚质朴,反而认为自己的生活本来就是这样。

十八章

【原文】大道废，有仁义；智慧出，有大伪；六亲不和，有孝慈；国家昏乱，有忠臣。

【译文】大道被废弃了，才有提倡仁义的需要；聪明智巧的现象出现了，伪诈才盛行一时；家庭出现了纠纷，才能显示出孝与慈；国家陷于混乱，才能看出忠臣。

【说解】本章老子批评当时世风日下，想恢复上古大道之治。

老子透过社会表面现象，观察到深层次的社会问题。当人们赞美社会上的仁义、智慧、孝慈、忠诚的时候，老子当头棒喝，说这样的社会是有问题了，统治者的管理已经远离《道德经》十七章中谈到的“太上”管理境界。老子从四个方面批评社会的病态现象。

“大道废，有仁义。”老子所说的道有两个层次，一个是天地之道，一个是圣贤之道。道是无名无形的，它的外显就是德。老子又将德分为上德下德，仁属于上下德之间，义属于下德。这里老子的意思是说圣贤之道不行了，德行也很少见了，所以就开始强调德行中的仁义。社会有道时德行也很圆满，人们感觉不到仁义等德行的存在，就像我们平常呼吸感觉不到空气一样，等有雾霾的季节来了，我们才知道清新空气的珍贵。社会缺失忠信的德行也是一样，十多年前湖北信义兄弟的事迹家喻户晓，哥哥孙水林遭遇车祸遇难，弟弟孙东林为了完成

哥哥给农民工结清工钱的遗愿，多处借钱，春节前将工钱送到农民工手中，事后兄弟俩被社会各界广为称颂。按老子的观点来看，表彰“信义兄弟”，其实反映的是当时社会欠农民工钱现象普遍，是信义之德缺失的问题。

“智慧出，有大伪。”郭店楚简《老子》没有这句话，有了这句话容易引出歧义，有人怀疑是后人妄增此句。这里的智慧是指聪明智巧，当政者用自以为聪明的权术来管理社会，百姓就会以虚伪的态度来应对。老子认为，美恶同根，聪明和大伪也会相伴而生。脱离大道而用智巧，阴谋诡计就会产生。《论语·为政篇》中孔子也说：“道之以政，齐之以刑，民免而无耻。”用繁多的政令和刑法来治理，老百姓就会免于犯罪受罚，却没有廉耻之心，从而导致诈伪盛行，社会就越来越难以管理。

“六亲不和，有孝慈。”六亲是指父子、兄弟、夫妇。家庭中父慈子孝是最起码的人伦道德，在一个正常的社会里是不应该被赞誉的，如果被称赞，那肯定是六亲矛盾重重。现在社会上不孝现象很多，主要源自子女不明理。其实孝顺父母受益最大的是孩子，孝顺的好处有三：一是孝顺的孩子心安，父母养育之恩大于天，孝顺父母可使自己心安；二是孝顺的孩子有信，都知道不能与不孝的人交朋友，孝顺是人最大的诚信；三是孝顺的家庭有道，孝道的传承主要源自于父辈的身教和晚辈的明理，不孝顺父母的一定会教出不明理的儿女，自己也将吃下不孝的苦果，这叫天道好还。

“国家昏乱，有忠臣。”社会动乱就会辨别出谁是忠臣，谁是叛臣。我们看宋末战乱，文天祥至死不降成就忠臣美名。历史上的志士仁人多受孔孟思想影响，《论语·卫灵公篇》中孔子说：“志士仁人，无求生以害仁，有杀身以成仁。”志士仁人为了成全仁德，可以献出自己生命。

有人认为老子是反对出现仁义、孝慈和忠诚，其实这是误解。老子推崇的是当政者“无为”的管理境界，反对社会上任何“有为”德行。老子希望当政者管理有道，人们对仁义、孝慈和忠诚等美好德行都习以为常，视而不见，百姓过着悠然自在的小国寡民生活。

【老年悟语】

1.无德的人读书多了没有好处，因为知识越多，走上邪路危害越大；不讲诚信的人生意大了没有好处，因为越不讲诚信，受骗的可能性越大；心不正的人养生没有好处，因为心不正会将养生引向歧路；不孝的人求神拜佛没有好处，因为人越不孝与神和佛的距离越远。

2.有知识的人一旦没有自知之明就会骄傲，人一旦骄傲就远离了道，即使侥幸取得成功也不会长久。因为骄傲接近的是失败和危险，道接近的是成功和幸福。

3.世人如果都用求钱财之心求学问，用博功名之心去修身立德，用爱妻儿之心孝父母，用为己之心服务百姓，那就是大同世界。

【王弼注道德经】

失无为之事，更以施慧立善，道进物也。行术用明，以察奸伪；趣睹形见，物知避之。故智慧出则大伪生也。甚美之名生于大恶，所谓美恶同门。六亲，父子兄弟夫妇也。若六亲自和，国家自治，则孝慈忠臣不知其所在矣。鱼相忘于江湖之道，则相濡之德生也。

译文：管理不使用无为的方式，而是使用智巧、倡立善行，这是“道”向物质的、欲望的方向靠近。用明智的方法行事，以便明察奸诈虚伪；当政者的兴趣爱好表现出来，人们做事就知道如何应对规避。所以说当政者的智巧聪明表现出来，虚假的现象也就出现。显赫的名声往往生出于大的恶行，所以称谓美恶同一个源头。六亲是指父子、兄弟、夫妇。如果六亲和睦了，国家自然安定，那么就不知道孝顺、慈爱的人和忠臣在哪里了。鱼在惬意的江湖里互相遗忘，在遇难之时就会生出相濡以沫的德行。

【河上公章句】俗薄第十八

大道废，有仁义。大道之时，家有孝子，户有忠信，仁义不见也。大道废不用，恶逆生，乃有仁义可传道。智能出，有大伪。智能之君贱德而贵言，贱质而贵文，下则应之以为大伪奸诈。六亲不和，有孝慈。六纪绝，亲戚不合，乃有孝慈相牧养也。国家昏乱，有忠臣。政令不明，上下相怨，邪僻争权，乃有忠臣匡正其君也。此言天下太平不知仁，人尽无欲不知廉，各自洁己不知贞。大道之世，仁义没，孝慈灭，犹日中盛明，众星失光。

译文：国君推行圣贤之道，家家都会有孝子，户户都讲忠信，仁义就显现不出来。圣贤之道被废弃不用，叛逆行恶的现象就有了，这时仁义之士就可以传承圣贤之道。善于智巧权术的国君轻视德行而重视花言巧语，轻视质朴的品德而注重文饰，下面的百姓就会用伪装奸诈应付他。六纪之间不往来，亲戚之间不和睦，这时就有孝子或慈善的人相抚养。政令颁布混乱，上下相互埋怨，品行不端的人争权夺利，这时就会有忠臣匡正君主过失。这是说天下太平人们就不知道什么是仁义，人们都达到无欲的境界就不知道什么是廉洁，人们各自洁身自好就不知道什么是贞洁。圣贤之道盛行的时代，仁义隐没，孝慈也不见，就像中午阳光明亮，众多星星就失去光亮。

十九章

【原文】绝圣弃智，民利百倍；绝仁弃义，民复孝慈；绝巧弃利，盗贼无有。此三者，以为文不足。故令有所属，见素抱朴，少思寡欲。

【译文】抛弃圣明智巧，人民可以得到百倍的好处；抛弃仁义，人民可以恢复孝慈的天性；抛弃巧诈和利益，盗贼也就没有了。圣智、仁义、巧利这三者全是文饰，作为治理社会病态的法则是不够的。所以要使人们的思想认识有所归属，保持纯洁素朴的本性，减少私欲杂念。

【说解】本章表达了老子反对人为文饰、崇尚淳朴自然的思想。

老子先谈了社会治理中三种问题的解决方法。一是“绝圣弃智，民利百倍”。这里的“圣”不是指圣人，而是指假借圣人之名行诈伪之实的行为，“智”也不是指智慧，而是指假借智慧之名而行伪巧之智的行为。周朝末期很多国君口口声声要做圣人，他们为了谋求霸权，任用善行智巧的贤士进行改革，争权夺利，加剧了社会动荡，最终使老百姓深受其害。老子针对时弊提出抛弃圣明智巧，让百姓恢复淳朴的生活方式，这样社会安定了，百姓就会百倍得利。二是“绝仁弃义，民复孝慈”。这里的仁义是指统治者自身无德，而又积极倡导仁义，就是伪善。“仁”在儒家学说中是指至上的德行，一般人难以企及，整部《论语》中被孔子许以“仁”的也不过六人。《论语·雍也篇》中孔子说“回也其心三月不违仁”，只有颜回能够做到在长时间内不离开仁德，其余的学生则只能在短时间内做到仁而已。与孔子观点不同,老子将“仁”列在“道”之后,属于上下德之间,“义”列为下德,而且都是有心而为之,就是说追求仁义的人都有目的。老子提出“绝仁弃义”,就是要当政者去除表面仁义,真心为民办事,用身教影响百姓,而不是人为教化,这样百姓就会自然恢复孝慈本性。庄子在《马蹄篇》中也对此进行了注解:“及至圣人,蹩躠为仁,踶跂为义,而天下始疑矣。”等到世上出了圣人,勉为其难地去倡导所谓仁,竭心尽力地去追求所谓义,于是天下开始出现迷惑与猜疑。三是“绝巧弃利,盗贼无有”。上有所好,下必甚焉。当政者不带头使用巧诈之术追逐欲望,社会风气自然淳朴,人们的私欲就会减少,盗贼也就没有了,老子这里实际上谈的是身教问题。《论语·颜渊篇》中记载,鲁国上卿季康子苦于国内盗贼太多,就向孔子询问对策。孔子说:“苟子之不欲,虽赏之不窃。”如果您不贪图财物,即使奖励他们盗窃,他们也不会去做的。可以看出孔子和老子的观点都是一致的,那就是当政者要从自身做起,对百姓最有效的管理就是身教。

老子说,圣智、仁义、巧利这三者全是人为的治理方法,治理国家仅仅去除这些还是不够的,最重要的还是要使人们的思想认识有所归属,随后老子开出药方:“见素抱朴,少思寡欲。”素原是指未染色的白布,朴是指未加工的原木,“见素抱朴”是指人要保持纯净质朴的思想。“少思寡欲”就是让百姓减少私欲杂念,控制欲望过度膨胀,不过于追求利益。抛弃圣智、仁义、巧利之学,这样才能免于忧患。本章老子反对的是社会管理中的奸诈巧智、假仁假义,意在让百姓免去欲望的诱惑,恢复质朴本性,做到身心真正的自由。

【老牟悟语】

1.胜利时感恩别人的支持,不但会得到友谊和掌声,还会助你步入新的高峰；失败时感恩生活的磨练，不但能总结失败教训，还会使你坚定必胜的信心。

2.挫折有两面性，胜利了面对的就是荣誉，失败了面对的就是嘲笑。失败了也不可怕，只要吸取教训、内省改过就使人增长智慧，可以为以后的胜利奠定基础。人生了悟至此，心念一转，就可以把自己所有的挫折、打击、烦恼、灾难等不如意都当作好事，当下开始你的人生就会转为好运。

3.人存善心会生善念，会说好话做善事，就得到善的回报；人存恶心会生恶念，会说坏话做恶事，就得到恶的回报。

【王弼注道德经】

圣智，才之善也。仁义，人之善也。巧利，用之善也。而直云绝，文甚不足，不令之有所属，无以见其指，故曰，此三者以为文而未足，故令人有所属，属之于素朴寡欲。

译文：圣明智巧是好的才能。仁义是人好的德行。巧诈和利益是好的功用。这里老子直接说要杜绝，这三者全是文饰，不足以让人信服，也不足以让百姓有所归属，也达不到当政者所想要达到的目标。所以说，这三者作为文饰也不够，要让百姓心有所归属，那就要简单、朴素、减少欲望。

【河上公章句】还淳第十九

绝圣 绝圣制作，反初守元。五帝垂象，仓颉作书，不如三皇结绳无文。弃智，弃智能，反无为。民利百倍。农事修，公无私。绝仁弃义，绝仁之见恩惠，弃义之尚华言。民复孝慈。德化淳也。绝巧弃利，绝巧者，诈伪乱真也。弃利者，塞贪路闭权门也。盗贼无有。上化公正，下无邪私。此三者，谓上三事所弃绝也。以为文不足，以为文不足者，文不足

以教民。故令有所属。当如下句。见素抱朴，见素者，当抱素守真，不尚文饰也。抱朴者，当抱其质朴，以示下，故可法则。少私寡欲。少私者，正无私也。寡欲者，当知足也。

译文：杜绝圣明的制作，返回本初持守本根。五帝所作万物之象和仓颉创作的文字，都不如三皇的结绳无文而治。抛弃智巧的能力，返回到不妄为的治理状态，使百姓的农业事务得以修治管理，要做到公正无私。杜绝仁爱就会使更多的百姓得到恩惠。抛弃道义百姓就会崇尚华美言辞。用道德教化百姓使民风回归淳朴。杜绝智巧就是防止狡诈伪装行为扰乱朴实民心。抛弃利益就是堵塞贪欲的路，关闭以权谋私的门。在上位的人公正，下面的人就没有邪私。三者是指杜绝抛弃圣智、仁义、巧利三事。文不足是说巧言文饰，不足以教化民众。见素，是说应当亲近朴素的自然，持守本真，不崇尚华丽文饰。抱朴，是指抱守质朴，给下面的人做示范，使百姓可以作为行事法则。少私，是指公正无私。寡欲，是指应当知足。

二十章

【原文】唯之与阿，相去几何？美之与恶，相去若何？人之所畏，不可不畏。荒兮，其未央哉！众人熙熙，如享太牢，如春登台。我独泊兮，其未兆，如婴儿之未孩；儡儡兮，若无所归。众人皆有余，而我独若遗。我愚人之心也哉，沌沌兮！俗人昭昭，我独昏昏。俗人察察，我独闷闷。淡兮，其若海；望兮，若无止。众人皆有以，而我独顽似鄙。我独异于人，而贵食母。

【译文】应诺和呵斥，相距有多远？美好和丑恶，又相差多少？人们所畏惧的，不能不畏惧。这风气从远古以来就是如此，好像没有尽头。众人都熙熙攘攘、兴高采烈，如同去参加盛大宴席，如同春天里登台眺望美景。而我却独自淡泊宁静，无动于衷。混混沌沌啊！如同婴儿还不会发出嘻笑声。疲倦闲散啊，好像浪子还没有归宿。众人都有所剩余，而我却像什么也不足。我真是只有一颗愚人的心啊！众人光辉自炫，唯独我迷迷糊糊；众人都那么严厉苛刻，唯独我这样淳厚宽宏。恍惚啊！像在大海上漂流；恍惚啊！像飘泊无处停留。世人都精明灵巧有本领，唯独我愚昧而笨拙。我唯独与人不同的，看重寻求道的滋养。

【说解】本章老子描述了得道之人的状态。

老子犹如超凡脱俗的仙人，他时而处于空中俯视芸芸众生，时而又步入尘世与众人共同生活。“唯之与阿，相去几何？美之与恶，相去

若何？人之所畏，不可不畏。荒兮其未央哉！”唯，很恭敬地回答。阿，很怠慢地回答。都是回答，心有分别，态度就不一样。美与恶也是人们强加的概念，都是出于本心，从大道的高度来看都是一样的。比如一个人年轻时很美丽，到了年老时面容相对会很难看，美也会变为丑；再比如人人都爱自己的孩子，但是对孩子过于溺爱就会毁掉孩子的一生，爱也会变成恶。圣人看到世俗人的很多观念与道相反，但是又不能直接说破，因为“人之所畏，不可不畏”。世俗人的见识通常受欲望蒙蔽，所以看到圣人超凡脱俗的行为，就常常会加以嘲笑。《论语·宪问篇》中记载一个守城门的人听子路说是从孔子那里来的，于是就讥笑说：“是知其不可而为之者与？”老子畏惧的就是世俗风气，并且这风气自古以来就是如此，好像没有尽头的样子。

继而通过和众人、俗人对比展现了圣人处世的心态和形象。这里的众人和俗人是指当时社会的上层人士，因为一般百姓在动乱年代生命尚且堪忧，就别说还有其他欲望了。文中的“熙熙”、“享太牢”、“春登台”、“有余”、“昭昭”、“察察”都是众人的欲望外现。“天下熙熙皆为利来，天下攘攘皆为利往。”众人都喜欢追逐名利，他们认为有了名可以赢得别人尊重，有了钱可以生活得更好。欲望是人修身首要面对的问题，在这方面儒释道有所区别。儒家不反对名利，只要合义就行，而佛家修行讲究的是彻底的无欲，道家修行讲究清心寡欲，是要“为道日损”，众人以知识的增多为荣，而老子则认为求道要不断减少欲望。人人都说名利害人，其实害人的不是名利，而是对名利的贪念和附之其上的欲望。贪欲者只有在绝望的时候才会醒悟，比如秦朝权倾朝野的李斯被杀前对儿子讲：“我多想跟你一起牵着黄狗外出打猎，可惜这样的日子再也没有了。”此时醒悟的李斯也明白了相对于平淡的生活来说，一切名利都是浮云。

老子使用“婴儿”、“沌沌”、“昏昏”、“独顽似鄙”等词语描述了自己幼稚、愚笨、糊涂的形象，表面上看是在贬损自己，其实是通过众人的贪婪、精明反衬出圣人甘守淡泊宁静、无欲无求的心境，刻画出圣人朴实无华、甘守寂寞的得道者形象。聪明人喜欢热闹，圣人都喜欢静处。《论语·雍也篇》中孔子说："知者动，仁者静。知者乐，仁者寿。"

最后老子进行了总结："我独异于人，而贵食母。"食是嗜好，母是指道。众人喜欢热闹和名利，背离大道追逐物欲；圣人看清事物本质，忘却物欲体悟大道。正因为老子无欲无求，所以也就没有世人的忧虑和烦恼，整天过着逍遥自在的生活。

【老年悟语】

1.看到别人做好事，直接跟着学即可，要从善如流，没有必要琢磨别人做好事的动机；看到别人犯错，认真分析问题的根源，要反省自己，以使自己引以为戒，从本源杜绝问题的发生。

2.赞美别人的人，会得到善意回报，到时也会得到别人赞美。羞辱别人的人，会得到恶意回报，到时也会受到别人污辱。

3.在地里努力耕种，看似十分辛苦，但是到时候会收获丰盛果实；教导子孙做善事，看似子孙付出很多，但是到时候家族会人才兴旺。

【王弼道德经注】

下篇，为学者日益，为道者日损。然则学求益所能，而进其智者也，若将无欲而足，何求于益。不知而中，何求于进。夫燕雀有匹，鸠鸽有仇，寒乡之民，必知旃裘，自然已足，益之则忧。故续凫之足，何异截鹤之颈，畏誉而进，何异畏刑。唯阿美恶，相去若何？故人之所畏，吾亦异焉，未敢恃之以为用也。叹与俗相返之远也。众人迷于美进，惑于荣利，欲进心竞，故熙熙如享太牢，如春登台也。言我廓然，无形之可名，无兆之可举，如婴儿之未能孩也。若无所宅。众人无不有怀有志，盈溢胸心，故曰，皆有余也。我独廓然，无为无欲，若遗失之也。绝愚之人，心无所别析，意无所美恶，犹然其情不可睹，我颓然若此也。无所别析，不可为名。耀其光也。分别别析也。情不可睹。无所系絷。以，用也。皆欲有所施用也。无所欲为，闷闷昏昏，若无所识，故曰，顽且鄙也。食母，生之本也。人者皆弃生民之本，贵末饰之华，故曰，我独欲异于人。

译文：下篇说，人学习时知识是一天比一天增加，人修身求道时欲望是一天比一天减少。然而求学是增加自己能力，而且不断增加自己智慧，如果没有欲望而自己又很满足，那还求增加什么呢？自己没有智慧而又满意，那还求什么进步呢？燕雀和鸠鸽都有匹配的伴，身处寒冷地方的人都擅长制作御寒的衣物，他们自然地准备就已经足够，再增加就会使人忧虑，所以将水鸟的脚加长和将鹤的腿截短是一样的，畏惧荣誉的增加和畏惧刑法增加也是一样的。应诺和呵斥，美丽和丑恶差距有多远呢？所以别人害怕的，我也是害怕，不敢依靠而使用它。我在感叹自己与世俗的想法相差甚远，众人都迷恋美物而争取，迷惑于荣誉和利益，欲望越来越多，所以众人熙熙攘攘好像去参加盛宴，又好像去登台观察春天美景。我心胸廓然没有形象可以命名，没有行动的先兆，就像婴儿还不会嬉笑。若无所归就是像没有住的地方。众人无不怀有想法和志向，充满心胸，所以说众人都有富余。唯独我心胸空虚，没有任何作为也没有欲望，好像是丢了东西一样。绝对愚蠢的人，心里没有多余想法，意识里要么有美恶的区别，十分小心，其情绪从外表看不出来，我消沉的样子就是这样。沌沌兮就是无法将它区别分开，也不可为它命名。俗人昭昭就是都炫耀其光芒。俗人察察就是分别区分开来。澹兮其若海就是深远的情形用眼睛看不到尽头。若无止就是大风中没有东西可以拴系。以是用的意思。众人都想得到什么有用的东西。没有什么想做的，心里昏昏沉沉，好像生命都不认识了,所以说愚昧而笨拙。食母是生命之本源。众人都丢弃生养民众的本心,注重表面装饰的华丽,所以说,我独自和别人不一样。

【河上公章句】异俗第二十

绝学,绝学不真,不合道文。无忧,除浮华则无忧患也。唯之与阿,相去几何。同为应对,而相去几何。疾时贱质而贵文。善之与恶,相去若何。善者称誉,恶者谏诤,能相去何如。疾时恶忠直,用邪佞也。人之所畏,不可不畏。人谓道人也。人所畏者,畏不绝学之君也。不可不畏,近令色,杀仁贤。荒兮其未央哉！言世俗人荒乱,欲进学为文,未央止也。众人熙熙,熙熙,放淫多情欲也。如享太牢,如饥思太牢之具,意无足时也。如春登台。春,阴阳交通,万物感动,登台观之,意志淫淫然。我独怕兮其未兆,我独怕然安静,未有情欲之形兆也。如婴儿之未孩。如小儿未能答偶人时也。乘乘兮若无所归。我乘乘如穷鄙,无所归就。众人皆有余,众人余财以为奢,余智以为诈。而我独若遗。我独如遗弃,似于不足也。我愚人之心也哉,不与俗人相随,守一不移,如愚人之心也。沌沌兮。无所分别。俗人昭昭,明且达也。我独若昏。如闇昧也。俗人察察,察察,急且疾也。我独闷闷。闷闷,无所割截。忽兮若海,我独忽忽,如江海之流,莫知其所穷极也。漂兮若无所止。我独漂漂,若飞若扬,无所止也,志意在神域也。众人皆有以,以,有为也。而我独顽我独无为。似鄙。鄙,似若不逮也。我独异于人我独与人异也。而贵食母。食,用也。母,道也。我独贵用道也。

译文:杜绝不真的学问,因为这些学问与道的内容不相符。除去虚浮华丽的外表就没有忧患了。“唯”与“阿”同是一张口的应对,而相差多少呢？痛恨当时轻视质朴而重视文饰的风气。对善的行为赞誉,对恶的行为劝谏,赞誉和劝谏能相差多少呢？憎恨当政者厌恶忠直的人,而使用邪佞的人。人是指推行圣贤之道的统治者。人所畏惧的是不抛弃不真之学的统治者。不可不畏是亲近巧言令色的人,就会把贤人拒之门外。世俗的人心慌意乱,要学不真之学作为文饰而不知道停止。熙熙是指世人淫情放荡、多情纵欲的情形。如享太牢是指如饥饿时想太牢供奉的美味,意想没有满足的时候。春天阴阳交合通泰,万物感而意动,登上高台观看,会感到春意盎然。我独自淡泊宁静,没有表现出被欲望影响的情形。就像婴儿不能回答男女交合之时的情况。我就像颓丧困顿在偏僻边远的地方,找不到归宿之地。众人生活奢侈都有多余的财富,都有多余的智巧以供欺诈。我独自好像被遗弃,似乎成事不足败事有余。不与世俗的人相随行,持守大道专心不移,好像有一颗愚笨的心。沌沌兮是混沌还没有分别时的情形。俗人昭昭是说众人明白并且通达事理。唯独我昏沉愚昧的样子。察察是急切并迅疾的样子。闷闷是指没有什么可以割截我的道心。我独自忽忽悠悠,就如江海的水流,不知道什么时候能穷尽。我独自漂泊,就好像飞扬起来,不会停止似的,我的心思意志遨游神域。众人都有所作为,而我独自无为,好似卑鄙又有所达不到。唯独我与世人不同,我独自重视大道的使用。

二十一章

【原文】孔德之容，惟道是从。道之为物，惟恍惟惚。惚兮恍兮，其中有象；恍兮惚兮，其中有物。窈兮冥兮，其中有精；其精甚真，其中有信。自今及古，其名不去，以阅众甫。吾何以知众甫之状哉？以此。

【译文】大德的形态，完全遵从“道”的标准。“道”这个东西，没有清楚的固定实体，模糊而又变化莫测。它是那样恍恍惚惚啊！其中却有某种形象。它是那样的恍恍惚惚啊！其中却有某种实物。它是那样的深远暗昧啊！其中却有精质；这精质是最真实的，这精质是可以信验的。从今上溯到古代，它的名字永远不能废除，依据它，才能观察万物的初始。我怎么才能知道万事万物开始的情况呢？就是依据于“道”。

【说解】本章老子再从形名谈“道”，描述“道”是真实存在的。

共分三部分。大道无形，一般人很难体悟到大道，所以第一部分老子用显现的“德”来讲“道”。“道”是“德”之体，“德”是“道”之用。儒家讲德很具体，主要就是“孝、悌、忠、信、礼、义、廉、耻”等内容，老子所讲的“德”相对抽象一些，是指人们认识并按照“道”的规律办事。“孔德之容，惟道是从。”孔是大的意思，大德又是对德行高尚的人的称呼，对有道的人来说，他们把平和之气修之于体内，和善英华发之于身外，以盛德之容显现出来，就是“孔德”。孔德之容的成因是遵从大道，就是“惟道是从”。世间大德的形态，都是因为遵守“道”而存在。

《论语·述而篇》中是这样描写孔子的:“子温而厉,威而不猛,恭而安。”几句话就将圣人的形象完美地展现出来。《金刚经》里开篇便讲佛陀乞食,有很多人不解,佛陀的地位那么高,为什么还要领众弟子去乞讨呢？其实按照佛家说法,乞食可以修行忍辱,去除我慢,修行无我。儒释道的圣贤大德都是这样,他们所作所为都十分合“道”,不会因世俗影响而改变。

第二部分老子讲了“道”存在的四种形象:“象”“物”“精”“信”。大道本身是没有可见之形的,也没有可见之象,所以是“道之为物,惟恍惟惚”。但是在恍恍惚惚之中又似乎有“象”,似乎有“物”,所以是“惚兮恍兮,其中有象;恍兮惚兮,其中有物”。“道”玄妙深远,但是道体又有极为实在的真精存在,所以是“窈兮冥兮,其中有精”。“精”是最微小的物质,又叫精气,所以“其精甚真”,人没有精气神就不是健全的人。“其中有信”是指“道”在世间都是可以验证的,会让人们相信。“道”存在的这四种形象可以从传承“道”的家族中发现。比如曾国藩家族二百多年来出了二百四十多位杰出人物,说明其家族世代传承“道”,他们家族保存着先辈画像,铭记先辈事迹,学习家训,这就是“道”的“象”和“物”。后人传承先祖的精神,落实到一言一行中,使他们保持奋进、勤俭、尊贤、谦逊的品德,这就是“道”的“精”。有先辈的伟大事迹和自己成功的经历,这就是“道”的“信”。

第三部分老子说自己通过“道”知道了万物的起始。“道”自古就存在于世间,不过老子之前没有命名为“道”,但“道”一直作用于万事万物。儒家称之为天性、良知,佛家称为佛性、自性,基督教称之为上帝,其实都是“道”。明白了这些,才能“以阅众甫”。甫通父,代指根源。人们依据“道”,才能观察万物初始。应该说老子、孔子、释迦牟尼都是得道之人,他们传授的经典历经几千年不变,即使有人一时不了解圣人传承的圣贤之道,甚至诋毁圣人,都是徒劳无功。《论语·子张篇》记载,有人诽谤孔子,弟子子贡说:“仲尼,日月也,无得而逾焉。”我们相信只要中华文化不灭,古圣先贤之道将永世流传。要问老子是怎么知道万事万物开始的情况呢?老子说“以此”。如果还有人刨根问底,问“道”是从哪里来的?道法自然,一切都是自然而然的。

【老牟悟语】

1.东汉清官杨震拒收贿金,以天知地知你知我知的“四知”闻名,杨震之后至杨彪连续四代都官至太尉,是因为传承了“道”。至杨彪之子杨修,恃才而骄,过度表现自己的聪明而被曹操杀害,是因为失去了“道”。

2.私欲心重的人,整天看到的是别人的缺点与过失,使自己烦恼重重;真正有德的人,常常看到的是别人的优点和长处,使自己轻松愉悦。

3.有德的人用钱帮助别人,钱出去“德”进来了,随后是事业兴旺好运来;无德的人用钱吃喝嫖赌,钱出去“德”没有了,随后是失去健康霉运至。

【王弼注道德经】

孔,空也,惟以空为德,然后乃能动作从道。恍惚无形,不系之叹。以无形始物,不系成物,万物以始以成,而不知其所以然,故曰,恍兮惚兮,其中有象也。窈、冥,深远之叹,深远不可得而见。然而万物由之,其可得见,以定其真。故曰,窈兮冥兮,其中有精也。信,信验也。物反窈冥,则真精之极得,万物之性定。故曰,其精甚真,其中有信也至真之极,不可得名,无名则是其名也。自古及今,无不由此而成,故曰,自古及今,其名不去也。众甫,物之始也。以无名说万物始也。此上之所云也。言吾何以知万物之始于无哉,以此知之也。

译文：孔是空的意思，只有以空虚为德行，然后自己的行动才能遵从道。恍惚，是对“道”的无形，像没有拴系住的东西的感叹。世间万物是从无形开始，到最后成为万物，而不知道为什么会成为万物，所以说是恍恍惚惚。窈、冥是对“道”深远的感叹，深远得无法看到它。然而万物都是由“道”而来，人们都看到了这个过程，才确定“道”是真实的。所以说，它是那样的深远暗昧啊！其中却有精质。信是可靠灵验的意思。万物返回到深远暗昧的状态，就会得到真正精微的物质，万物的本源之性就安定了。所以说，这精质是很真实的，这精质通过信验也是最为真实的，它是不可以命名的，没有名字就是它的名字。自古至今，万物无不是由“道”而成，所以说自古至今，“道”一直没有离开。众甫是指万物的开始，用无名来说万物开始的状态。以此是说这以上所说的，我怎么知道万事万物是从无开始的呢？是从“道”认识的。

【河上公章句】虚心第二十一

孔德之容，孔，大也。有大德之人，无所不容，能受垢浊，处谦卑也。唯道是从。唯，独也。大德之人，不随世俗所行，独从于道也。道之为物，唯怳唯忽。道之于万物，独怳忽往来，于其无所定也。忽兮怳兮，其中有象；道唯忽怳无形，之中独有万物法象。怳兮忽兮，其中有物。道唯怳忽，其中有一，经营生化，因气立质。窈兮冥兮，其中有精，道唯窈冥无形，其中有精实，神明相薄，阴阳交会也。其精甚真，言道精气，其妙甚真，非有饰也。其中有信。道匿功藏名，其信在中也。自古及今，其名不去，自，从也。自古至今，道常在不去。以阅众甫，阅，禀也。甫，始也。言道禀与，万物始生，从道受气。吾何以知众甫之然哉。吾何以知万物从道受气。以此。此，今也。以今万物皆得道精气而生，动作起居，非道不然。

译文：孔是大的意思。有大德的人没有什么不能包容的，能承受尘垢污浊,总是处于谦虚卑微的地方。唯是独自的意思。大德之人不会追随世俗行为,会独自遵从于“道”。“道”在万物之中,独自恍恍惚惚往来,没有所固定的地方。大道惚惚恍恍没有形状,其中却独有万物效法的对象。只有大道恍恍惚惚,其中有一经营生化为万物,万物要也因为具备的元气而确立起本质。只有大道幽深没有形状,其中有精微实体,与神明相往来,阴阳交会而成。大道中存有的精气异常玄妙而且真实,没有任何文饰。大道隐匿功劳和名誉,其诚信存在其中。自是从的意思。自古至今,“道”恒常存在而没有失去。阅是承受的意思。甫是开始的意思。是说万物承受“道”的精气,万物才开始化生。我是怎么知道从“道”中承受元气呢?此是现在。以现在的万物都得到精气而生从而认识到。人的行动起居,不遵守大道是不行的。

二十二章

【原文】曲则全，枉则直；洼则盈，敝则新；少则得，多则惑。是以圣人抱一，为天下式。不自见，故明；不自是，故彰；不自伐，故有功；不自矜，故长。夫唯不争，故天下莫能与之争。古之所谓曲则全者，岂虚言哉？诚全而归之。

【译文】委曲便会保全，弯曲反能直伸；低洼便会充盈，陈旧便会更新；少取便会获得，贪多便会迷惑。所以圣人坚守道作为天下人的楷模。不自我表现反能凸显高明；不自以为是反能是非彰明；不自己夸耀反能建立功勋；不自我矜持所以才能长久。正因为不与人争，所以遍天下没有人能与他争。古时所谓“委曲反能保全”的话，怎么会是空话呢?！它实实在在能够达到。

【说解】本章老子主要阐述了“曲则全”的思想。

老子首先列举了为人处事方面六个相反相成的现象，说明看似矛盾的双方其实可以互相转化。“曲则全”，曲是曲线、委屈，委屈就能得以周全。教育孩子就是这样，历史上很多有智慧的人不给子孙留钱财，而是留传家规家训，让子孙通过吃苦得到锻炼成才，所以后辈人才兴旺，这就是为子孙着想的“曲则全”的方法。“枉则直”，枉就是弯曲、不直。是指人通过弯曲的方法达到自己的目的。“洼则盈”，地上最低处叫作洼。洼地能够汇聚水，圣人谦卑待人能汇聚人心，就很容易盈满。上天的规律是亏损盈余的而给予不足的，洼则盈符合天地之道。“敝则新”，敝是破旧的意思。常说“旧的不去新的不来”，衣服破旧了就要更换新的，意在鼓励人创新求变。“少则得，多则惑”，修身求道就是要不断减少自己的欲望，最后达到空无境界，然后是无为而无所不为，这就是修身的“少则得”。一个人欲望多了就会有私心，私心重就容易与人起纷争，矛盾多了事业就逐步走向败落。所以多欲就会多失，这就是“多则惑”。

接着老子讲圣人无为、不争的处事原则。世俗的人多是追求物欲，所以老子提出了抱朴守一的处世方法：“是以圣人抱一，为天下式。”抱一就是守道，心要空虚，欲望要少，圣人以无欲为德，为天下人做出榜样。老子看问题十分透彻，直接点出事情的本质和发展趋势：“不自见故明”、“不自是故彰”、“不自伐故有功”、“不自矜故长”。这“四不”是讲不争的德行，人有了这些德行就达到圣人境界。老子接着说“夫唯不争，故天下莫能与之争”，一个人不与人争，才会使自己立于不败之地。王阳明平定宁王叛乱立了大功，却引起奸臣忌妒，向皇帝进谗言嫁祸王阳明。而王阳明则把俘获的宁王交给了他们，并说全是他们的功劳，弄得进谗言者无话可说。王阳明还以祖母重病为由请辞官职，最终皇帝和奸臣们对他都放心了。一个人要想保持不败，唯一的办法就是不争。

最后老子的总结与本章开篇相呼应：“古之所谓曲则全者，岂虚言哉！诚全而归之。”老子感言，古人所说的受委屈反而能够保全的法则不是空话啊！它实实在在能够保全自己。而世俗的人由于被欲望蒙蔽心性，行事多以利己为标准，一点小亏都不吃，殊不知天道好还，最终吃大亏的还是自己。我们可以从老子的感叹里体会到圣人的良苦用心。古人看到初生的婴儿也会伤心，因为他们想到的是孩子生在欲望盛行的乱世，不知道孩子长大了会成为社会贤才还是混世魔王。这里老子再次提醒世人，自己所言并非虚妄之语，都是切切实实的道理，

意在让世俗的人警醒，不要汲汲于名利，以免坠入深渊而不觉。

【老牟悟语】

1.经常赞美别人长处，别人长处就会为你所用；常批评别人短处，别人会用短处抵消你的长处。

2.曾子说："言悖而出者，亦悖而入。"骂别人的人，早晚会被人骂。骂人和被骂都会损害他的身心健康，所以骂人者最吃亏。

3.有功劳的人谦虚则有德，而自夸自大就会消耗自己的德行。伐字右边是"戈"，矜字左边是"矛"，戈和矛都是古代的兵器，有杀伤之意。所以"自伐者"和"自矜者"都有害于自己的德行修养，都是目光短浅的人。

【王弼道德经注】

不自见其明则全也。不自是则其是彰也。不自伐则其功有也。不自矜则其德长也。自然之道亦犹树也，转多转远其根，转少转得其本。多则远其真，故曰惑也；少则得其本，故曰得也。一，少之极也。式，犹则之也。

译文：不自我表现反而更能凸显高明。不自以为是反而能够是非彰明。不自己夸耀反而能得到功劳。不自我矜持所以德行才能长久。自然之道就像树木一样，树枝越多会越远离树根，树杈越少离树干越近。树杈越多、欲望越多就会远离根本，所以就会迷惑；树杈少、欲望少就会求得根本，所以叫作得。一是少之又少。式就像遵守的规则。

【河上公章句】益谦第二十二

曲则全，曲己从众，不自专，则全其身也。枉则直，枉，屈己而伸人，久久自得直也。洼则盈，地洼下，水流之；人谦下，德归之。敝则新，自受弊薄,后己先人,天下敬之,久久自新也。少则得,自受取少则得多也,天道佑谦,神明托虚。多则惑。财多者,惑于所守,学多者,惑于所闻。是以圣人抱一为天下式。抱,守也。式,法也。圣人守一,乃知万事,故能为天下法式也。不自见故明,圣人不以其目视千里之外也,乃因天下之目以视,故能明达也。不自是故彰,圣人不自以为是而非人,故能彰显于世。不自伐故有功,伐,取也。圣人德化流行,不自取其美,故有功于天下。不自矜故长。矜,大也。圣人不自贵大,故能久不危。夫惟不争,故天下莫能与之争。此言天下贤与不肖,无能与不争者争也。古之所谓曲则全者,岂虚言哉。传古言,曲从则全身,此言非虚妄也。诚全而归之。诚,实也。能行曲从者,实其肌体,归之于父母,无有伤害也。

译文:委曲自己顺从众人,不独断专行,就会使自身保全。枉,屈就自己而成就他人,时间久了,自己就变得直了。地面洼下,水就会流过来;人谦让卑下,众人就会归附于他的德行。自己用破弊陈旧的东西,先把好的东西让给别人,天下人就会敬重他,时间久了,自己也会得到更新。自己取得少反而会得到的更多,天道会护佑谦下的人,神明也会帮助谦虚的人。财物多的人就会被守护的财物所迷惑,学问多的人就会被自己的见闻所迷惑。抱是持守的意思。式是法则的意思。圣人持守大道,就能了解万事万物,所以能为天下万事万物所效法。圣人不用自己的眼睛看千里之外,而是天下百姓的眼睛都帮他看,所以圣人能明白通达。圣人不自以为是评说他人是非,所以能够使自己彰显于世。伐是取得的意思。圣人以自己的德行教化百姓,不自己博取美名,所以有功于天下百姓。矜是大的意思。圣人不自以为贵,不骄傲自大,所以能够长久地远离危险。天下贤人与不肖的人都不能与不争的人相争。古人有言,委曲则能使自己保全,此言不是虚妄之语。诚是充实的意思。人能够委曲顺从大道,充实自己的身体,就像回归父母身边一样不会受到伤害。

二十三章

【原文】希言自然。故飘风不终朝,骤雨不终日。孰为此者?天地。天地尚不能久,而况于人乎?故从事于道者,道者同于道,德者同于德,失者同于失。同于道者,道亦乐得之;同于德者,德亦乐得之;同于失者,失亦乐得之。信不足焉,有不信焉。

【译文】少发政令不扰民合乎自然。狂风刮不了一个早晨,暴雨下不了一整天。谁使它这样的呢?天地。天地的作为尚且不能长久,更何况人呢?所以,按照“道”行事的人就合乎“道”的品质,按照“德”来做事的人就合乎“德”,不按照道德准则行事的人就失去了道德。人们乐见尊道而行的人使“道”在人间得以体现,人们也乐见“德”在有“德”的人身上体现。相反,失德的人乐见失道失德的现象出现。统治者对道的信心不足,施政也就不合“道”,百姓就不信任他们。

【说解】本章老子讲圣人行不言之教,体悟大道教化百姓。

首先老子讲当政者要行不言之教才能合乎自然之道。“希言自然”就是要当政者少发政令,不扰民的管理是合乎自然之道的,整个社会遵道而行,最后达到的理想状态就是“百姓皆谓我自然”。“希言”就是要注重身教,身教可以传道。很多重视教育的家庭就是这样,父母树立好的榜样,孩子自然学会,这就是家道传承。与此相反的是很多父母喜欢过多的言教,缺少的是“自身正”的身教,这样的家庭传承的就是言行不一的“教”，培养的也多是叛逆的孩子。

随后老子举了两个例子“故飘风不终朝，骤雨不终日”，虽然暴风骤雨看起来很可怕，但是不会长久。老子意在提醒当政者如果常发风雨般的政令，横征暴敛，那么他们的统治也会像风雨一样不会长远。二世而亡的秦王朝就是这样，胡亥继位后继续严刑峻法、大兴土木、征发徭役，导致民怨沸腾，失道的秦王朝轰然倒塌。儒家提倡当政者要善待百姓，《论语·公冶长篇》中孔子赞扬郑国大夫子产时说“其养民也惠，其使民也义”。本章老子也是希望当政者施政要合“道”，最好是少发政令，对百姓实施不言的教化，以达到无为而治的目标。

接着老子谈了修道、体道的功夫。一个人修身悟到了“道”的境界，言行就与“道”相同了，这就是“道者同于道”。圣人悟道的境界都是一样的。《论语·述而篇》中孔子说“仁远乎哉？我欲仁，斯仁至矣”，意思是仁德离我很遥远吗？我内心想到仁，仁就自然来到了。世俗人偶尔也能达到圣人的境界，但是世俗人因为欲望过多而不能持久地保持这种境界。“德者同于德”，同样修身求德的人，按照德的标准来做事的人就合乎德。“失者同于失”，与此相反，一个失道失德的人，道德也会背离他。失道失德的人如果为君就是无道昏君。

“同于道者，道亦乐得之。”这是讲体道的功夫，很多人将此句解释为按照“道”行事的人“道”也乐于追随他。这样的理解有点偏，因为老子说天地之道和圣人之道都是“不仁”的，对好人坏人、得道失道的人是没有分别的，所以“道”也不会偏向任何一个人。老子这句话的本意是遵道而行的人，能使“道”在人间得以体现，这是人们所乐见的。比如我们学习传统文化，最重要的是践行，让大道和德行在我们身上体现出来。一个人长期学习传统文化而自身没有任何变化，原来的不良习气照样存在，没有将经典上的圣贤之道在自己身上体现出来，那就是学偏了，与“道”相差甚远。还有的学校只是注重分数和文凭，将学生培养成了考试机器，在做人的道德方面什么都不懂，这样的教育就是失“道”了，背离了立德树人的根本宗旨。古代的教育是先教孩子做人，我们看《弟子规》讲了一百一十三件小事，其中一百〇一件是教孩子做人，只有十二件是有关“学文”。所以孩子的德行培养是首要的，“同于德者，德亦乐得之”，人们也乐见“德”在有“德”的人身上体现。相反，失德的人乐见失道失德的现象出现。

“信不足，焉有不信焉。”有人解释为统治者的诚信不足，就不会被人民信任。这样的解释有些牵强，与本章原义关系不大。这句话应该是说当政者对不言之教的“道”没有信心，不相信道德的作用，所以就不会去真心实施不言之教。他们很可能会去实施十分见效的暴风骤雨式的苛政，所以百姓也就不信任他们了。

【老牟悟语】

1.有道的人没有钱财名色等欲望的羁绊，所以是最有力量、最有智慧、最通达之人。

2.人生幸福与痛苦取决于人的心念。当遭遇人生十字路口时，你的心念遵从本善的指引方向，一直往前走就会找到幸福；如果你的心念遵从欲望的指引方向，一直往前走就会遭遇痛苦。

3.人要有自控能力，自控不是压抑自己不发火，而是面对委屈、愤怒、伤害时能找到最佳应对方式，同时化解内心郁结，也就是《中庸》所说的“和”的状态。

【王弼注道德经】

听之不闻名曰希，下章言，道之出言，淡兮其无味也，视之不足见，听之不足闻，然则无味不足听之，言乃是自然之至言也。言暴疾美兴不长也。从事，谓举动，从事于道者也。道以无形无为成济万物，故从事于道者，以无为为君，不言为教，绵绵若存而物得其真，与道同体，故曰同于道。德，少也，少则得，故曰得也。行得则与得同体，故曰，同于得也。失，累多也，累多则失，故曰失也。行失则与失同体，故曰，同于失也。言随行其所，故同而应之。忠信不足于下，焉有不信也。

译文：听它听不到把它叫作希，下一章说，用言语来表述大道，是平淡而无味儿的，看它也看不见，听它也听不见，然而这些平淡无奇的话，是最自然真实的话了。急躁冒失的好话是不会长久的。从事是指人的举动，是说人的行为遵循道的意思。“道”是无形的，“道”以无为的方式成就万事万物。所以遵循“道”的人，以无为的方式为主旨，以不言的方式为教化，看起来若有若无，而使万物都恢复本性，遵循“道”的人与道体相同，所以说是“同于道”。德，是少作为的结果。少作为就会有所得，所以称为得。少作为与获得是同样一件事，所以说是“同于得”。失，是积累得太多了。积累得太多就会有所损失，所以称为失。积累得太多与损失是同样一件事，所以说是“同于失”。随顺着“道”和“德”的规律去做，所以能得到彼此相应。上位的人忠信品德不足，下级就会不相信他。

【河上公章句】虚无第二十三

希言自然。希言者，谓爱言也。爱言者，自然之道。故飘风不终朝，骤雨不终日。飘风，疾风也。骤雨，暴雨也。言疾不能长，暴不能久也。孰为此者？天地。孰，谁也。谁为此飘风暴雨者乎？天地所为。天地尚不能久，不能终于朝暮也。而况于人乎？天地至神合为飘风暴雨，尚不能使终朝至暮，何况人欲为暴卒乎。故从事于道者，从，为也。人为事当如道安静，不当如飘风骤雨也。道者同于道，道者，谓好道人也。同于道者，所谓与道同也。德者同于德，德者，谓好德之人也。同于德者，所谓与德同也。失者同于失。失，谓任己而失人也。同于失者，所谓与失同也。同于道者,道亦乐得之。与道同者,道亦乐得之也。同于德者,德亦乐得之,与德同者,德亦乐得之也。同于失者,失亦乐得之。与失同者,失亦乐失之也。信不足焉,君信不足于下,下则应君以不信也。有不信焉。此言物类相归,同声相应,同气相求。云从龙,风从虎,水流湿,火就燥,自然之类也。

译文:希言就是爱惜说话。爱惜说话合乎自然之道。飘风是疾速刮的大风。骤雨是指暴雨。风疾速是指大风不能够长期刮下去,雨暴烈是指大雨不能够长久地下。孰是谁的意思。是谁使这样的大风暴雨发生呢?是天地所为。天地尚且不能使大风暴雨从朝至暮发生,何况是人呢?天地极为神妙地产生大风暴雨,尚且不能使大风暴雨从朝至暮发生,难道人要大风暴雨突然结束吗?从是作为的意思。人做事应当像“道”一样安静,不应当像大风暴雨那样急促。道者是指爱好修道行道的人。“同于道”是指与道相同。德者是指爱好行德的人。“同于德”是指与德相同。失是指自己任性妄为,便会失去别人信任。“同于失”是指与失去相同。修道行道的人,大道也乐意容纳他。爱好行德的人,道德也愿意接纳他。失道失德的人,也会失去别人的信任,失意也会伴随他。国君不足以让臣下信服,下面的人就会以不信任的态度回敬他。这是说相同类型的人会相互归附,声调相同的会相互应和,气味相同的便相互吸引。云随从龙而行,风随从虎而起,水向潮湿地方流淌,火向干燥地方燃烧,这都是自然现象。

二十四章

【原文】企者不立，跨者不行，自见者不明，自是者不彰，自伐者无功，自矜者不长。其在道也，曰余食赘形。物或恶之，故有道者不处。

【译文】踮起脚跟想要站得高，反而站立不住；迈起大步想要前进得快，反而不能远行；自逞己见的反而得不到彰明；自以为是的反而得不到显昭；自我夸耀的建立不起功勋；自高自大的人不能长久。从"道"的角度看，以上这些急躁炫耀的行为，只能说是残羹和赘瘤。因为它们是令人厌恶的东西，所以有道的人决不这样做。

【说解】本章阐述了急躁冒进等不合道行为的害处。

老子先讲了六种不合道的行为，借以批评当政者躁进自炫的举措不可长久。"企者不立，跨者不行。"踮起脚跟站立和迈起大步快走，都是急躁行为。老子借此指出当政者急于建功的冒进行为不能长久。孔子也反对急功近利的行为，《论语·子路篇》中子夏问政，孔子说："无欲速，无见小利。欲速则不达，见小利，则大事不成。"

"自见者不明，自是者不彰，自伐者无功，自矜者不长。"意思是自逞己见的人多考虑自身利益，而对于总体来说往往事理不明；自以为是的人多会遭受失败，所作的努力反而得不到彰显；自我夸耀的人不会得到人们支持，所以事业难获成功；自高自大的人干事不踏实，这样工作就不能长久。老子告诉修行者首先要去除"自见"、"自是"、"自伐”、“自矜”这四种通病，才能达到“明”、“彰”、“有功”、“长”的境界，再进一步修身求道，就会逐步达到圣人境界。实际上儒释道修身的方法都有相通之处。《论语·子罕》中孔子所说的“毋意，毋必，毋固，毋我”和《金刚经》里佛陀所说的“无我相、无人相、无众生相、无寿者相”一样，归结起来就是要不断去除个人知见、欲望等“小我”，最终达到“无我”境界，之后呈现的就是“大我”。这个“大我”的境界就是道家所说的“道”，儒家所说的天性、良知，佛家所说的自性、佛性。

世间万事万物都是自然而然的，不会因为世俗人的观感不同而有差别。如果一个人执着于自身的观点，或站在一个角度而不能够全面地看待问题，那呈现在他内心的映象就会出现偏差，就会背离事物本来面目。一个觉悟的人不会执着于事物表象，而是会用长远的眼光、多种角度全面地看待问题。为使人们归于正知正见，老子再进一步批判前面的几种行为：“其在道也，曰余食赘形，物或恶之，故有道者不处。”从“道”的角度看，以上这些急躁炫耀行为，只能说是残羹和赘瘤。

本章老子还教了我们一个观察问题的方法，就是从“道”的观点来看事物，其境界就完全不同了。比如仁者伯夷、叔齐饿死，颜渊过早夭亡，杀害无辜的盗跖竟然寿终，司马迁感到十分迷惑，以至于对天道有所怀疑。其实从“道”的观点来看当下就有了报应，伯夷、叔齐、颜渊是仁者，盗跖有坏名声，这就是报应，这个报应时至今日还有影响。假如有人知道自己是仁者的后人会倍感荣耀，假如谁公开承认自己是盗跖、秦桧后人，那就是自取其辱，这就是“道”。

【老年悟语】

1.人有功而不与人争功，得到的是“德”，又因其无心而为，所以不争之德属于上德。上德近道，上德之人能利用别人的勇武，能利用别人的怒气,能用众人之力。

2.教育孩子时要引导孩子自己设定目标,这样孩子有内在动力,要相信孩子的潜力不可估量;如果父母强加给孩子一个目标,就成了孩子的压力,容易引发孩子逆反情绪,逆反情绪的破坏力不可估量。

3.人没有定力就不要结交恶友,否则会被恶友拽向邪路,毁掉一生幸福;人没有毅力就不要立下大志,否则见困难就灰心丧气,终将一事无成。

【王弼注道德经】

物尚进则失安,故曰:企者不立。其唯于道而论之,若却至之行。盛馔之余也,本虽美,更可秽也。虽有功而自伐之,故更为肬赘者也。

译文:事物过于追求进度就会失去安稳,所以说踮着脚站立就不会长久。这些现象按照道的观点来说,像是倒退走路,盛宴后的残羹。本来是美味,因为是剩饭就让人讨厌。一个人虽然有功而自我夸耀,就像人身上多余的肉瘤。

【河上公章句】苦恩第二十四

企者不立,企,进也。谓贪权慕名,进取功荣,则不可久立身行道也。跨者不行,自以为贵而跨于人,众共蔽之,使不得行。自见者不明,人自见其形容以为好,自见其所行以为应道,殊不知其形丑,操行之鄙。自是者不彰,自以为是而非人,众共蔽之,使不得彰明。自伐者无功,所谓辄自伐取其功美,即失有功于人也。自矜者不长。好自矜大者,不可以长久。其在道也,曰:余食赘行。赘,贪也。使此自矜伐之人,在治国之道,日赋敛余禄食以为贪行。物或恶之。此人在位,动欲伤害,故物无有不畏恶之者。故有道者不处。言有道之人不居其国也。

译文:企是进取的意思。是说贪恋权位羡慕名声,争取功劳荣誉,这样就不可能长久地立身行“道”。自以为高贵而立于众人之上,众人会共同避开他，使他办事行不通。喜欢自我表现的人自以为容貌很好,感觉自己的行为都符合“道”,殊不知其行为丑陋,操行卑鄙可耻。自以为是而非议别人的人，众人会屏蔽他，使他得不到彰显和明达。动辄就自我夸耀取得的功劳美德,就会使自己在别人面前失去功劳。喜好骄傲自大的人,不可以长久。赘是贪腐的意思。如果使用骄傲自夸的人治理国家,他们会常常借税赋之余敛取财富,而不以自己的贪行为耻。这样的人在位,经常有伤害别人的欲望,所以没有不畏惧又厌恶他的人。有道的人是不会居住在这样的国家帮助他们的。

二十五章

【原文】有物混成，先天地生，寂兮寥兮，独立而不改，周行而不殆，可以为天地母。吾不知其名，字之曰道，强为之名曰大。大曰逝，逝曰远，远曰反。故道大，天大，地大，王亦大。域中有四大，而王居其一焉。人法地，地法天，天法道，道法自然。

【译文】有一个东西混然而成，在天地形成以前就已经存在。听不到它的声音也看不见它的形体，寂静而空虚，不依靠任何外力而独立长存永不停息，循环运行而永不衰竭，可以作为万物的根本。我不知道它的名字，所以勉强把它叫作“道”，再勉强给它起个名字叫作“大”。它广大无边而运行不息，运行不息而伸展遥远，伸展遥远而又返回本原。所以说道大、天大、地大、王也大。宇宙间有四大，而王居其中之一。人取法地，地取法天，天取法“道”，而“道”纯任自然。

【说解】本章老子再描述“道”，谈“道”的存在和运行规律。

针对上一章谈到世人“自见”、“自是”、“自伐”、“自矜”等不符合“道”的问题，本章老子再谈以“道”教化世人。本章与一章、四章、十四章和二十一章是研究“道”的性质问题的重要篇章。本章共分为三部分，第一部分老子先说“道”的来源和特点：“有物混成，先天地生。”“道”是混沌一体的，在天地形成以前就已经存在。随后老子讲了“道”的特点：“寂兮寥兮，独立而不改，周行而不殆，可以为天地母。”寂是清静到极点，近于无声。寥是形容“道”幽旷广大，近于无形。独立而不改是说“道”超脱于万事万物之外，独立自主，不因物理世界的变化而变化。一直循环往复地运动，从来没有懈怠过。可以说“道”是天下万事万物的母亲，是世界的本源。老子所讲的“道”既有天地之道也有圣贤之道，而孔子传承给弟子的“道”则侧重于圣贤之道。《论语·子张篇》中子贡说：“文武之道，未坠於地，在人。贤者识其大者，不贤者识其小者，莫不有文武之道焉。”

第二部分老子讲述“道”的运行规律：“吾不知其名，字之曰道，强为之名曰大。大曰逝，逝曰远，远曰反。”按照周礼的规定，父母给新生的孩子起的叫名，孩子大了可以再起一个字，这里老子说我不知道它的名字，勉强把它叫作“道”，“道”是老子发现的，所以再勉强给它起个名字叫作“大”。逝是指向远方不断延伸发展。《论语·子罕篇》里有这样一句话：“逝者如斯夫，不舍昼夜。”孔子慨叹过去的时光如流水，一去不复返，同时孔子也是借水喻“道”，把水比如成生生不息的道体。逝是越走越远，远到哪里去了呢？“远曰反”，“道”又返回原始状态。“道”就是从无到有，又从有复归于无，循环往复。我们世间的一切也是这样，人出生就是从无到有，最后死亡是从有再回归于无。

最后老子讲了“天人合一”思想，这也是中国传统文化十分重要的思想。“故道大，天大，地大，王亦大。域中有四大，而王居其一焉。”与天地相比较，“道”为大；天与地相比较，天为大；地与万物相比较，地为大；君王与百姓相比较，王为大。中国的汉字很有意思，我们看“人”、“大”、“天”、“王”这几个字，“人”加一横就是“大”，就像人扛着扁担，意味着人肩上有责任。“大”上面加一横就是“天”，意味着人间的事再大也大不过天，天无所不能覆盖。“天”的一捺放到底下就是“王”，人间的王就是天子，“王”字三横一竖，上横代表天，下横代表地，中横代表人，一竖象征通贯天地人三才，意味着真正合格的天子是效法天地之道，造福百姓的。所以老子说道大、天大、地大、王亦大。宇宙间有四大，而王居其中之一。老子这里用了一个“亦”字，是在告诉君王，虽然君王在人间权力很大，但是君王上面还有天地、还有“道”，君王不顺从天地之道，对百姓横征暴敛，与民众为敌，上天也不会答应，引起百姓造反就会改天换日，更换新的君王。

老子哲学理念的伟大之处，就在于其为人类修身立德和治理国家提供了可遵循的规律。最后老子说：“人法地，地法天，天法道，道法自然。”对于“人”、“地”、“天”、“道”、“自然”之间的关系，老子的结论是，人取法于地，地取法于天，天取法于道，道取法于自然。道生成了天地万物，道法自然是说“道”是自然而然运行的，而不是“道”外还有一个自然。“道”是宇宙万物之母，“道”作为最一般的规律，贯穿于万事万物之中。与古人相反，现今人类最大的问题就是容易被欲望所牵制，修身治国都远离天地之道。虽然我们现在的生活表面看来比古人好多了，但是与人生存息息相关的环境问题、空气污染、食品问题却是越来越严重。所以我们如今很有必要认真学习中国优秀的传统文化，到孔子、老子、佛陀等古圣先贤那里去寻找人类生存智慧。

【老牟悟语】

1.一个人了悟什么道就享什么福，了悟夫妻之道，就享夫妻和谐的福；了悟朋友之道，就享朋友有信的福；了悟经商之道，就享事业成功的福。

2.心善的人有谦德，在追求利益时常常居于人后，但是当道德转身时，心善的人一定会位居人先，且被人们所敬仰，所以好人必有好报。

3.喜欢埋怨别人的人自身怨气没少，灾祸来了；喜欢赞美别人的人自己好处没少，幸福有了。

【王弼道德经注】

混然不可得而知，而万物由之以成，故曰混成也。不知其谁之子，故先天地生。寂寥，无形体也。无物之匹，故曰独立也。返化终始，不失其常，故曰不改也。周行无所不至而免殆，能生全大形也，故可以为天下母也。名以定形，混成无形，不可得而定，故曰，不知其名也。夫名以定形，字以称可，言道取于无物而不由也。是混成之中，可言之称最大也。吾所以字之曰道者，取其可言之称最大也。责其字定之所由，则系于大，大有系，则必有分，有分则失其极矣。故曰，强为之名曰大。逝，行也。不守一大体而已。周行无所不至，故曰逝也。远，极也。周无所不穷极，不偏于一。逝故曰远也，不随于所适，其体独立，故曰反也。天地之性，人为贵，而王是人之主也。虽不职大亦复为大与三匹，故曰，王亦大也。四大，道、天、地、王也。凡物有称有名则非其极也，言道则有所由，有所由然后谓之为道，然则是道，称中之大也，不若无称之大也。无称不可得而名曰域也，道天地王皆在乎无称之内，故曰，域中有四大者也。处人主之大也。法，谓法则也。人不违地，乃得全安，法地也。地不违天，乃得全载，法天也。天不违道，乃得全覆，法道也。道不违自然，乃得其性，法自然者。在方而法方，在圆而法圆，于自然无所违，自然者，无称之言，穷极之辞也。用智不及无知，而形魄不及精象，精象不及无形，有仪不及无仪，故转相法也。道顺自然，天故资焉。天法于道，地故则焉。地法于天，人故象焉。所以为主其一之者，主也。

译文：有个混沌而又得不到、不可识别的东西，万物都是由它生成，所以叫混然而成。不知道它是什么产生的，所以它比天地的产生还要早。寂寥是没有形体的意思。没有东西与它相比，所以叫独立。万物变化从开始到结束，都没有改变其恒常的本性，所以称作不改。周而复始无所不至地运行却没有危险，能生成完整巨大的形体，所以可称为天下的母体。一个名字可以确定物的形状，它混然而成没有形状，无法拿它与其他东西相区别，所以说不知其名。名可以确定万物形态，字可以认可万物形态，“道”是从无中来而不属于无，是产生于混沌之中，可以称之为最大的。我之所以称作“道”，是用语言来说最伟大的称呼。追究“道”字的缘由，则是来源于大，大有来源，就必有分别，有分别就失去至极境界。所以说是勉强地将“道”命名为大。逝是运行的意思。道不是固守一个大的形体就止住了。“道”的运行无所不至，所以称作逝。远是极致的意思。“道”运行无所不至，它不会偏于一个方面。所以逝又称作远，“道”不会跟随所适合的境遇，完全独立运行，所以称作反。天地之间的本性来说，人是最贵的，而君王是人的主宰，虽然没有天地力量大，也是与道、天、地并列，所以说王也是大的。四大是指道、天、地、王。凡是万物有称呼有名字就不是最极致的。称作“道”是根据一定缘由，有缘由然后称之为“道”，然而“道”在有称谓的万物中是最大的，但是还不如没有称呼的更伟大。没有称呼也不能给它命名，只能称作空间。道、天、地、王都在没有名称的东西之内，所以说空间中有四种伟大的东西。君王是人中最伟大的。法就是遵从法则、规律的意思。人不与地相违背，就能够保全安定，就是效法地。地不与天相违背，就能够全面承载地上万事万物，就是效法天。天不与“道”相违背，就能够覆盖天下万事万物，就是效法“道”。“道”不与自然相违背，就能使自己的本性得以发挥，就是效法自然。“道”遇到方就效法方，遇到圆就效法圆，不违背自然，自然是没有称呼的说辞，是穷尽了时间和空间的言辞。使用智谋不如无知，有形态的不如精微物质之象，精微物质之象不如没有形状，有准则不如没有准则，所以转过来都互相效法。“道”顺从自然，天就模仿“道”的样子。天效法“道”，所以地就以天为法则学习。地效法天，所以人就模仿地的德行。这些之所以成为主宰，就是因为向更高层次主宰学习的缘故。

【河上公章句】象元第二十五

有物混成，先天地生。谓道无形，混沌而成万物，乃在天地之前。寂兮寥兮，独立而不改，寂者，无音声。寥者，空无形。独立者，无匹双。不改者，化有常。周行而不殆，道通行天地，无所不入，在阳不焦，托荫不腐，无不贯穿，而不危怠也。可以为天下母。道育养万物精气，如母之养子。吾不知其名，字之曰道，我不见道之形容，不知当何以名之，见万物皆从道所生，故字之曰道。强为之名曰大。不知其名，强曰大者，高而无上，罗而无外，无不包容，故曰大也。大曰逝，其为大，非若天常在上，非若地常在下，乃复逝去，无常处所也。逝曰远，言远者，穷乎无穷，布气天地，无所不通也。远曰反。言其远不越绝，乃复反在人身也。故道大，天大，地大，王亦大。道大者，包罗天地，无所不容也。天大者，无所不盖也。地大者，无所不载也。王大者，无所不制也。域中有四大，四大，道、天、地、王也。凡有称有名，则非其极也。言道则有所由，有所由然后谓之为道，然则是道称中之大也，不若无称之大也，无称不可而得为名，曰域也。天地王皆在乎无称之内也，故曰域中有四大者也。而王居其一焉。八极之内有四大，王居其一也。人法地，人当法地安静和柔也，种之得五谷，掘之得甘泉，劳而不怨也，有功而不置也。地法天，天澹泊不动，施而不求报，生长万物，无所收取。天法道，道清静不言，阴行精气，万物自成也。道法自然。道性自然，无所法也。

译文：大道没有形状，混混沌沌形成万物，在天地之前就有了大道。寂是没有声音。寥是空旷没有形状。独立是指没有可匹配的对象。不改是指“道”运行不止化育恒常。道通行于天地之间，无所不入，在阳光下不会被烤焦，在阴暗之地不会腐烂，无处不能贯穿，而不会有危险。大道培养生育万物精气，就如同母亲养育孩子。我没有见到道的形状和容貌，不知道怎么称呼它，看见万物都由道所化生，所以取名叫道。不知道它的名字,勉强叫作大,大至高而无上,没有包容不了的,所以叫作“大”。“道”为大,并不像天一样常在上面,也不像地一样常在下面,它来回逝去,没有固定的处所。说“道”深远,它远得没有穷尽,布施元气在天地之间,没有不能通达的地方。“道”深远不会绝止,而是会返回到人身上。“道”大是指“道”包罗天地,无所不容。天大是指天无所不能遮盖。地大是指地无所不能承载。王大是指王无所不能制约。四大是指道、天、地、王。凡是有称呼有名字的,就不是至极的。说“道”是有所缘由的,有所缘由然后称它为“道”,然而道在这些名称中是大的,不如叫不上称呼的大,没有称呼又不可以得以命名的,称作域。天、地、王都在没有称呼的之内,所以说域中有四大。八方之内有四大,王被称为其中的一大。人应当效法大地安静柔和,耕种土地收获五谷,在地上挖掘就能得到甘泉,勤奋劳动而没有怨言,有功劳而不放在心上。天道淡泊,寂然不动,施洒阳光雨露而不求回报,使万物生长而不收取什么。“道”清净又不说话,阴阳运行,聚集精气施与万物,使万物自然长成。“道”的本性就是自然而然,没有什么可效法。

二十六章

【原文】重为轻根，静为躁君，是以圣人终日行不离辎重。虽有荣观，燕处超然，奈何万乘之主，而以身轻天下？轻则失根，躁则失君。

【译文】稳重是抑制轻率的根本，安静是降服躁动的主宰。因此圣人的言行终日像满载的车辆一样稳重，虽然有美食胜景吸引着他，却能超然物外，安然处之。对于万乘之国的君主，怎么能用轻浮躁动的心来治理天下呢？轻率就会使人失去根本，急躁就会丧失主导。

【说解】本章老子告诫当政者要分清轻重动静，一切都要顺道而为。

老子的话文约意丰，深奥难懂，本章也是各家释义分歧较多的一章。上一章老子讲“道”，本章老子讲“道”之用，共分为三部分。第一部分老子首先提出了论点“重为轻根，静为躁君”。比如一颗大树，地下有庞大根系，树根为重，树枝为轻，无论上面的树枝怎么摇动，树都不会倒下，如果树的根系很小，那么树就很容易倾倒。人修身也必须是重为轻根。《论语·学而篇》中孔子说“君子不重则不威”，君子不注意自己的德行修养，不庄重就没有威严，为人处事就会给人以轻浮的感觉。修身最忌讳的就是心浮气躁，静则能成大事，动则徒劳无功。《论语·季氏篇》中孔子认为躁是与君子交往的一种忌讳，“言未及之而言谓之躁”，和君子交流时话还没说到那儿，你就过早地发表意见了，这就叫躁。人必须去除急躁之气，养成平和心态，方可成就大事。

为阐明论点，老子用满载的车辆比作圣人深厚的德行。圣人用厚德抑制住轻率的欲望，使自己的才华得以施展。“虽有荣观，燕处超然。”虽然时时会有美食胜景吸引着他，但是圣人却能超然物外，安然处之。荣观是指贵族游玩之处，此处代指“躁”。这里所说的“燕处”就如《论语·述而篇》中的“子之燕居”，孔子闲居在家里的时候，衣冠楚楚，仪态温和舒畅，悠闲自在，此处代指“心静”。人在浮躁的时候心往外奔驰，人心容易被欲望所蒙蔽。而人在静定的时候则内心不乱，定慧一体，定生慧，这样的人就会有智慧。

第二部分老子结合当时的时代背景做对比，阐明了稳重胜于轻躁的道理。“奈何万乘之主，而以身轻天下？”老子所处的东周时期，君主们大多生活腐化，急躁轻浮。这与圣人以“道”治国的理念有天壤之别。老子略带伤感地说，对于万乘之国的君主，怎么能用轻浮躁动的心来治理天下呢？言外之意就是如此治理国运不会长久啊！虽然各个诸侯国灭亡的原因各不相同，按照老子观点，归结起来也很简单：“国君而骄人则失其国。”孔子在《论语·季氏篇》中也说过“盖十世希不失矣”，国君无道大概经过十代很少有不垮台的。历史也证明圣人所言不假，国君无道，当代就会衰落，多在三五代内亡国。

最后老子得出结论：“轻则失根，躁则失君。”这是老子是在警告当政者，治国要遵循圣人之道，控制自己欲望，沉稳持重，戒骄戒躁，多为百姓利益着想，这样国家才会安定。如果当政者失道失德，无视天下百姓利益，就会动摇国家根基。昏庸无道、狂躁妄动就会失去天下，历史上的夏桀、商纣王、周厉王都属于此类。

【老牟悟语】

1.生气是无能的表现，生气容易使人走入极端，后患无穷。不生气的人心态平和，这样人就有定力，有定力则生智慧，有智慧的人做事

没有后患。

2.人心与外界是相通的,人乐观时看到外面是快乐的世界,遇到的都是善良的人。人忧伤时看到外面是凄凉的世界,遇到的都是无情的人。

3.父母自身正直,又对子孙要求严格,子孙比较容易成为有才德的人;父母自身不正,又对子孙太过宽容,子孙德行大多败坏。

【王弼注道德经】

凡物轻不能载重,小不能镇大。不行者使行,不动者制动,是以重必为轻根,静必为躁君也。以重为本,故不离。不以经心也。轻不镇重也,失本为丧身也,失君为失君位也。

译文:凡是轻的东西不能负载重的东西,小的镇不住大的。不行动的指使行动的,不动的制约动的,所以说重的是轻的根本,安静是躁动的主宰。君子以重为根本,所以君子不离重物也不离根本。君子对于物质享受是不往心里去的。轻的镇不住重的,失本是指丧失生命,失君是指失去君王位置。

【河上公章句】重德第二十六

重为轻根,人君不重则不尊,治身不重则失神,草木之花叶轻,故零落,根重故长存也。静为躁君。人君不静则失威,治身不静则身危,龙静故能变化,虎躁故夭亏也。是以圣人终日行,不离辎重。辎,静也。圣人终日行道,不离其静与重也。虽有荣观,燕处超然。荣观,谓宫阙。燕处,后妃所居也。超然,远避而不处也。奈何万乘之主奈何者,疾时主伤痛之辞。万乘之主谓,王者。而以身轻天下?王者至尊,而以其身行轻躁乎。疾时王奢恣轻淫也。轻则失臣,王者轻淫则失其臣,治身轻淫则失其精。躁则失君。王者行躁疾则失其君位,治身躁疾则失其精神也。

译文：君主不庄重就不会得到尊重，修身不重德行就会失去神明，草木的花叶很轻，所以孤零败落，草木的根重所以能够长久存在。君主不能安静就会失去君威，修身不安静身心就会有危险。龙安静所以能有多种变化，老虎躁动所以就易受到伤害而夭折。辎是安静的意思。圣人终日修身行道，离不开身心安静和庄重。荣观是指宫阙。燕处是指后妃所居住的地方。超然是指远远避开而不与之相处。奈何是指对君主的伤心和痛恨之辞。万乘之主是指为王的人。王者是至尊无上的，还以其轻率躁动的行为治国。痛恨当时的王者奢侈浪费，轻信谗言淫语。王者轻信谗言淫语就会失去忠臣，修身轻信谗言淫语就会失去其精神。君王有躁动的毛病就会失去其君位。修身有躁动的毛病就会失去其精神。

二十七章

【原文】善行无辙迹，善言无瑕谪，善数不用筹策，善闭无关楗而不可开，善结无绳约而不可解。是以圣人常善救人，故无弃人；常善救物，故无弃物，是谓袭明。故善人者，不善人之师；不善人者，善人之资。不贵其师，不爱其资，虽智大迷，是谓要妙。

【译文】善于行事的，不会留下辙迹；善于言谈的，说话不会发生任何差错；善于计数的，用不着计算器具；善于关闭的，不用栓梢而使人不能打开；善于捆缚的，不用绳索而使人不能解开。因此，圣人经常挽救人，所以没有被遗弃的人；经常善于物尽其用，所以没有被废弃的物品。这就叫作内藏着的聪明智慧。所以善人可以作为不善人的老师，不善人可以作为善人的借鉴。不尊重自己的老师，不爱惜他的借鉴作用，虽然自以为聪明，其实是大大的糊涂。这就是精深微妙的道理。

【说解】本章老子讲圣人遵道而行所产生的效果。

共分为三部分。第一部分老子讲圣人遵循自然之道，用“善行”、“善言”、“善数”、“善闭”、“善结”来救人救物。“善行无辙迹。”一般译为善于行走的，不会留下辙迹。其实译为不着痕迹的善行更贴切，儒释道都认为做好事不留名是真正的善行。《论语·公冶长》里记载孔子问弟子们的志向，颜回说“愿无伐善，无施劳”，意思是我有善行义举不自夸,不将劳苦的事情推给别人,不自夸就是不留痕迹的善行。佛家也讲“无相布施”,真正的善行是不住相,是不求回报的,也就是老子所讲的无心而为。

“善言无瑕谪。”善言不是教我们说好听的话,而是说话要谨慎。现在很多人心浮气躁,说起话来滔滔不绝,这样就有很多“瑕谪”,因为言多必失,很容易被别人抓住把柄。老子讲最高层次的善言是不言之教,也就是身教,因为身教可以让人心有所悟,可以传道。孔子也要求弟子们说话要谨慎,《论语·先进篇》篇中孔子表扬弟子闵子骞:“夫人不言,言必有中。”

“善数不用筹策。”真正善于计数的,用不着计算器具,甚至会比用计算器具的还快。在电视节目《最强大脑》中,有人现场心算多位数开平方、开立方都能迅速给出准确答案,令人难以置信。善数还有一种解释是要在干事创业中把握大势,坚定目标,走向成功。

“善闭无关楗而不可开;善结无绳约而不可解。”这些都是技巧层面的,条件一变就用不上了。比如庄子在《胠箧》中说,对付小偷,一般就是在柜子上多加几把大锁, 人们自以为安全, 其实真正的大盗来了,他会直接抬了柜子装车拉走,还唯恐锁不结实中途洒落呢。世界上还有很多人力所打不开的,比如虚空是任何人打不开的,心结也是很难解开的,这就需要有智慧,需要体悟大道。

第二部分老子讲圣人善于救人救物。“是以圣人常善救人,故无弃人;常善救物,故无弃物,是谓袭明。”圣人经常挽救人,所以没有被遗弃的人。日本“经营之神”稻盛和夫就深谙管理之道,他恪守这样一条原则:创办企业从不开除员工。经济大萧条时公司订单降至三分之一,他就组织员工检修设备、拓展市场、学习培训,全体员工各尽其用,为企业再次飞跃储备了强劲动力。圣人遵道而为,经常善于物尽其用,所以没有被废弃的物品,老子这里称作“袭明”,指深藏不露的大智慧，也正因为圣人有智慧，才使人和物的价值充分被挖掘出来。

最后老子讲贵师爱资，提醒世人要尊敬老师、爱惜资源。“故善人者，不善人之师；不善人者，善人之资。”这与儒家的思想是一致的，《论语·述而篇》中孔子说：“三人行，必有我师焉。择其善者而从之，其不善者而改之。”很多人有一个错误认识，认为自己学历高，学的知识多就是成功，其实知识和智慧是两回事，很多高学历的人却没有智慧，一事无成。所以，老子最后警告说：“不贵其师，不爱其资，虽智大迷，是谓要妙。”像弑母的北京大学学生吴谢宇，还有广州某大学教授杀死同事夫妇，这些人有高学历却没有做人智慧，就是“虽智大迷”。而很多没有上过学的人因为没有受到条条框框制约，反而更有智慧，比如十岁就工作养家的林肯最后成为美国总统；大字不识几个的陶华碧生产的老干妈辣酱名扬世界；还有唐朝的慧能大师不识字，却成为禅宗第六代祖师，一部《坛经》至今向世人传承智慧。

【老牟悟语】

1.曾子说“货悖而入者，亦悖而出”，来路不正的钱进了家门，一定会遭遇不测之灾将钱花出去。同时人的不良言行还会影响子孙，使之成为败家之子挥霍的资本。

2.伸手要钱的人，不论是乞丐还是贪官，都想不劳而获，有此贪欲之心的人注定一生穷苦。

3.发现自己有不对的地方，就是学问长进的时候；发现别人有可学的长处，就是德行长进的时候；发现万事万物都有借鉴的地方，就是修行开悟的时候。

【王弼注道德经】

顺自然而行，不造不始，故物得至而无辙迹也。顺物之性，不别不析，故无瑕谪可得其门也。因物之数不假形也。因物自然，不设不施，故不用关楗绳约而不可开解也。此五者皆言不造不施，因物之性，不以形制物也。圣人不立形名以检于物，不造进向以殊弃不肖，辅万物之自然而不为始，故曰无弃人也。不尚贤能，则民不争，不贵难得之货，则民不为盗，不见可欲，则民心不乱。常使民心无欲无惑，则无弃人矣。举善以师不善，故谓之师矣。资，取也。善人以善齐不善，以善弃不善，故不善人善人之所取也。虽有其智，自任其智，不因物，于其道必失。故曰，虽智大迷。

译文：善于运送货物行走的人顺自然变化而行走，不制造不施加影响，所以使货物到达目的地而没有车辙痕迹。善于讲话的人能顺应事物本性，不区别不剖析，也就没有犯错机会。善于计算的人能直接知道物的数量而不借助于形器。善于锁门的人能借助物的自然形状，不设置不安装其他机关，所以不用门锁、不用绳索也不会解开。以上五种情况都是不创造、不施加影响，顺应事物本身的性质，不以事物的形态而限制其性能发挥。圣人不会根据事物的形态和命名去约束事物，不崇尚智慧、贤能而抛弃不肖之人，辅助万物自然发展而不施加自己意向，所以也就没有无用的人了。不崇尚贤能之才，人民就不会相争，不将难得珍宝作为贵重之物，那么民众就不会做偷盗之事，不使民众看见可以激发欲望的东西，那么民心就不会乱。经常使民众的心没有欲望、没有困惑，民心向善，社会上就没有被抛弃的人了。用善的人教育不善的人，所以称他们为不善者的老师。资是取用的意思。善人是用来规范不善人的，用善来规范、抛弃不善的行为，所以不善人的行为也是善人所借鉴的。虽然聪明，但随任聪明发挥，不了解物的本性，这样就与其道相违背。所以说，这样的人虽然聪明但还是很糊涂。

【河上公章句】巧用第二十七

善行无辙迹，善行道者求之于身，不下堂，不出门，故无辙迹。善言无瑕谪，善言谓择言而出之，则无瑕疵谪过于天下。善数不用筹策，善以道计事者，则守一不移，所计不多，则不用筹策而可知也。善闭无关楗而不可开，善以道闭情欲、守精神者，不如门户有关楗可得开。善结无绳约而不可解。善以道结事者，乃可结其心，不如绳索可得解也。是以圣人常善救人，圣人所以常教人忠孝者，欲以救人性命。故无弃人；使贵贱各得其所也。常善救物，圣人所以常教民顺四时者，欲以救万物之残伤。故无弃物。圣人不贱名而贵玉视之如一。是谓袭明。圣人善救人物，是谓袭明大道。故善人者，不善人之师；人之行善者，圣人即以为人师。不善人者，善人之资。资，用也。人行不善者，圣人犹教导使为善，得以给用也。不贵其师，独无辅也。不爱其资无所使也。虽智大迷，虽自以为智。言此人乃大迷惑。是谓要妙。能通此意，是谓知微妙要道也。

译文：善于行道的人会求之于自身，不下厅堂，不走出家门，所以也就没有辙迹。善言是指说话会选择好听的话，这样在社会上就没有瑕疵和谪过。善于用道计算事物的人，就会持守“一”不变，他需要计算的事物不多，因此不用筹策计算就可以知道。善于以道关闭情欲、守住精神之门的人，不像门有开关可以打开。善于用道打结做事的，可以用心打结，不像用绳索打结可以解得开。圣人所以常教化世人忠孝之道，是圣人欲想以忠孝之道挽救人的性命。这样就会使富贵的人和贫贱的人各有归处。圣人之所以教化百姓顺应四时变化，这是不想万物因逆四时变化受到伤害。圣人不轻视名声，也不珍贵宝玉，在圣人眼里看来都是一样的。圣人善于救人救物，这是承袭光明大道。圣人将行善的人作为世人老师，行恶的人，圣人会教导其改过为善，使这样的人能为社会所用。不尊重老师，就会孤独得不到他人帮助。不珍爱其借鉴的对象，也就没有可使用的东西。虽然这种人自以为聪明，实质上是十分迷惑的人。如果一个人能通达这个道理,就是明白所谓的精微玄妙大道。

二十八章

【原文】知其雄，守其雌，为天下谿。为天下谿，常德不离，复归于婴儿。知其白，守其黑，为天下式。为天下式，常德不忒，复归于无极。知其荣，守其辱，为天下谷。为天下谷，常德乃足，复归于朴。朴散则为器，圣人用之则为官长。故大制不割。

【译文】深知什么是雄强，却安守雌柔的地位，甘愿做天下的溪涧。甘愿作天下的溪涧，永恒的德性就不会离失，就像复归婴儿般单纯的状态。深知什么是明亮，却安于暗昧的地位，甘愿做天下的模式。甘愿做天下的模式，永恒的德行不相差失，就会复归无极状态。深知什么是荣耀，却安守卑辱的地位，甘愿做天下的川谷。甘愿做天下的川谷，永恒的德性才得以充足，复归自然本初的素朴纯真状态。朴素本初的道分散而成器物，有道的人沿用真朴，则为百官主宰，所以完善的体制浑然如一。

【说解】本章老子阐述了圣人“三知三守”的处事之道。

老子讲“三知三守”就是知雄守雌、知白守黑、知荣守辱。先看第一个：“知其雄，守其雌，为天下谿。”谿通溪，是指山谷里的溪水。深知雄强的好处，却安守雌柔的地位，人就像山谷里的溪水一样有谦德。圣人也愿意接近有谦德的人，《论语·述而篇》中子路问孔子，带兵打仗愿意带谁一起去，孔子说我是不会跟莽撞的人同行的，“必也临事而惧，好谋而成者也”。很显然，孔子看好的是既有能力又处事谨慎的人，也就是知雄守雌的人。“为天下谿，常德不离，复归于婴儿。”圣人知强守弱的德行就如山谷里的溪水一样谦卑，这样恒常的德性就不会离失，就像回到了婴儿般单纯的状态。婴儿无欲无为的德行近于道，老子经常用婴儿、母性和水来比喻“道”。那么什么是常德不离呢?常德就是恒常具有的，是由身心自然而为，不受外力影响的德行。我们都有这样的体验，经常哼唱自己喜欢的歌，等有一天突然发现这首歌成了自己的一部分，不用大脑想，一张口唱的就是这首歌，这就是恒常不离的状态。同理我们也就明白了观世音为什么叫观世音，等观世音菩萨是由人内心自然发出而不是嘴里念的时候，菩萨与你一体，就是菩萨加持你的时候了。

“三知三守”的第二个是：“知其白，守其黑，为天下式。为天下式，常德不忒，复归于无极。”白是明亮的，也指知识、地位、财富等显耀的方面，黑是暗昧的，也指少知、位低、贫穷等方面。老子说人有显耀的资本却使自己处于谦卑的位置，这是人们应该效法的模式。《论语·子罕篇》中子曰：“吾有知乎哉？无知也。”圣人无所不知，但在这里孔子说我有知识吗？我没有知识啊。有鄙夫问我问题，我心空空如一无所知，我从问题的两端来叩问他，毫无保留地告诉他。人有谦德，才会无往而不胜。我们看《易经》中的谦卦是六十四卦中唯一一个六爻皆吉的卦，也说明谦卑是最有益的处世为人之道。修道的人甘愿为天下人做出“知白守黑”的模式，那么他永恒的德行就不会出偏差，就能回归到无极境界，也就是“道”的境界。

“三知三守”的第三个是：“知其荣，守其辱，为天下谷。为天下谷，常德乃足，复归于朴。”深知荣耀的一面，却安守卑辱的状况，就如同天下的川谷一样谦卑。《论语·里仁篇》里子游曰：“事君数，斯辱矣。”事奉国君，如太烦琐，便会遭到羞辱。即使臣下对君上的善意忠告，也只能适可而止，不可勉强。谦虚是胜利者成为成功人士必备的德行。曾国藩平安太平天国后主动要求裁撤湘军，这一请求自然得到朝廷批准。正是因为曾国藩有谦德,知荣守辱,从而使他免遭猜忌,功成名就,曾国藩也被誉为少有的“立德立功立言”三不朽的完人。人做到了像山谷一样谦卑,那么他的常德就能具足,人就能回归自然本初的素朴纯真状态。

本章的“三知三守”是有递进关系的,人做到知雄守雌,就能够了解人的本性,就像回到婴儿的状态一样接近于“道”;做到知白守黑,能明察事物明暗,就像达到无极状态,也就是进入“道”的境界;做到知荣守辱,德性具足,就回归质朴本性,就体悟到了“道”。很多著名书法家的作品最后越来越浑厚古朴,接近“道”质朴的本性。朴素的道体散掉以后是分裂的,有道的人沿用真朴,则为百官主宰,所以完善的体制是不可分割的。治国的大道就是以民为本,也就是常说的全心全意为人民服务,不管国家的管理部门分设多少,都要坚持以人民利益为重,不能为了部门利益或者部分人利益随意执法。所以,完善的体制浑然如一。

【老牟悟语】

1.人没有定力生气时就会被怨恨、妄念、欲望左右,此时身体就会跟着它们去惹祸。明白的人会静心思过,尽力去除自己的怨恨、妄念、欲望,使自己有定力,有了定力人才会有智慧。

2.一个人被重用是好事,但权位后面常常跟着祸患,做事去除私欲、功成身退便是根治祸患的药方。如果工作中遭受一些挫折,要把它当成消除祸患的好事,内省改过方可事业有成。

3.无权无势的人只要品行端正,不攀附权贵,即使穿着朴素也是君子;身居高位的人如果贪婪钱权,对上卑躬屈膝,讲究吃穿,即使身着华服也是奴才。

【王弼道德经注】

雄，先之属；雌，后之属也。知为天下之先也，必后也，是以圣人后其身而身先也。溪不求物而物自归之，婴儿不用智而合自然之智。式，模则也。忒，差也。不可穷也。此三者，言常反终，后乃德全其所处也。下章云，反者道之动也。功不可取，常处其母也。朴，真也。真散则百行出，殊类生，若器也。圣人因其分散，故为之立官长。以善为师，不善为资，移风易俗，复使归于一也。大制者，以天下之心为心，故无割也。

译文：雄，具有争先的属性；雌，具有从后的属性。想要站在天下人的前面，必须先要居于天下人后，所以圣人居于天下人之后，而天下人都推选他到前面。溪水不求什么东西，而众物都归顺它，婴儿不用什么智谋，反而更符合自然的智慧。式是模式、法则。忒是差错。复归于无极是回到不可穷尽的状态。前面列出的雄雌、白黑、荣辱相对立的三者，是说事物经常返回到原来的状态作为终结，居后才能使自己德行圆满，也能保全自己所处地位。《道德经》下篇说，“道”的运动规律是向着相反的方向运动变化。功劳是不可以争取的，常处卑下谦让是成功之母。朴是本真的意思。本真离散各种品行就出现了，各归其类，就像器具一样。圣人因为事物种类不同而分别设置领导的长官。以善行为老师，以不善的行为作为借鉴，改变民风民俗，使之重归于道。大制的意思，以天下人心为心，所以不会因体制不同而分裂。

【河上公章句】反朴第二十八

知其雄，守其雌，为天下溪。雄以喻尊，雌以喻卑。人虽自知其尊显，当复守之以卑微，去雄之强梁，就雌之柔和，如是则天下归之，如水流入深溪也。为天下溪，常德不离，人能谦下如深溪，则德常在，不复离于己。复归于婴儿。当复归志于婴儿,蠢然而无所知也。知其白守其黑,为天下式。白以喻昭昭,黑以喻默默。人虽自知昭昭,明白当复守之以默默,如暗昧无所见,如是则可为天下法式,则德常在。为天下式,常德不忒,人能为天下法式,则德常在于己,不复差忒。复归于无极。德不差忒,则常生久寿,归身于无穷极也。知其荣,守其辱,为天下谷。荣以喻尊贵,辱以喻污浊。人能知己之有荣贵,当复守之以污浊,如是则天下归之,如水流入深谷也。为天下谷,常德乃足,足,止也。人能为天下谷,则德乃常止于己。复归于朴。复当归身于质朴,不复为文饰。朴散则为器,器,用也。万物之朴散则为器用也。若道散则为神明,流为日月,分为五行也。圣人用之则为官长。圣人升用则为百官之元长也。故大制不割。圣人用之则以大道制御天下,无所伤割,治身则以大道制御情欲,不害精神也。

译文:雄是用来比喻尊贵,雌是用来比喻卑下。人虽然知道自己处于尊贵显耀的位置,应当持守原来处于卑微位置时的心态,除去雄性的强横粗野之气,保持雌性柔和的状态,如果做到这样,天下百姓就会归顺他,就像水流入深深的河溪一样。人能够做到谦下如深山中的溪水,那么谦虚品德就会常在,从不会离开己身。人的心志应当回到婴儿时期蠢然而动、无知无欲状态。用白比喻明亮,用黑比喻暗昧。人虽然知道自己明亮显耀,却持守沉默,就像身处暗昧境地什么也看不到一样,做到了这样,就可以成为天下百姓效法的榜样,那么美德也会常在其身。人能成为天下百姓效法的榜样,美德就会常在己身,不会有差错。人的德行常在,不出差错,自身就会得以生养长寿,使身体与无穷尽的"道"相适合。荣是比喻尊贵,辱是比喻污浊。人知道自己身处荣华富贵,还是要有原来的卑下心态,如果做到这样,天下百姓就会归顺他,就像水流入深深的山谷中。足是止住的意思。人心能够像天下山谷一样。那么德行就会常在自己身上留止。人应当归于质朴状态,不应该回到华丽外表修饰状态。器是使用的意思。万物质朴的本性分散为世间具体的器物被得以利用。如果大道散开则变为神明,流动就变为日月,分开就形成金木水火土五行。圣人提升加以应用就会成为百官主宰。圣人使用它就好比用大道驾驭天下,对一切都无所伤害,修身则以大道来控制情欲,这样就不会对精神造成伤害。

二十九章

【原文】将欲取天下而为之，吾见其不得已。天下神器，不可为也。为者败之，执者失之。无执，故无失。故物或行或随，或嘘或吹，或强或羸，或载或隳。是以圣人去甚，去奢，去泰。

【译文】统治者想要治理天下，却又要用强制的办法，我看他不能够达到目的。天下人民的意愿是神圣的，不能够违背他们的意愿强力进行统治，施以强力统治，往往把事情弄糟；强力把持天下，就一定会失去天下。世上人有的前行，有的后随；有的轻声吹气而性缓，有的紧急吹气而性急；有的性格刚强，有的性格孱弱；有的处境安稳，有的处境危殆。因此，圣人要除去极端、奢侈、过度的行为。

【说解】本章老子阐述了有为之治必然失败的道理。

本章分三部分。首先老子论述了为者败之、无为无败的观点。老子认为，统治者想要治理好天下，却又要用强制的办法，他们是不可能达到目的的。可惜历史上众多统治者不相信老子劝告，他们信奉的是权力至上原则，执政为所欲为，使用暴政压榨百姓，所以很快就失去天下，像商纣王、秦始皇、隋炀帝等暴君就是如此。

“天下神器，不可为也。”有人将“天下神器”解释为天下万物、公权力、百姓等，其实老子本意是指民意、民心。之所以称之为“神器”，主要是民意、民心不会以统治者的意志为转移。老子有民本思想，他认为“贵以贱为本,高以下为基”,一直告诫当政者人民是神圣的,不能够违背人民意愿而施加暴政,强力把持天下,就一定会失去天下。孔子也有相同的观点,在《论语·颜渊篇》中回答弟子问为政之道时说:“足食、足兵、民信之矣。”孔子认为当政者最重要的就是处理好吃饭、军队和百姓信任的问题,必不得已而去的话,先去掉军队,再去掉粮食,民心最重要,如果失去百姓信任,国家离灭亡也就不远了。

“为者败之,执者失之。”违背百姓意愿施以强力统治,往往把事情弄糟;强力把持天下,就一定会失去天下。圣人为政不妄为,所以不会失败;不把持民意民心,所以不会被抛弃。历史上很多事件就验证了老子的这句至理名言。汉初三杰之一的韩信被杀,就源于自己的骄傲妄为,韩信认为自己功高盖主,所以言行无所顾忌,其实还在刘邦与项羽争斗的时候,刘邦对韩信就已经起了杀心。再看张良,他被刘邦誉为汉朝第一功臣,但论功行赏时张良却只接受了很小的一块封地,而且还辞官归隐,得以功成名就,成为汉初统治者始终尊敬的功臣。我们修身也是一样,必须要领悟无为无执的修身之法。常见很多修行的人十分执着,有的儒者想成圣成贤就执着于“仁”,有的道家修行者想成真人、仙人就执着于“无”,有的佛家修行者想成为佛菩萨就执着于“空”,一个人修身时有执着的心其境界就下来了,真正的修身就是要将“仁”、“无”、“空”都放下,再进一步将放下的心也放下,这样才会步入真正的修行之境。

随后老子用“八或”讲述人的各种差异:“夫物或行或随;或嘘或吹;或强或羸;或载或隳。”物是万物,这里主要是指人。世上的人有的适合当领导,能带领团队不断前进;而有的人做事踏实,适合随着团队干具体工作;有的人个性缓慢,而有的人个性急躁;有的性格刚强,有的性格羸弱;顺道而为的处境就安稳,逆道妄为的处境就危险。意在提醒当政者人人秉性不一,不要用强制手段治理国家,要顺应万物

本性合理使用,使之各尽其用。

最后老子谈圣人的处世之法，也是对当政者提出警告:“是以圣人去甚,去奢,去泰。”圣人在治理天下的时候,能做到把握好度而不走极端。不奢侈,不浪费,不追求过分享乐,不显现恣意妄为。也是在呼吁当政者不要走极端路线,不要妄加干涉百姓生活。这与孔子过犹不及的观点相似,《论语·先进篇》中子贡问老师子张和子夏哪一个更贤明?孔子说子张有些过分,子夏总是不足。子贡又问是子张好一些吗?孔子说“过犹不及”。一件事情,过了头或者不够都是不合适的。可谓圣人所见略同。道家和儒家的思想虽有区别，但是两家思想同源,都是来自于《易经》等古圣先贤文化,而孔子和老子的最高境界又是一样的,之所以大家都认为他们差别很大,不过是因为我们这些境界低的凡人只是看到了两家的差异，而看不到其同源又殊途同归之故。

【老牟悟语】

1.一个人帮助了别人就有了“德”,如果不把“德”记在心里,没有让别人赞美的念头,就是无比至上的“玄德”。一个人花了很多钱帮助别人也有“德”,如果他时时把“德”记在心头,求名求回报,就是很小的德行了。

2.贪念很厉害。可以将人刚正的性格化为懦弱,聪明的大脑化为昏庸,慈悲的心肠化为凶残,至亲的家人化为仇敌。齐国大夫子罕深知贪念害处,所以他以“不贪”为修身之宝。

3.指责小人的一个缺点,小人会用所有的缺点针对你,所以对待小人既要宽厚又要有所防范;指出君子的缺点,君子闻过则喜会感激你,所以对待君子既要直言又要有诚心。

【王弼注道德经】

神，无形无方也。器，合成也。无形以合，故谓之神器也。万物以自然为性，故可因而不可为也。可通而不可执也。物有常性，而造为之，故必败也。物有往来而执之，故必失矣。凡此诸或，言物事逆顺反复，不施为执割也。圣人达自然之至，畅万物之情，故因而不为，顺而不施。除其所以迷，去其所以惑，故心不乱而物性自得之也。

译文："神"是指没有形状没有轮廓。"器"是指物质合成的。没有形状而合成，所以称之为"神器"。万物以自然为本性，所以可以因循而不可以人为改变它们。可以通晓而不可以任意使用。事物都有恒常的本性，而要创造、改变他们必然会失败。事物有来有往，而要人为改变必然会失去的。凡是列举的诸多情况，说事物的逆顺反复变化，是不受人为施加的外力影响变化的。圣人能够使自然规律得到充分运行，所以会因循万物发展而不会人为施加影响，顺从万物本性而不干预。去除引起迷惑的因素，所以内心不乱而事物的本性也得到充分发挥。

【河上公章句】无为第二十九

将欲取天下欲为天下主也。而为之，欲以有为治民。吾见其不得已。我见其不得天道人心已明矣，天道恶烦浊，人心恶多欲。天下神器，不可为也。器，物也。人乃天下之神物也，神物好安静，不可以有为治。为者败之，以有为治之，则败其质性。执者失之。强执教之，则失其情实，生于诈伪也。故物或行或随，上所行，下必随之也。或歔或吹，歔，温也。吹，寒也。有所温必有所寒也。或强或羸，有所强大，必有所羸弱也。或挫或隳。载，安也。隳，危也。有所安必有所危，明人君不可以有为治国与治身也。是以圣人去甚，去奢，去泰。甚谓贪淫声色。奢谓服饰饮食。泰谓宫室台榭。去此三者，处中和，行无为，则天下自化。

译文：欲要取得天下成为天下主宰。想以有为的方法治理百姓。我看到他不懂得天道和人心已十分明显，天道厌恶烦乱浊辱，而人道则厌恶过多的欲望。器是指事物。人是天下神奇之物，其本性喜好安静，不能使用有为的方法治理。用有为的方法治理，就会败坏其质朴的本性。用强制的方法教化百姓，就会失去其真情实质，产生诈骗等不真实的行为。上面有什么作为，下面必然会跟随。歔是温热的意思。吹是寒冷的意思。有温热就必然会有寒冷。有所强大，就必然有所羸弱。载是安全的意思。隳是危险的意思。有安全就有危险的时候，这是明确地告诉君主不可以用有为的方法治国或者修身。甚是指贪婪声色名利。奢是指过分讲究服饰和饮食。泰是指营造宫室、亭台水榭等建筑。去除这三方面举措，身处中和的心态，管理用无为的方式，那么天下百姓自然会得到教化。

三十章

【原文】以道佐人主者，不以兵强天下，其事好还。师之所处，荆棘生焉。大军之后，必有凶年。善者果而已，不敢以取强。果而勿矜，果而勿伐，果而勿骄。果而不得已，果而勿强。物壮则老，是谓不道，不道早已。

【译文】依照“道”的原则辅佐君主的人，不以兵力逞强于天下，穷兵黩武这种事必然会得到报应。军队所到的地方，荆棘横生，大战之后，一定会出现荒年。善于用兵的人，只要达到用兵的目的就可以了，并不以兵力强大而逞强好斗。达到目的不自我矜持，达到目的不去夸耀骄傲，达到目的不要自以为是，达到目的也是出于不得已，达到目的千万不能逞强。事物过于强大就会走向衰朽，这就说明它不符合于“道”，不符合于“道”的，很快就会死亡。

【说解】本章老子阐述了不以兵强天下的军事思想。

本章内容分三部分。首先老子谈武力用兵必遭报应：“以道佐人主者，不以兵强天下。其事好还。”这是老子在警告卿大夫们，要按照“道”的原则辅佐他们的君主，不能用武力逞强于天下，特别是不要挑起不正义战争，动用武力必然会得到报应，历史上喜欢用兵的齐泯王、秦始皇、汉武帝就是这样，他们不是被杀身死就是祸及子孙。这里的“其事好还”就是讲的因果报应。佛家和道家讲因果比较多，其实儒家也有，只不过说得不是很直白。比如《论语·季氏篇》中孔子说，礼乐征伐权不是出自天子，而是出自诸侯，那么诸侯传至十代很少有不垮台的。如果是出自大夫，那么大夫传至五代很少有不垮台的。如果是家臣操纵国家政令，那么家臣传至三代很少有不垮台的，这就是讲的政治上的因果报应，后来的历史也应验了圣人之言。

战争对人类伤害巨大，“师之所处，荆棘生焉”。参战的都是青壮年，残酷的战争使众多家庭失去顶梁柱，田地没有人耕种，所以荆棘丛生，老人和孩子也失去生活依靠。据历史资料统计，东汉末年人口六千五百万，经三国战乱，到了晋朝初期时人口不过两千万。而宋朝末年人口有八千万，蒙古灭宋后人口降至一千一百万，可见战乱对百姓的伤害之重。“大军之后，必有凶年”，残酷的战争造成荒尸遍野，疫病多发，田地荒芜，饥荒连年。现代战争对社会的影响更大，有的战争中还使用生化武器，污染人类生存环境，以致于出现了人畜畸形等生物变异现象，可见战争是人类最愚昧、最残酷的行为。

其实，借鉴古圣先贤传承的智慧完全可以避免战争。自古人类相争的就是利益，对利益有贪念的就是人心的欲望，儒释道经典的精华就是让人修心去除欲望。退一步说，即使国家间产生矛盾，最佳选项也不是发动战争。《孙子兵法》上说：“故上兵伐谋，其次伐交，其次伐兵，其下攻城。”解决国家之间矛盾最好的办法不是战争，而是用计谋和外交，不战而屈人之兵。

第二部分老子阐述了“果而勿强”的观点。善于用兵的人，只要达到用兵目的也就可以了，不要逞强好斗。说明老子虽然反对战争，但还是支持正义战争，这与孔子观点一致。据《论语·宪问篇》记载，陈成子杀了齐简公，孔子得知后马上沐浴上朝，告于哀公曰：“陈恒弑其君，请讨之。”孔子请求鲁哀公出兵齐国讨伐叛军，遗憾的是“三桓”僭礼把持鲁国朝政，鲁哀公也做不了主。

通过战争达到目的以后怎么办呢？老子说，“果而勿矜”、“果而勿伐”、“果而勿骄”。

最后老子告诫人们做事要有度，因为争强最终的结果一定是失败。“物壮则老”，事物过于强大就会走向衰朽。人的身体也是一样，高强度锻炼的运动员很少有长寿的。根据一家保险公司对六千名已故运动员的资料统计，平均寿命只有五十岁，其中大多数是运动过量造成短寿。“是谓不道”，战争生灵涂炭，百姓受苦受难，不符合于“道”，最终会使失道者早早走向衰亡。

【老牟悟语】

1.使人真正改变的办法有两个：一个是自己先改变，然后影响别人使他内心受到感化，这样他会主动改变。另一种是前面无路可走，他必须转弯改变自己，比如得了重病，原来改不了的习惯也得改，再如因吸毒被囚禁，被强制戒毒。

2.修养好的人不是听不到别人的是非，而是他会将是非屏蔽掉，心里收集的多是赞美和好事；修养差的人不是听不到别人的好处，而是他会将好事屏蔽掉，心里收集的多是丑事和是非。

3.一般百姓即使欲望再大也产生不了太大影响，而有权者一旦欲望失控，会在权力驱使下坠入万丈深渊，对社会和家庭造成重大损害，所以当权者更要注重修身。

【王弼注道德经】

以道佐人主，尚不可以兵强于天下，况人主躬于道者乎。为始者务欲立功生事，而有道者务欲还反无为，故云，其事好还也。言师凶害之物也。无有所济，必有所伤，贼害人民，残荒田亩，故曰荆棘生焉。果，犹济也。言善用师者，趣以济难而已矣，不以兵力取强于天下也。吾不

以师道为尚，不得已而用，何矜骄之有也。言用兵虽趣功，果济难，然时故不得已当复用者，但当以除暴乱，不遂用果以为强也。壮，武力暴兴，喻以兵强于天下者也。飘风不终朝，骤雨不终日，故暴兴必不道早已也。

译文：用“道”来辅佐君主，尚且不可以用武力在天下逞强，况且他们还有一个遵道而行的君主呢。有所作为的人想通过努力创造新事物立功，而有道的人欲要返回无为而治的方式，所以说做事还是要返回到无为的状态为好。动用军队是凶恶、有害的行为。对百姓没有好处，必定会对百姓有所伤害，损害人们利益，使田地荒芜，所以说是发生战争的地方就会荆棘丛生。果就是达到目的的意思。说善于用兵的人，达到了解除危机的目的就可以了，不要用武力逞强于天下。我不会崇尚自己的武力，不得已的时候才用，怎么会有骄傲自大的想法呢？用兵是为了达到立功的目的，解除危机的效果，然而当不得已而使用武力，只能用于铲除暴乱，不能用战果来炫耀强大的武力。壮，用武力强为兴盛的意思，比喻用武力在天下逞强。暴风不会刮一个早上，骤雨不会下一整天，所以暴力兴盛必然不符合“道”，很快就会败落。

【河上公章句】俭武第三十

以道佐人主者，谓人主能以道自辅佐也。不以兵强天下。以道自佐之主，不以兵革，顺天任德，敌人自服。其事好还。其举事好还自责，不怨于人也。师之所处，荆棘生焉。农事废，田不修。大军之后，必有凶年。天应之以恶气，即害五谷，尽伤人也。善有果而已，善用兵者，当果敢而已，不美之。不敢以取强。不以果敢取强大之名也。果而勿矜当果敢谦卑，勿自矜大也。果而勿伐，当果敢推让，勿自伐取其美也。果而勿骄，骄，欺也。果敢勿以骄欺人。果而不得已，当过果敢至诚，不当逼迫不得已也。果而勿强果敢勿以为强兵、坚甲以欺凌人也。物壮则老，草木壮极则枯落，人壮极则衰老也。言强者不可以久。是谓不道。枯老者，坐不行道也。不道早已。不行道者早死。

译文：有道的君主能够使用“道”来辅佐自己治国。用“道”来辅佐自己的君主不使用军队治理天下，顺从天地之道，任用有德行的人管理，敌对的人自然会归服。发动战事的人遭到相应还报要进行自责，不要埋怨他人。战争会使农业废止，田地得不到修整种植。上天会应之以恶浊之气，使五谷歉收，百姓受到饥饿伤害。善于用兵的人，应当果断勇敢，不值得赞美。有道的人不会以果断勇敢获取强大之名。应当果敢谦卑，不要骄傲自大。应当果敢推让，不要自夸取得美名。骄有欺负的意思。人做到了果敢不要以骄傲欺负别人。人应该有果敢至诚的态度，不应当逼迫自己不得已而做。人做到果敢但不要用强大的武力、坚硬的盔甲去欺凌他人。草木过于旺盛就会走向枯朽败落，人强壮至极就会走向衰老。这说明强大不可持久。枯朽衰老的人坐享其成不会去行道，不行道的人会早死。

三十一章

【原文】夫佳兵者,不祥之器。物或恶之,故有道者不处。君子居则贵左,用兵则贵右。兵者,不祥之器,非君子之器。不得已而用之,恬淡为上,胜而不美。而美之者,是乐杀人。夫乐杀人者,则不可得志于天下矣。吉事尚左,凶事尚右。偏将军居左,上将军居右,言以丧礼处之。杀人之众,以哀悲泣之;战胜,以丧礼处之。

【译文】用兵是不吉利的事情,人们都厌恶它,所以有道的人不使用它。君子平时居处就以左边为贵而用兵打仗时就以右边为贵。用兵是不吉利的事情,不是君子所使用的东西,万不得已而使用它,最好淡然处之,胜利了也不要自鸣得意,如果自以为了不起,那就是喜欢杀人。凡是喜欢杀人的人,就不可能统治天下。吉庆的事情以左边为上,凶丧的事情以右方为上,偏将军居于左边,上将军居于右边,这就是说要以丧礼仪式来处理用兵打仗的事情。战争中杀人众多,要用哀痛的心情参加;打了胜仗,也要以丧礼的仪式去对待战死的人。

【说解】本章老子继续讲用兵之道。

本章有的语句重复,有的语句次序较乱。有人认为"君子居则贵左,用兵则贵右。兵者,不祥之器,非君子之器"和"吉事尚左,凶事尚右。偏将军居左,上将军居右,言以丧礼处之"两句是后人误将注解混入到原文里的。这也是作为参考的一说,我们还是按照经文全面解析一下。

本章内容共分两部分。第一部分讲战争是不吉利的事情,提醒当政者要谨慎用兵。战争大多是不该发生的,孟子在评论春秋时期的战乱局势时说“春秋无义战”,各诸侯国间的战争都不是为了有利于天下百姓,而是为了各自利益相互征战,所以都不是正义战争。现在看来,中国历史上即使像宋元、明清改朝换代时的两国战争,不过也是中华民族大家庭民族间的内部征战,也是应该避免的,“故有道者不处”。除非万不得已,圣人是坚决反对战争的。《论语·卫灵公》记载,卫灵公向孔子询问有关行军打仗的事情。孔子说,有关齐家治国的事情,我还略知一二,行军打仗的事情,从来没学过。第二天孔子带领弟子就离开了卫国。孔子真的是不懂军事吗?不是的,圣人无所不通,孔子在研究音乐、礼仪、《易经》等方面都处于当时的顶尖水平,在军事方面,他的弟子子路、冉求等都是行军打仗的高手,弟子子夏还教出了吴起、李悝、魏文侯等诸多名将。孔子和老子观点一致,他们都反对不义战争。用兵是不吉祥的,不是君子所使用的方式,要“恬淡为上”,就是对于战争最好淡然处之。老子认为,把战争的胜利作为美好的事情大肆庆祝,那就等于是在宣扬喜欢杀人。凡是把战争当做好事,到处宣扬杀人为乐的,就必遭到报应,也不可能得到天下。为什么历史上有功的战将大多都没有好下场呢?因为战争使他们带有杀伐之气,同时战功会使人骄傲自大,傲气容易伤人,所以也就容易遭到别人陷害,如岳飞、韩信、白起等人就是这样的遭遇。白起被秦王赐死时才明白报应来临:“我应该死啊!仅长平之战就坑杀赵国的降兵数十万人,我应该死啊!”相反,有战功而不骄傲的人最受人敬重,谦虚之德可保其富贵一生,像郭子仪、王阳明、曾国藩就是如此。

老子的用兵之道对企业经营也有借鉴作用。很多企业利益为上,不关注产品质量和服务,而是将主要精力放在欺骗客户、打击同行上面,这些好争斗的企业家不会“得志于天下”,一定不会发展成为有影

响的大企业。《易经》中说:“利者,义之和也。”企业家心中有“义”,讲求信誉,为客户着想,这样得到的“利”才会越来越多,不义的企业最后只能被自己争“利”的刀所伤。

第二部分老子讲对待战争的态度:“吉事尚左,凶事尚右。”我国的传统是吉祥之事都以左为上。日常朋友相见抱拳施礼,就是左手在前包含右手。会议座次、照相也是遵循以左为上的原则。但是战争属于凶事,所以反过来以右为上,地位高的上将军,要处于不吉祥的右方,以承担这不吉祥的事。偏将军地位低些,就处于吉利的左方位。这是用丧礼的布置来进行军队布阵,丧礼就是以右为上。让人从心理上把战争视为丧礼来对待,意在提醒人们能和平解决的问题尽量不要动用武力,这就是用兵之道。

“杀人之众,以哀悲泣之,战胜以丧礼处之。”战争中免不了要杀人,要用哀痛的心情来对待、处理伤亡,打了胜仗也要以丧礼的仪式去对待战死的人。老子是反对礼的,他说礼是忠信不足的产物,而且是祸乱的开端。老子在这里为什么大谈用丧礼对待死者呢?其实老子反对的是表面上有礼,暗中争权夺利的社会乱象。很多人认为孔子十分重礼,其实孔子和老子的观点是一致的,也是反对外在奢华的礼数。《论语·八佾篇》中弟子问礼的根本是什么?孔子说:“平常的礼,与其过度奢侈,宁可俭朴。丧礼,与其重视外表形式,宁可内心哀戚。”圣人告诉我们礼的根本就是人的恭敬心,而不是外在的巧言令色。

国外也十分重视祭奠死者的礼仪。2007 年发生在美国弗吉尼亚理工大学的枪击案造成三十二名师生死亡,自杀的凶手韩裔美国人作为第三十三名遇难者,也被祭奠在校园的绿地上。之所以对死去的凶手以礼安葬,是因为他们认为,宽容能够使人从悲愤中解脱,宽容能化解一切怨恨,理同于老子所说的以德报怨。

【老年悟语】

1.别人有困难时要热心相助,你的善良之心会使自己受益一生;与人相处切勿使用奸计,你的恶毒心肠会使自己终生受苦。

2.常说是非的人就像将箭不断射向天空,自己早晚会被坠落的箭射中。应对是非最好的办法就是远离这些人,是非不辩自然解脱,是非不传自然消除。

3.有钱的人有仁慈宽厚之心就是富贵,有钱的人有刻薄无理之心就是贫贱。同样是有钱的人,一个境界在天上被人仰慕,一个境界在低处被人唾骂。

【王弼注道德经】

本章王弼未作注解。《道藏集注》引王弼注说:“疑此非老子之作也。”

【河上公章句】偃武第三十一

夫佳兵者,不祥之器,佳,饰也。祥,善也。兵者,惊精神,浊和气,不善人之器也,不当修饰之。物或恶之,兵动则有所害,故万物无有不恶之者。故有道者不处。有道之人不处其国。君子居则贵左,贵柔弱也。用兵则贵右。贵刚强也,此言兵道与君子之道反,所贵者异也。兵者,不祥之器,兵,革者。不善之器也。非君子之器,非君子所贵重之器也。不得已而用之。谓遭衰逆乱祸,欲加万民,乃用之以自守。恬淡为上。不贪土地,利人财宝。胜而不美,虽得胜而不以为利己也。而美之者,是乐杀人。美得胜者,是为喜乐杀人者也。夫乐杀人者,则不可以得志于天下矣。为人君而乐杀人者,此不可使得志于天下矣,为人主必专制人命,妄行刑诛。吉事尚左,左,生位也。凶事尚右,阴道杀人。偏将军居左，偏将军卑而居阳者，以其不专杀也。上将军居右。上将军尊而居阴者，以其专主杀也。言以丧礼处之。上将军居右，丧礼尚右，死人贵阴也。杀人之众，以哀悲泣之；伤己德薄，不能以道化人，而害无辜之民。战胜，以丧礼处之。古者战胜，将军居丧主礼之位，素服而哭之，明君子贵德而贱兵，不得以而诛不祥，心不乐之，比于丧也，知后世用兵不已故悲痛之。

译文：佳是修饰的意思。祥是善的意思。战争使人精神受到惊吓，使身内的和气浑浊，武力是不善的人使用的，不应该过于修饰它。动用兵力就有所伤害，所以万物没有不厌恶它的。有道的人不在自己的国家使用武力，君子进行社会管理侧重于柔弱的方式。用兵时则侧重于刚强的方式。这是说用兵之道与君子之道相反，两者侧重各有不同。兵有变革的意思。不是吉祥器具。不是君子所倚重的利器。只有遭到衰败祸乱，祸及百姓时，才用武力来进行自我防守。取胜也不贪图土地和对自己有利的财宝。虽然取得胜利，也不要以为有利于自己。赞美得胜的人，表明他是喜欢杀人的人。作为一国之君而喜欢杀人，不会使他得到天下的愿望得以实现，这是因为国君必会专制草菅人命，狂妄地实施刑罚杀戮。左是有生机的位置。右是阴暗之道主杀。偏将军卑下而居阳位，是因为他不专管杀戮的事。上将军尊贵而居于阴面的位置，是因为专门负责杀戮之事。上将军居于右面的位置，丧礼也崇尚右面的位置，死人侧重于阴面。杀人过多，会使自己受到伤害，德行变得浅薄，这样就不能用大道教化百姓，反而会伤害无辜民众。古代战胜的一方，将军居于丧事主持位置，身穿素服而哭泣，表明君子注重德行而轻视武力用兵，不到万不得已不去诛杀不善的人，心里不愿意这样做，就好比丧事时的心情一样。古人知道后世的人会不断使用武力而悲痛不已。

三十二章

【原文】道常无名，朴虽小，天下莫能臣也。侯王若能守之，万物将自宾。天地相合，以降甘露，民莫之令而自均。始制有名，名亦既有，夫亦将知止。知止可以不殆。譬道之在天下，犹川谷之于江海。

【译文】“道”永远是无名而质朴的，它虽然很小不可见，天下没有谁能使它服从自己。侯王如果能够依照道的原则治理天下，百姓们将会自然归顺。天地间阴阳之气相合，就会降下甘露，人们不必指使它而会自然均匀。治理天下就要建立一种管理体制，制定各种制度确定各种名分。名分既然有了，就要有所制约，适可而止，知道制约，适可而止，就没有什么危险了。“道”存在于天下，就像江海，一切河川溪水都归流于它，使万物自然宾服。

【说解】本章老子主要讲大道的效用。

共分四部分。第一部分讲“道”的特点：“道常无名，朴虽小，天下莫能臣。”老子用十二个字讲了道的五个特点：一是“道”是恒常不变的；二是“道”没有名字；三是“道”是质朴的；四是“道”是微小的；五是没有人能让“道”臣服于它。前几个特点大家都很熟悉了，这里重点谈谈第五个特点。我们知道，大道生万物，万物又具备了“道”的特性。前面两章阐述老子的军事思想，动用武力是凶险的事情，虽然强大的武力能够在战争中取得胜利，但不能让人心臣服。而圣贤的教化源自天地之道，一切为百姓利益着想，符合人的本性，所以会让人从内心臣服。孔子周游列国十四年推行圣贤之道，虽然是“明知不可为而为之”，但他矢志不移，每次在生命受到威胁时能够坦然面对。《论语·子罕篇》中记载孔子在经过匡地的时候被围困，孔子对弟子们说：“天之未丧斯文也，匡人其如予何？”老子、孔子都深悟天人合一之道，天地人与道是一不是二，上天怎么会让道和传道的圣贤灭绝呢？

第二部分老子讲“道”的作用。侯王如果能够依照“道”的原则治理天下，百姓们将会自然地归从于他。不仅如此，天地也会配合侯王，使阴阳之气相合，降下甘露，自然均匀润泽万物。社会上的管理之道也是如此，比如条件相近的人干同样的事业，有的会很成功，有的则会失败。真正的成功人士都有相同特点，那就是做事都会遵道而行，他们不会考虑一己之利，所以人们会信服并支持他，上天也会助他成功。日本“经营之神”稻盛和夫出任日航董事长时，一不要工资，二不带原来公司的员工。他彻底去除自己的私欲，完全依道而行，结果员工都被他无私的精神所感动，服从他的安排，仅仅用了一年时间，亏损破产的日航就做到了三个第一：利润世界第一、准点率世界第一、服务水平世界第一。

第三部分老子讲管理要“知止”。治理天下就要建立一种管理体制，制定制度确定各种名分，比如要有官职、官位、制度等，这里老子提出，名分等要按照“道”的法则去确定，要有所制约，适可而止，知止就没有什么危险了。其实老子的警告就是“将权力关进制度的笼子里”，国家要加强对权力的制约，保证权力正确行使。这方面孔子和老子观点相同。孔子在《论语·尧曰篇》中说：“谨权量，审法度，修废官，四方之政行焉。”在社会管理中认真地检验并审定度量衡，周密地制定法度，修正废除不称职的职位，全国的政令就会顺顺利利地实行了。

还有一种解释是从修身角度来讲，人能够做到遵道而为，无己利他，这是“始制有名”；会发现做事越来越顺利，会有更多的人支持自己，这时是“名亦既有”；各种名利也都有了，这时就需要“知止”；不要在意名利，继续持守质朴的德行，这样就会“可以不殆”，也就没有什么危险了。

最后老子讲“道”作用于万物。“道”存在于天下，就像江海，一切河川溪水都归流于它。比喻大道恩泽万物，万物自然臣服于大道。天地万物与“道”都是不可分的。《中庸》中说：“道不远人，人之为道而远人，不可以为道。”遗憾的是社会上很多人背离了“道”而自己没有觉察。比如有的人长期学习传统文化，而自己的行为习惯一点也没有改变，相反却增加了不少傲慢心。如果学习经典不知道应用于自身，经典是经典，自己还是自己，这样的学习方法就是不明“道”，不明“道”也就不会行“道”，言行不合“道”肯定会有不好的果报。老子意在告知当政者治理天下也要像“道”一样，善于接纳万事万物，这样才能得到百姓支持，才能实现社会和平安定。

【老牟悟语】

1.人有邪念就如心怀鬼胎，等到合适的机会鬼就作怪，带着人去做坏事。人有正直的念头就如心中有神，即使碰到邪事也有神助，使人百害不侵。

2.品行端正的人，虽然会一时受到冷落，但是家道传承会福泽荫延后世。依附权势的人，虽然一时大富大贵，但是失势后会遭受永久凄凉。

3.现在各种各样怪病很多，究其根源都是人心有病，人们一心追求欲望满足，而去污染环境，制作有毒有害食品，所以这些怪病都是人类自食其果。

【王弼注道德经】

道无形不系，常不可名，以无名为常。故曰道常无名也。朴之为物，以无为心也，亦无名，故将得道莫若守朴，夫智者可以能臣也，勇者可以武使也，巧者可以事役也，力者可以重任也，朴之为物，愦然不偏，近于无有，故曰，莫能臣也。抱朴无为，不以物累其真，不以欲害其神，则物自宾而道自得也。言天地相合，则甘露不求而自降；我守其真性无为，则民不令而自均也。始制，谓朴散始为官长之时也。始制官长，不可不立名分以定尊卑，故始制有名也，过此以往将争锥刀之末，故曰，名亦既有，夫亦将知止也，遂任名以号物，则失治之母，故知止所以不殆也。川谷之以求江与海，非江海召之，不召不求而自归者，世行道于天下者，不令而自均，不求而自得，故曰，犹川谷之与江海也。

译文：大道是没有形状的，常不可命名，“道”以无名为常态，所以称作道常无名。质朴的特性体现在具体事物上，以虚无为行，也没有名字，所以说想得“道”，不如守住质朴，智者可以成为能臣，勇敢的人可以施展武功，巧者可以让他办事，有力气的人可以干重活。质朴的特性体现在事物上，虽然昏乱但没偏离“道”，接近于“无”，所以说是不能被臣使。抱着朴素无为的心态，不以外物牵累其真性情，不以欲望而伤害其心神，那么万物自然会宾服，而“道”也自然会得到了。天地阴阳之气相结合，那么甘露不用祈求也会自动降下来；我守住本性无所作为，那么百姓不用命令就会自然有序了。始制，就是“道”的质朴之性开始分散，发挥引导作用的时候，开始有了引导的，就不可能不设立名分来确定尊卑，所以万物开始时就有各自名分。从此以后极小的利益万物也开始争夺，所以说，万物有了名字，也知道事物都有他们的局限性，于是以名字来区分事物，这样就失去了统治万物的“道”，所以知道有所止才能没有危险。河水要求流入江与海，不是江海召唤它们去的，是没有召唤没有要求而自己流入江海的，世间行道于天下的人，不用命令就能得到公平对待，不用要求就能得到自己的利益，所以说，就像河水自然而然流入江海一样。

【河上公章句】圣德第三十二

道常无名，道能阴能阳，能弛能张，能存能亡，故无常名也。朴虽小，天下莫能臣也。道朴虽小，微妙无形，天下不敢有臣使道者也。侯王若能守之，万物将自宾。侯王若能守道无为，万物将自宾，服从于德也。天地相合，以降甘露，侯王动作能与天相应和，天即降下甘露善瑞也。民莫之令而自均。天降甘露善瑞，则万物莫有教令之者，皆自均调若一也。始制有名，始，道也。有名，万物也。道无名能制于有名，无形，能制于有形也。名亦既有，既，尽也。有名之物，尽有情欲，叛道离德，故身毁辱也。夫亦将知之。人能法道行德，天亦将自知之。知之，可以不殆。天知之，则神灵佑助，不复危怠。譬道之在天下，犹川谷之在江海。譬言道之在天下，与人相应和，如川谷与江海相流通也。

译文：“道”能阴能阳、能弛能张、能存能亡，所以大道没有恒常不变的名字。“道”质朴的特性虽然微小，微妙而没有形状，天下没有能够使“道”臣服于自己的。侯王如果能够持守大道纯朴无为，万物将会自动宾服，服从于侯王德行。侯王的行动作为能够与天道相应和。始是指“道”。有名是指万物。大道没有名字能够制衡有名万物，大道无形能够制衡有形万物。既是倾尽的意思。有名称的事物，倾尽情欲，背叛大道，偏离德行，所以身体损毁而遭受侮辱。人能够效法大道践行道德，上天也会知晓。上天知晓美德，那么神灵就会护佑帮助，不会有什么危险了。就像大道在天下，与有德之人相应和，如同川谷与江海相流通一样。上天就会降下甘露善瑞。上天降下甘露善瑞，那么万物不用得到教化命令，都会自动地均衡调节。

三十三章

【原文】知人者智，自知者明。胜人者有力，自胜者强。知足者富，强行者有志。不失其所者久，死而不亡者寿。

【译文】能了解、认识别人的是智者，能认识、了解自己才算明白人。能战胜别人是有力的，能克制自己的弱点才算强者。知道满足的人才是富有的人，坚持力行、努力不懈的就是有志的人。不离失本分的人就能长久不衰，身虽死而“道”仍存才算真正长寿。

【说解】本章老子讲得道者修身的过程。

老子讲修身第一步要先做到知人和自知。“知人者智”，能了解、认识别人的就算是一个智者。一般来说，人在社会上交往多了，就会具有识别人的能力，并且这种能力随着社会经验的增多而增强。修身做到了知人层次还不够，因为仅仅做到知人这个“我私”还放不下，还是有分别心，都有着世俗的精明和算计。“自知者明”，修身再进一步就要做到自知，自知者超越了知人的层次，做到了内外皆明，也就是人们常说的人有“自知之明”，这需要修身者不断增加德行修养。儒家的内求修身也是要人做到自知，《论语·学而篇》中曾子说自己每日“三省吾身”：为别人办事有没有不尽心尽力的地方？与朋友交往是不是有不诚信之处？传授给弟子的知识是不是自己践行过了呢？所以我们说“自知者明”，德行修养必须要达到一定程度，才能够真正了解自己。

老子接着讲修身的实用功夫。“胜人者有力”,一个人只要孔武有力,就很容易打倒别人,这是匹夫之勇。仅有这些是不够的,人活在世处处需要与人合作。所以老子提出比“胜人”更重要的观点:“自胜者强。”人只有战胜了自己,才能做到无所不能。在这方面孔子和老子的观点是相同的,孔子在《论语·卫灵公篇》中说:“君子求诸己,小人求诸人。”君子有问题总是内求,从自身找缺点,找问题,也就是求“自胜”。小人则眼光向外,总是找别人的缺点和不足,也就是求“胜人”,这是修身求道者所忌讳的。

随后老子讲修身求道者的心态。社会上经常发布富豪排行榜,一般人也以金钱来作为贫富的标准。这里老子提出了一个令人耳目一新的贫富标准:“知足者富。”其重点不在富,而在知足,这是悟道者的心态。孔子的财富观略有不同,儒家以是否合“义”为标准。孔子在《论语·述而篇》中说:“不义而富且贵,于我如浮云。”不符合仁义的富有和尊贵,对于我来说,就像天边飘浮的云一样。只要合“义”,即使天下之位的馈赠我也可以接受,上古的禅让就是如此。“强行者有志”,努力实践的人都有坚强的意志力,同样坚强的意志力也成就了他们的伟大,如周文王被拘禁写成《周易》,孔子周游列国而作《春秋》,屈原放逐写成《离骚》,司马迁受腐刑而作《史记》。他们的动力就源自坚强的意志力,也就是孟子所说的浩然之气。孟子说:“虽千万人,吾往矣!”认定一个伟大目标,纵然有千万人反对,有志气的人也会勇往直前。

最后讲修身求道者的归处:“不失其所者久,死而不亡者寿。”不离失本分的人就能长久不衰,这里的本分就是指“道”,就是人的精神家园。一个人肉体去世,但他的精神永远不死,所传承的“道”仍然存在,这样才算是真正的长寿。古人对此也有一个标准,那就是“立德立功立言”三不朽。孔子就是这样的人,孔子的功劳和德行不朽,我们还在

称颂，他的圣贤之道我们还在学习。“大德者必得其寿。”每年孔子的诞辰日世界各地的孔庙都会举行盛大纪念仪式，所以孔子是长寿的，他时时还在我们的生活中。

【老年悟语】

1.做事要合道。努力工作是美好德行，但过分努力而损害身心健康就不合道了；看淡名利是高尚境界，但是因为追求高尚的境界而什么都不干就不合道了。

2.君子乐于帮助别人，人们也乐于帮助君子功成业就，这样君子既有人帮助还得了好名声，所以是“君子乐得做君子”；小人处处为难别人，人们也为难他使之一事无成，这样小人既受难为还得了坏名声，所以是“小人冤枉做小人”。

3.一个人勇武可以取得暂时胜利，一个人用智谋可取得一个阶段胜利，而一个人要取得最终胜利必须要有德，德者本也。

【王弼注道德经】

知人者，智而已矣，未若自知者超智之上也。胜人者，有力而已矣，未若自胜者无物以损其力，用其智于人，未若用其智于己也。用其力于人，未若用其力于己也。明用于己，则物无避焉，力用于己，则物无改焉。知足自不失，故富也。勤能行之，其志必获，故曰强行者有志矣。以明自察，量力而行，不失其所，必获久长矣。虽死而以为生之道，不亡乃得全其寿，身没而道犹存，况身存而道不卒乎。

译文：了解别人的人，是个有智慧的人而已，不如了解自己的人，了解自己的人超越了有智慧的人。战胜别人的人，只是有力量罢了，不如战胜自己的人，没有外物能损伤到他这个力。把智谋用在别人身上，不如用在自己身上。将力量用在别人身上，不如将力量用在自己身上。自己明白了,那么就没有看不明白的事物了,将力量用在自己身上,就不用去改变外物。知道满足,自己就感到不缺失什么,就是富有。勤劳并且能够努力行动的人,他的志向必然会实现,所以说顽强努力的人是有志向的人。对自己有清醒的认识,按照自己所能尽力而为,不偏离本位,必然能够长久。虽然死去仍旧发挥着活着时的影响,就像没有死亡他的寿命得以延长一样,他的身体不在了而道的影响还在,何况身体存在而道也存在呢?

【河上公章句】辩德第三十三

知人者智,能知人好恶,是为智。自知者明。人能自知贤与不肖,是为反听无声,内视无形,故为明也。胜人者有力,能胜人者,不过以威力也。自胜者强。人能自胜己情欲,则天下无有能与己争者,故为强也。知足者富,人能知足,则长保福禄,故为富也。强行者有志,人能强力行善,则为有意于道,道亦有意于人。不失其所者久,人能自节养,不失其所受天之精气,则可以长久。死而不亡者寿。目不妄视,耳不妄听,口不妄言,则无怨恶于天下,故长寿。

译文:能知道人是好是坏,可以称为智者。人能知道自己是不是贤人,是因为从反面听到的声音与自己的判断没有不对的,自己的观察也与自己的判断没有不符的情形,所以才称之为明达。能够战胜别人的,不过是靠威武之力。人能够战胜自己的七情六欲,那么天下就没有能和自己相争的了,所以称之为强大。人能够知足,那么就会长久保持福禄,所以称之为富足。人能够强力积德行善,那么就是有志于行道,大道也会眷顾于他。人能够自奉俭省,不失去所禀受上天的精神气质,那么就可以长久。眼睛不随便乱看,耳朵不随便乱听,口不随便乱说,那么就没有怨恨险恶之事存于天下,所以这样的人就会长寿。

三十四章

【原文】大道泛兮，其可左右。万物恃之以生而不辞，功成而不有，衣养万物而不为主。常无欲，可名于小；万物归焉而不为主，可名为大。以其终不自为大，故能成其大。

【译文】大道广泛流行，左右上下无所不到。万物依赖它生长而不推辞，完成了功业，成就了事业，而不占为己有。它养育万物而不自以为主。它永远没有欲望，可以称它为小；万物归附而不自以为主宰，可以称它为大。正因为它始终不自以为伟大，所以才能成就它的伟大。

【说解】本章老子还是讲“道”的作用。

老子先讲“道”的广泛和伟大：“大道泛兮，其可左右。万物恃之以生而不辞，功成而不有。衣养万物而不为主。”大道广泛流行，左右上下无所不到。万物无不生成于“道”，大道充满宇宙，遍布天地，无处不有，无所不在，万物依赖它生长而不推辞，成就了功业而不将功劳占为己有。大道有“不辞”、“不有”、“不为主”的特点，“道”之表象就是德，有了德而不据为己有，则德留人间，所以成就了自身的伟大。孔子所说的仁道也是无处不在，《论语·述而篇》里孔子说：“仁远乎哉？我欲仁，斯仁至矣。”这句话属于孔颜心法，读不懂它，学习《论语》就只是在知识层面，就不能说入门。真正悟道的人越学越谦虚，最后自身那个“自我”就化没有了。“文化”的本意就是如此，悟道者对人十分谦和,处处为别人着想,时时表现出的是仁德。而有的所谓国学大师,其言行正好与“不辞”、“不有”、”不为主”相反,出名后就讲究排场,功利心严重,这样的人就是学偏了。

“常无欲,可名于小;万物归焉而不为主,可名为大。”大道养育万物而不自以为主,它从不自我炫耀,这时在人们面前显示的是很微小,万物归附而不自以为主宰,可以称它为大。人生也是一样,当一个人完全去除自己的私欲,一切为大家考虑的时候,那么他的利益看似没有了,其实是和大家的利益结合在一起,从而成就了最大的利益。唐僧俗名陈祎,他十三岁出家时就说:“意欲远绍如来,近光遗法。”立志要将佛法完整传承、普度众生。十二岁的王阳明也是立志读书做圣贤。正是无私和伟大的志向才成就了他们不朽的人生。

最后老子讲出了圣人成就其伟大的原因:“以其终不自为大,故能成其大。”正因为他不自以为伟大,所以才能成就他的伟大。圣人的伟大在于效法大道,甘守无为,志在奉献,不图回报。上古的舜和大禹也有这样的美德,孔子在《论语·泰伯篇》中说:“巍巍乎!舜、禹之有天下也而不与焉。”本章老子意在提醒统治者只有甘守平凡,一切都遵道而为,无私无欲,才能够成就他们的伟大。

【老牟悟语】

1.生活困苦看开了就是福,困苦能激励人的志气,锻炼人的筋骨,必将成就大事;看不开就是真苦,这样容易使人产生自卑心理,做事畏手畏脚,终将劳苦一生。

2.不接近钱权名色的人算是高尚的,接近钱权名色而不受污染的人是值得尊敬的人;不研究权谋智巧的人是高明的人,知道权谋智巧而不用的人是有智慧的人。

3.人生的规划师就是自己的心,心有善念,口有善言,身行善事,

人生必有好运；反之，心有恶念，口有恶言，身行恶事，人生必有恶运。

【王弼注道德经】

言道泛滥，无所不适，可左右上下周旋而用，则无所不至也。万物皆由道而生，既生而不知所由，故天下常无欲之时，万物各得其所，若道无施于物，故名于小矣。万物皆归之以生，而力使不知其所由，此不为小，故复可名于大矣。为大于其细，图难于其易。

译文：大道像泛滥的河水一样，没有什么地方达不到。用它时左右上下无处不在，所以大道无所不至。万物都是由道而生成，生下来之后就不知道自己从哪里来的，所以当天下万物都没有欲望的时候，万物就在各自所处的位置，如果大道对万物没有施加影响，所以称之为“小”。万物都归顺大道得以生成，而万物不知道这个力量是从哪里来的，这不应该称之为“小”，所以还是可称之为“大”。做大事要从细小处做起，解决难事要从容易解决时去筹划。

【河上公章句】任成第三十四

大道泛兮，言道泛泛，若浮若沉，若有若无，视之不见，说之难殊。其可左右。道可左可右，无所不宜。万物恃之而生，恃，待也。万物皆待道而生。而不辞，道不辞谢而逆止也。功成不名有，有道不名其有功也。爱养万物而不为主。道虽爱养万物，不如人主有所收取。常无欲，可名于小。道匿德藏名，怕然无为，似若微小也。万物归焉而不为主，万物皆归道受气，道非如人主有所禁止也。可名为大。万物横来横去，使名自在，故可名于大也。是以圣人终不为大，圣人法道匿德藏名，不为满大。故能成其大。圣人以身师导，不言而化，万事修治，故能成其大。

译文：大道广泛存在，像在起浮又像下沉，像有又像没有，看它又看不见,说起来又难有差别。“道”可以在左边又可以在右边,没有不适宜的地方。恃是等待的意思。万物都依赖“道”而生存。“道”从不辞谢而停止对万物施予恩惠。对万物有“道”而不说自己的功劳。“道”虽然爱护养育万物,不像当政者还对百姓收取税赋。“道”隐匿美德,藏起美名,恬淡无为,好像很微小的样子。万物都归于“道”接受天地之气,“道” 不像当政者那样对百姓设立禁止的法令。万物横来横去,大道使其自由自在,所以可称之为“大”。圣人效法大道,隐匿美德,藏起美名,不自满,不自大,圣人以身作则,作出表率,实施不言教化,使万事万物得到修整与治理,所以才能够成就其大的美名。

三十五章

【原文】执大象，天下往；往而不害，安平泰。乐与饵，过客止。道之出口，淡乎其无味，视之不足见，听之不足闻，用之不足既。

【译文】谁能够遵“道”而行，普天下的人们便都来向他投靠，向往、投靠他而不互相妨害，于是大家就和平而安泰。音乐和美好的食物，使过路的人都为之停步。用言语来表述大道，是平淡而无味儿的，看也看不见，听也听不见，而它的作用却是无穷无尽。

【说解】本章老子讲遵“道”而行的好处。

首先老子讲“道”的伟大：“执大象，天下往。往而不害，安平泰。”谁能够遵道而行，天下的人们便都来归顺。圣人治国，惟“道”是从，社会上就会形成自然淳朴的风气，天下百姓都会和谐相处，这样就形成了“安平泰” 的太平盛世景象。孔子也有相近的安民思想，《论语·子路篇》中记载：“叶公问政，子曰：近者说，远者来。”意思是叶公问怎样治理国家，孔子说，以百姓利益为重，让近处的人快乐满意，远处的人听到他的美德后便会纷纷来归顺。这里有个顺序，要先使当地的百姓满意，远处的人听说后才会来。如果当政者把顺序弄反了，统治辖区的百姓怨声载道，当政者却想跟远处的人搞好关系，那就背离道了，失道者寡助，社会治理就会出问题。

随后老子通过对比突出了“道”的平凡：“乐与饵，过客止。”美妙动听的音乐和香味扑鼻的食物，使过路的人都为之停步。这里的“乐与饵”代指人的各种欲望，“过客”代指当政者，老子是在提醒当政者不要被身外的各种欲望所诱惑。一个人没有远大的志向，不修身立德，就很容易被外在的欲望牵着走，所以孔子在《论语·述而篇》中说“志于道，据于德”，人要立志向道，这样就不会被欲望牵着走，同时日常言行还要从基本的道德行为开始做起。

立志和欲望有什么关系呢？人立有远大的志向，一旦事业小有成就，或者实现了自己的某个“小目标”，立志的人会不忘记初心？没有立志或者志在欲望的人，没有德行的内在约束，他们的身体就很容易被外在欲望所吸引，吃喝嫖赌毒无所不为，身心完全进入迷宫游戏，糊里糊涂走上歧路。

“道之出口，淡乎其无味，视之不足见，听之不足闻，用之不足既。”老子说“道”是不能用语言来讲的，讲出来是平淡而无味儿的，就像人喝白开水，呼吸大自然的空气，吃白菜豆腐一样，这些行为看似平淡无用，却是无用之大用，是我们身心的平安之本。儒家修身的“四勿”和“道”的这些特点很相似，都是让人的身心归于平淡。《论语·颜渊篇》中孔子教颜回要“非礼勿视，非礼勿听，非礼勿言，非礼勿动”，就是不符合礼的不看，不符合礼的不听，不符合礼的不说，不符合礼的不做。一个人能抵御外界各种感官刺激，做到言行合礼，内心有定力，一切遵道而为，那他学儒就会成圣贤，学道就会成真人、仙人，学佛就会成为佛菩萨。而与此相反的是现在很多人不喜欢口味淡的，而喜欢吃重口味的美食；不喜欢听轻音乐，而喜欢听重金属音乐；不喜欢经典的文化，而喜欢玩网游、看各种碎片化的信息，把自己的身体当成了麻袋，任凭欲望将身体填充得烦恼重重。这些人说起话来似乎懂得很多，看似也很精明，心被欲望所蒙蔽，斤斤计较于眼前利益，其实一点智慧都没有。他们不知道智慧是在烦恼的另一面，人有定力才会生

智慧，内求才会找到智慧，改过才会得到智慧。

本章老子通过讲“道”的好处，揭示了“道”对社会安定的作用，提醒当政者要遵道而为，不可被外在欲望所诱惑，要为百姓利益着想，这样社会治理就能形成“安平泰”的安定局面。

【老年悟语】

1.一个才智出众的人如果有谦虚之德，就是君子，君子越有才对社会贡献越大；一个才智出众的人如果有贪婪之欲，就是小人，小人越有才对社会危害越大。

2.求学问一定要志于圣贤之道，如果志于功名利禄，或过于显示自己博学多才，一定不会有高境界造诣。

3.天堂和地狱就在世间。在家行孝、交友有信、忠诚事业、处处无己利他的人，身在世间心在天堂；不孝父母、言而无信、怨言满腹、处处为己谋私的人，身在世间心在地狱。心在天堂者得幸福，心在地狱者受煎熬。

【王弼注道德经】

大象，天象之母也。不炎不寒，不温不凉，故能包统万物，无所犯伤，主若执之，则天下往也。无形无识，不偏不彰，故万物得往而不害妨也。人闻道之言，乃更不如乐与饵，应时感悦人心也。乐与饵则能令过客止，而道之出言淡然无味。视之不足见，则不足以悦其目；听之不足闻，则不足以娱其耳。若无所中然，乃用之不可穷极也。

译文：“大象”就是天象的本源。“大象”有着既不炎热也不寒冷、既不暖也不凉的本性，所以能够包容统领万物，不会侵犯也不会损伤万物，是一种顺其自然的包容与统领。如果能够掌握“大象”，那么天下苍生就会自然归附。它没有固定形状，也没有固定的意识形态，不偏向谁也不表扬谁,所以万物跟随它不会产生矛盾和冲突。人们听见关于“道”的谈论,不如听到音乐和品尝美食更让人心神愉悦。音乐和美食能够吸引过路人停下脚步,但谈论的“道”却让人感觉平淡无奇。它看起来平平淡淡,也不能带来赏心悦目的感觉;听起来平淡无奇,也不会带来悦耳优美的享受。“道”好像没有什么价值,但却有广泛无限的用处。

【河上公章句】仁德第三十五

执大象,天下往。执,守也。象,道也。圣人守大道,则天下万民移心归往之也。治身则天降神明,往来于己也。往而不害,安平泰。万民归往而不伤害,则国家安宁而致太平矣。治身不害神明,则身安而大寿也。乐与饵,过客止。饵,美也。过客,一也。人能乐美于道,则一留止也。一者,去盈而处虚,忽忽如过客。道之出口,淡乎其无味。道出入于口,淡淡非如五味有酸咸苦甘辛也。视之不足见。足,得也。道无形,非若五色有青黄赤白黑可得见也。听之不足闻。道非若五音有宫商角徵羽可得听闻也。用之不足既。既,尽也。谓用道治国,则国安民昌。治身则寿命延长,无有既尽之时也。

译文:圣人执守大道,那么普天下民众就会转移心志,向往归顺。用大道来治理身心,就如同上天降下神灵,往来于己身。万民向往归顺又不会受到伤害,那么国家就会安定宁和从而天下太平。调养治理身体不伤害神灵,那么身体就会安康而长寿。“乐与饵,过客止”的“饵”是指声色美食,“过客”是指道之子“一”,世人若是像留恋声色美食那样地以得道为美、为乐,那么道之子“一”就会在你心中停留。“道”总是离开盈满之地、盈满之人,去寻找停留在谦和之地、谦虚之人,匆匆就像过客。“道”在口中或进或出,淡淡无味,不像五味有酸咸苦甜辣;“道”没有形状,不同于五色那样青黄赤白黑可以看见;“道”

也不同于五音那样分为宫商角徵羽可以听见。所以说用大道治国理政，就会国家安泰民族昌盛；用大道修养身心，就会使寿命延长，没有穷尽的时候。

三十六章

【原文】将欲歙之，必固张之；将欲弱之，必固强之；将欲废之，必固兴之；将欲夺之，必固与之，是谓微明。柔弱胜刚强。鱼不可脱于渊，国之利器不可以示人。

【译文】想要收敛它，必先扩张它；想要削弱它，必先加强它；想要废去它，必先抬举它；想要夺取它，必先给与它。这就叫作微妙高明的道理。柔弱终将战胜刚强。鱼的生存不可以脱离池渊，治理国家的法宝不可以轻易向人炫耀。

【说解】本章老子阐述柔弱胜刚强的道理。

天下的事物盛极必衰，无时不在变化之中。比如我们常说昙花一现，昙花最漂亮的时候也是败落的开始。月亮十分盈满时，也是亏缺的开始。老子本章列举了四个矛盾转化规律：要想把一个东西收紧，必先使它扩张；想要削弱一个人，必先使它强大起来；想要废除它，必先使它兴旺起来；想要夺取它，必先给予它。老子这里揭示的是物极必反的变化规律，但是后世将这些规律作为权诈计谋的大有人在，他们认为太平时期适合用儒家的圣贤之道治国，乱世要用道家的权谋之术拨乱反正，如张良、丘处机、刘伯温、诸葛亮等人就是治理乱世的道家人物。他们在解读时将这四对矛盾中的“将欲”和“必固”之间加进了人的动机，这就成了为达到某种目的而实施的某种手段，这些话也就成了权谋之术，当然这种解读方式完全是他们的臆测。老子本章揭示这些事物变化规律，是提醒人们在得意的时候莫忘失败的忧虑，失意的时候要树立必胜的信心，完全没有任何权诈计谋的思想。纵观全篇《道德经》，老子的思想也绝无类似私念，所以我们在此也替老子被后人错误的解读鸣不平。

“是谓微明”，意为这是微妙而又高明的道理。老子说遵道而为的人有洞见之明，可以从细微处察觉到事物的走向：一直张开就会走向闭合，一直刚强就会转向衰弱，一直兴旺就会转向荒废，一直给与就会转向收取。儒家也有这样的说法，《中庸》中说：“至诚之道，可以前知。”孔子也有先见之明，《论语·先进篇》中孔子说：“若由也，不得其死然。”果如孔子所言，子路最后死于战乱，孔子是由性格推断出子路的命运。

老子“柔弱战胜刚强”的观点是本章重点。常见的例子就是人的舌头与牙齿，牙齿坚硬却会早早脱落，舌头柔软却能完好陪伴人一生。自然界中最柔弱的东西莫过于水，但水滴石穿却是我们常见的现象。仁德和权力也是一样，仁德者虽然柔弱但为人称颂，弄权者虽然强势却多为人不齿。《论语·季氏篇》中记载，强大的国君齐景公“有马千驷”，但是富有而又无德的齐景公死的时候，百姓找不到他有什么德行值得称颂，相反伯夷和叔齐饿死在首阳山上，人们如今还在称颂他们的德行。

鱼的生存不可以脱离池渊，这也符合柔弱的法则。常言道：鱼儿不能离开水，深水处又是鱼的藏身之地，鱼可以自由自在生活，鱼离开水的结果就是死亡。万物同理，“虎落平阳被犬欺”，一旦离开适合自己的生存环境，强大的老虎也会遭受困苦。老子意在告诉人们要懂得守弱安身，不要逞强到自己不熟悉的环境里乱闯。

“国之利器”一方面指军队和武器，另一方面指统治机构的秘密。

国家军事、权力、机密、国策等都是不可以展示给人看的。一旦公开就会被心怀叵测者窃取，敌对方也会设法破解、破坏，这样“国之利器”就会大打折扣，甚至化为乌有。如果发生战乱，国家的灾难也就不远了。春秋时期战乱频发，各诸侯国都很重视战事。《论语·述而篇》中说：“子之所慎：齐、战、疾。”意思是孔子所谨慎对待的事情有三件：斋戒、战事、疾病。斋戒是与天地鬼神感通，战事有关国家存亡，疾病有关人的生死，都是很重要的事情。现在看来疾病也关乎国家命运，2020年爆发的新冠肺炎疫情就是一个明证。

本章老子通过论证物极必反的道理，阐述柔弱胜刚强之道，意在提醒人们处世不要过于刚强、强势，以免盛极而衰，要学会柔弱处世之道，以立于不败之地。

【老牟悟语】

1.有才能而又有德行的人，常会受小人猜疑；品行端正的君子常常会受小人嫉妒。应对之法就是：“挫其锐，解其纷，和其光，同其尘。”

2.一个人生活在艰苦贫困的环境中，实际上是上天给了他一个锻炼成长的机遇，明白了这一点，他坚持不懈，最终一定会如同火炼的真金一样闪闪发光。一个人生活在衣食无忧环境中，实际上是上天给了他一个登山捷径，如有德行护身很快就会登上高峰，如果被欲望控制，就很容易坠入万丈悬崖。

3.人生如戏。当权者穿官服时欺凌别人，最后脱下官服必被人欺；有钱者依仗钱势羞辱别人，最终家财散去必受人辱。

【王弼注道德经】

将欲除强梁、去暴乱，当以此四者。因物之性，令其自戮，不假刑为大，以除将物也，故曰“微明”也。足其张，令之足，而又求其张，则众

所歙也。与其张之不足,而改其求张者,愈益而己反危。利器,利国之器也。唯因物之性,不假刑以理物。器不可睹,而物各得其所,则国之利器也。示人者,任刑也。刑以利国,则失矣。鱼脱于渊,则必见失矣。利国之器而立刑以示人,亦必失也。

译文:想要除掉强横凶暴,应当使用上面的四种方法。利用事物的本性,让他们自行竞争选择,最关键的是不进行外力干预,物竞天择,这也称做“微妙明通”。完全满足他膨胀的欲望,使其充足,更加膨胀,自然就会招致周边事物的不满而来限制它。如果膨胀得不是很充分,而越膨胀,那样反而会使其处在有利的地位,而自己处于劣势。利器,是指有利于国家治理的工具。要因循事物的自然规律,不用外力来干预事物的发展。利器隐藏看不见,其威力却可以实现事物各得其所,这些工具就是国家的有利武器。被人们看到了,就是因为滥用刑罚武力。用武力来治理国家,就会失去民心。这就好像鱼离开了水,肯定会受到损失。如果通过刑罚武力把国家工具展现给老百姓,整个国家也肯定会招致损失。

【河上公章句】微明第三十六

将欲歙之,必固张之。先开张之者,欲极其奢淫。将欲弱之,必固强之。先强大之者,欲使遇祸患。将欲废之,必固兴之。先兴之者,欲使其骄危。将欲夺之,必固与之。先与之者,欲极其贪心。是谓微明。此四事,其道微,其效明也。柔弱胜刚强。柔弱者久长,刚强者先亡也。鱼不可脱于渊,鱼脱于渊,谓去刚得柔,不可复制焉。国之利器不可以示人。利器者,谓权道也。治国权者,不可以示执事之臣也。治身道者,不可以示非其人也。

译文:天道想要收敛它,必先张驰它,先张驰它使其放纵到穷奢极欲就会自伤自害,不得不收缩。想要削弱它,必先加强它,先加强它使其嚣张到不可一世,就会自惹祸难而削弱。要想废弃它,必先兴旺它,先兴旺它使其傲慢奢侈,导致危难就容易废弃了。要想夺取它,必先给与它,先给与它使其极度贪婪,就会肆意行恶而容易夺取了。这四种做法,虽然道理很微妙,但是效果很明显啊。柔弱的事物往往能够长久,刚强的东西反而首先消亡。鱼不能离开水,鱼离开水就是赴刚离柔,不得复生。治国利器就是治理国家的权力,怎样使用权力不能随便让下面执行的人知道。用来修养身心的“道”,不能显露给不认可这一道理的人知道。

三十七章

【原文】道常无为，而无不为。侯王若能守之，万物将自化。化而欲作，吾将镇之以无名之朴。无名之朴，夫亦将不欲。不欲以静，天下将自定。

【译文】“道”永远是顺任自然而无所作为的，却又没有什么事情不是它所为。侯王如果能遵循“道”的原则，万事万物就会自我化育、自生自灭而得以充分发展。自生自长而产生贪欲时，我就要用“道”的无名真朴来镇住它。用“道”的真朴来镇服它，就不会产生贪欲之心了。万事万物没有贪欲之心，天下便自然而然达到稳定、安宁。

【说解】《道德经》分《道经》和《德经》两个部分，“道经”三十七章，“德经”四十四章。本章是老子对《道经》的总结，阐述其以朴制欲、清静无为的思想。

本章共分为两部分。第一部分老子再次强调“道”的“无为而无不为”，这是老子思想的核心。“道”虽然是顺任自然而无所作为，却生养了万物，接着老子引申到社会管理，认为当政者如果能按照“道”的原则治理国家，社会就会实现大治，万事万物就会自我化育、自生自灭而得以充分发展。这里的无为而治并不是什么都不干，而是不强为，不妄为，让社会有序运行，让百姓按时劳作。儒家的社会管理思想和老子不同，孔子的弟子子游任武城宰，他以礼乐教化百姓，重用贤人，自己则整天弹琴，弦歌而治。《论语·阳货篇》中子游说孔子教导“君子学道则爱人，小人学道则易使也”，君子学习圣贤之道就能爱人，小人学习圣贤之道就容易指使，这也是子游治理经验的总结，武城因此有了“弦歌古郡”的美誉。

第二部分老子论述了无为教化与质朴、安静的关系：“化而欲作，吾将镇之以无名之朴。无名之朴，夫将不欲。”当政者有道，实施无为的身教，百姓得到教化，都来支持当政者的时候，欲望也很容易再次出现，这就需要及时进行应对。老子说我将拿自然淳朴的“道”去压制欲望，就不会产生贪欲之心，万事万物没有贪心，天下便自然安宁。

对待欲望的态度儒道两家是有区别的。道家修身讲究清心寡欲，这源于老子的“见素抱朴，少私寡欲”思想，这里的寡欲不是消极的，也不是绝欲，是指修道者不对财色名利有非分的念头和过分的奢求，不要用极端的行为去猎取。而儒家对待欲望讲究的是要合“义”，孔子在大司寇职位上俸禄是六万石米，到卫国去卫灵公也是给他六万石米，他都欣然接受，但是当政者不接受自己的学说，孔子就会立刻离去。《论语·雍也篇》里记载颜回过着箪食瓢饮的清贫生活，但是孔子见了却大为赞赏，连说两遍“贤哉回也”！因为颜回安贫乐道，体悟到了求道之乐。

“不欲以静”说的是欲望被压制下去后，人们的内心就会变得清静。“无欲”是修道者修养的功夫，而“不欲”则是修道者达到一定程度后的状态，此时内心清净有定力，这样智慧就会自然生发进来，叫作定生慧。随后“万物将自定”，达到“无欲”状态，变得清净后万事万物都会慢慢跟着改变，又会重新回到安定状态。自定就是自在自得，对我们来说就是心安，这和儒家的仁德一致。很多人读了《论语》后对孔子所谈的仁德还是不明白，其实仁德是至德，是最高层次的道德，求的就是心安。做什么事都心安理得，这就是处于仁的状态，我欲仁斯仁至矣，能一直保持这种状态，那就是仁人。佛家也是一样，一个不识字的人整天念阿弥陀佛，事事都能心安，就可以成佛。儒释道都是相通的，读懂了《论语》，《道德经》《佛经》也就很容易读懂。

本章是《道经》最后一章，重点阐述“道”的无为、质朴特性。大道无为，自然界和谐有序运行；当政者无为，可使社会和平安定；修道者无为，可使自身健康长寿。人效法天地之道，“天之在我者德也”，天地之道表现在人身上就是人的德行，人人修身立德，都不追求欲望，与人为善，民风自然淳朴，社会自然和谐安定。

【老年悟语】

1.一个人争不义之财，获得的是小利，失去的是德行，失德者得到的是一生的烦恼。有德者失去的是小利，得到的是心安，最终收获的是大利，成就的是一生的幸福。

2.交坏朋友如同在心田植入坏种子，它长成后会专门激发你的各种欲望，甚至会带你进入万劫不复的境地，要远离恶友。

3.当人的私欲一闪念，要立刻用理智把它拉回去。否则这种私念就会快速转向情欲或者物欲方面，随着欲望逐步膨胀，理智就失去作用，身体就被欲望带着出去闯祸了。所以人一定不轻易放过私欲一闪念。

【王弼注道德经】

道常无为，顺自然也。而无不为，万物无不由为以治以成之也。化而欲作，作欲成也。吾将镇之无名之朴，不为主也。

译文：“道”是大自然永恒的规律、规则，不妄为、不多为、有所不为，一切顺其自然。这样，万事万物就能自我化育、自我成长。在这个过程中私心欲望膨胀时，得道的人会用朴实、厚道的理念来克制，不让这些欲望主宰自己。

【河上公章句】为政第三十七

道常无为而无不为。道以无为为常也。侯王若能守之，万物将自化。言侯王若能守道，万物将自化效于己也。化而欲作，吾将镇之以无名之朴。吾，身也。无明之朴，道德也。万物已化效于己也。复欲作巧伪者，侯王当身镇抚以道德也。无名之朴，夫亦将无欲。不欲以静，言侯王镇抚以道德，民亦将不欲，故当以清静导化之也。天下将自定。能如是者，天下将自正定也。

译文：大道以顺乎自然、不妄为为永恒。这是说侯王如果懂得并执守大道，万事万物就会效法，按照自身规律顺利发展。"吾"指身体，"无名之朴"指大道。万物效法侯王无为之道把自然进化规律运用于自身。如果碰到弄巧作伪、投机取巧的人，侯王应当以质朴的道德去安抚他们，使之改变。如果说侯王用道德力量教化世人，而世人也还不想改变，就应当用清静无为的大道教化他们。能够做到这样，天下万事万物就会自行处于朴正稳定的世风中。

三十八章

【原文】上德不德，是以有德；下德不失德，是以无德。上德无为而无以为，下德为之而有以为。上仁为之而无以为，上义为之而有以为，上礼为之而莫之应，则攘臂而扔之。故失道而后德，失德而后仁，失仁而后义，失义而后礼。夫礼者，忠信之薄而乱之首。前识者，道之华而愚之始。是以大丈夫处其厚，不居其薄；处其实，不居其华。故去彼取此。

【译文】上德的人不自以为有德，因此实际上是有德；下德的人自以为没有失去德行，因此实际是没有德的。上德之人顺应自然无心作为，下德之人顺应自然而有心作为。上仁之人有所作为而无心表现，上义之人有所作为而刻意表现。上礼之人有所作为却没有人响应，于是就扬着胳膊强迫别人服从。所以，失去了道而后才有德，失去了德而后才有仁，失去了仁而后才有义，失去了义而后才有礼。礼这个东西，是忠信不足的产物，而且是祸乱的开端。所谓先知，不过是道的虚华，由此愚昧开始产生。所以大丈夫立身敦厚，不居于浮薄；存心朴实，不居于虚华。所以要舍弃浮薄虚华而追求朴实敦厚。

【说解】本章是《德经》第一章，内容分为四部分。

第一部分老子首先讲德："上德不德，是以有德；下德不失德，是以无德。""道"生万物，而"道"无名无形，"道"的外在表现就是德，所以人们合称道德。老子将德分为“上德”和“下德”,“上德”是较高层次的德行,接近于“道”,具有“上德”的人会遵道而为,但是他们口里从不讲有“德”,“上德”之人不是为了获得某种名声而去做事,他们做事无个人目的,他们行道有德而不言德,所以称之为“有德”。圣人所言所行完全合道,表现出来的就是“上德”的状态。《论语·为政篇》中孔子谈自己的感悟时说“七十而从心所欲,不逾矩”。境界低一些的就称为“下德”,下德之人的口里不会离开“德”,做点好事是为了博取好的名声。正因为他们的德行不充足,所以才患得患失,贪图回报。比如捐款时就有这样的人,他们捐了一点钱就经常挂在嘴边,认为别人都应该称赞他,这些捐款行为属于下德或无德。而有的人帮助别人,会偷偷送点钱而不让被帮助的人知道,这样的行为就是“上德”,这些人就是有道之人。

怎样区别“上德”和“下德”呢?“上德无为而无以为,下德为之而有以为。”上德之人顺应自然无心作为,下德之人有所作为而刻意表现。上德之人的无为是没有心机、没有任何目的、不求任何回报的。下德之人是有心而为、有一定目的、而且要求回报的。当年梁武帝见达摩祖师时说:“我广造寺宇,度众人为僧,凡此种种,有何功德?”达摩回答:“并无功德。”因为梁武帝将做过的善事挂在嘴边,有功利心,所以虽能积累点福报,却没有任何功德。

第二部分主要论述从德里派生出的“上仁”、“上义”、“上礼”的特点。“上仁为之而无以为。”“上仁”有两个特点:一是“为之”,有心作为属于“下德”;二是“无以为”,没有心机、没有任何目的,则属于“上德”。所以“上仁”之人有所作为而无心表现,应该定位于“上德”和“下德”之间。比如母亲对孩子的爱就是这样,她会无微不至地照顾孩子,这是“为之”;她照顾孩子时不会想到有什么回报,这是“无以为”,所以属于“上仁”。

“上义为之而有以为”，“上义”也有两个特点：一是“为之”，属于“下德”；二是“有以为”，也属于“下德”。上义之人有所作为而有心刻意表现。完全属于“下德”的范围。比如在公司里有的员工努力工作，这是“为之”，他们工作积极受到表彰，自己也觉得是应该的，这是“有以为”，这就属于“上义”之人。“上义”的行为虽然属于“下德”，但也是属于有德之人，现实中“上义”之人很难得。

“上礼为之而莫之应，则攘臂而扔之。”礼是价值规范，也有“为之”和“有以为”的特点，属于“下德”。上礼之人有所作为却没有人响应，于是就扬着胳膊强迫别人服从。上礼之人没有遵道而为，却用礼法制度约束人，落到无人理睬的地步，所以使用强力去推行。

第三部分老子讲仁、义、礼与道德沦丧的关系。老子将人的行为状态分为道、德、仁、义、礼五个层次，认为失去了“道”而后才有德，失去了德而后才有仁，失去了仁而后才有义，失去了义而后才有礼。“夫礼者，忠信之薄而乱之首。”当一个社会过度强调“礼”的时候，就说明社会上忠信的德行已经很少了，“礼”是忠信不足的产物，而且是祸乱的开端。与老子的不同，孔子十分注重“礼”在社会管理中的作用，孔子认为推行“礼”要追求根本，“礼”之本是人的恭敬心。《论语·八佾篇》中林放问“礼”之本，孔子说：“这是个大问题啊，从礼节仪式来说，与其奢侈，不如节俭。丧礼与其办得很周备，不如有哀戚之心。”如果当政者遵道而为，有恭敬之心，上行下效，这个“礼”的形式才会发挥大作用。

“前识者，道之华而愚之始。”前识者是指自以为先知先觉的人，比如苏秦、张仪等纵横家，他们为了达到某种目的游说诸侯，自以为有超人智慧，其实他们看到的是“道”表面虚华的现象，站在忠信之薄的地方，而不知道这是走向愚昧的开端，所以这些人虽然一时叱咤风云，但是最后的下场都很惨。圣人有先见之明，天下无道他不会同流合污，宁愿选择明哲保身。《论语·公冶长》中孔子对弟子说："道不行，乘桴浮于海。"孔子在卫国时，卫灵公问行军布阵之事，孔子就预见国君无道，卫国将会发生动乱，于是"明日遂行"，第二天就带着弟子们走了。

第四部分老子讲大丈夫的处世原则："是以大丈夫处其厚，不居其薄；处其实，不居其华。故去彼取此。"这里的"大丈夫"与"前识者"相对，是指有智慧的人，针对世风愈下、动乱频发的春秋乱世，老子呼吁人们要做大丈夫，要立身敦厚，存心朴实，摒弃浮薄和虚华而追求敦朴充实的"道"和"德"。孔子也有相近的处世原则，在《论语·卫灵公篇》中孔子说："躬自厚而薄责于人，则远怨矣。"意思是多责备自己而宽容地对待别人，就可以远离别人的怨恨了。

本章内容较多，历史上的注解分歧较多。有人甚至将本章解读为老子反对儒家学说的总宣言，如"仁"在儒家被称为至德，而老子却将它排在"道"和"上德"之后；有人认为老子生活的年代比孔子生活的年代晚，因为要先有被反对的一方而后才会有人反对；有人还妄评老子和孔子境界的高低，种种观点不一而足。这里谈谈笔者的看法：一、关于老子和孔子生活年代先后问题。老子的生卒年代，目前还没有明确的证据予以确认，这也是中国哲学界的一大难题。这个专业问题就等专家们和后人解决吧。二、关于圣人的境界问题。老子和孔子思想同源，都是源于夏商周传统文化，这是毋庸置疑的，而他们的最高境界又是相同的，只不过中间路径不同而已，有的观念看似不同，其实从更深层次来看又是一样的，这也是笔者用《论语》对比解析《道德经》的依据。三、关于一些字词的使用和儒道的观点问题。虽然诸子百家思想同源，但各家对一些字词的释义、使用也有不少分歧。比如老子认为万事万物来源于"道"，"道"的外现是德。而儒家认为最高的是天命，孔子说"天生德于予"。《中庸》开篇中说上天赋予人的叫天性，顺着天性而为就叫道。仁在儒家是至德,几乎涵盖所有最高德行。而老子认为失道、失德后才是仁,仁还不算“上德”。对于这些儒道观点的差异我们不应该进行简单的比较,也不能简单地认为圣人观点不符合当前时代予以否定。我们学习经典,关键在于汲取圣人智慧,用以指导我们的思想和学习,用来解决现实生活中的困扰。我们之所以还在学习《论语》《道德经》,就是因为它们是经过几千年的大浪淘沙,被社会和历史推崇为能启发人类智慧的经典。

【老牟悟语】

1.有德行的人认识到自己知识不足时会主动去求学问,当他意识到健康有问题时会积极锻炼身体。而有学问的人和身体健康的人不会认识到自己德行不足而去修身立德,所以做人要先修德,“德智体”三方面以德为首。

2.人生之高贵,不在于身居高位而在于无求;人生之卑微,不在于生活贫困而在于多欲;人生之愉悦,不在于心里高兴而在于向善;人生之困苦,不在于工作劳累而在于贪婪。

3.荣誉或面子,但凡是争来的,就不是真正的荣誉或面子;反过来,当你干出成绩不想要这个荣誉或面子,别人也一定会给足你面子,这才是真正的德行。

【王弼注道德经】

德者,得也。常得而无丧,利而无害,故以德为名焉。何以得德?由乎道也。何以尽德?以无为用。以无为用则莫不载也。故物,无焉,则无物不经;有焉,则不足以免其生。是以天地虽广,以无为心;圣王虽大,以虚为主。故曰以复而视,则天地之心见;至日而思之,则先王之至睹也。故灭其私而无其身,则四海莫不瞻,远近莫不至;殊其己而有其心，则一体不能自全，肌骨不能相容。是以上德之人，唯道是用，不德其德，无执无用，故能有德而无不为。不求而得，不为而成，故虽有德而无德名也。下德求而得之，为而成之，则立善以治物，故德名有焉。求而得之，必有失焉；为而成之，必有败焉。善名生，则有不善应焉。

故下德为之而有以为也。无以为者，无所偏为也。凡不能无为而为之者，皆下德也，仁义礼节是也，将明德之上下，辄举下德以对上德。至于无以为，极下德下之量，上仁是也。足及于无以为而犹为之焉。为之而无以为，故有为为之患矣。本在无为，母在无名。弃本舍母，而适其子，功虽大焉，必有不济；名虽美焉，伪亦必生。不能不为而成，不兴而治，则乃为之，故有宏普博施仁爱之者。而爱之无所偏私，故上仁为之而无以为也。爱不能兼，则有抑抗正真而义理之者。忿枉佑直，助彼攻此，物事而有以心为矣。故上义为之而有以为也。直不能笃，则有游饰修文礼敬之者。尚好修敬，校责往来，则不对之间忿怒生焉。故上礼为之而莫之应，则攘臂而扔之。夫大之极也，其唯道乎！自此已往，岂足尊哉！故虽德盛业大，富而有万物，犹各得其德，而未能自周也。故天不能为载，地不能为覆，人不能为瞻。万物虽贵，以无为用，不能舍无以为体也。舍无以为体，则失其为大矣，所谓失道而后德也。以无为用，则德其母，故能已不劳焉而物无不理。下此已往，则失用之母。不能无为，而贵博施；不能博施，而贵正直；不能正直，而贵饰敬。所谓失德而后仁，失仁而后义，失义而后礼也。夫礼也，所始首于忠信不笃，通简不阳，责备于表，机微争制。夫仁义发于内，为之犹伪，况务外饰而可久乎！故夫礼者，忠信之薄而乱之首也。前识者，前人而识也，即下德之伦也。竭其聪明以为前识，役其智力以营庶事，虽德其情，奸巧弥密，虽丰其誉，愈丧笃实。劳而事昏，务而治秽，虽竭圣智，而民愈害。舍己任物，则无为而泰。守夫素朴，则不顺典制。耽彼所获，弃此所守。识，道之华而愚之首。故苟得其为功之母，则万物作焉而不辞也，万事存焉而不劳也。用不以形，御不以名，故仁义可显，礼敬可彰也。夫载之以大道，镇之以无名，则物无所尚，志无所营。各任其贞事，用其诚，则仁德厚焉，行义正焉，礼敬清焉。弃其所载，舍其所生，用其成形，役其聪明，仁则诚尚焉，义其竞焉，礼其争焉。故仁德之厚，非用仁之所能也；行义之正，非用义之所成也；礼敬之清，非用礼之所济也。载之以道，统之以母，故显之而无所尚，彰之而无所竞。用夫无名，故名以笃焉；用夫无形，故形以成焉。守母以存其子，崇本以举其末，则形名俱有而邪不生，大美配天而华不作。故母不可远，本不可失。仁义，母之所生，非可以为母。形器，匠之所成，非可以为匠也。舍其母而用其子，弃其本而适其末，名则有所分，形则有所止。虽极其大，必有不周，虽盛其美，必有患忧。功在为之，岂足处也。

译文：德，即“得”的意思。经常能把“德”保持住而不丧失，只有好处没有坏处，因此以德作为它的名称。如何有德和用德呢？不能离开“道”。以“无”为基础，万物得以生成。无所作为，能够包容万事万物。所以对万物来说，无，不存在，是必然经历的过程；存在了，就会生长、发展直到死亡。所以天地虽然广阔，它们的本质却是虚无的；圣王虽然伟大，但他们的心境却是虚无的。所以先王如果在“复卦”中找寻，可以见到“天地之心”，也就是“道”；如果在冬至日和夏至日的寂然虚静中思考，那么可以发现天地存在的原理。如果统治者灭除私欲而且无为于身、身先身存，那么四海之内都将仰视他，无论远处还是近处的人都会来归顺；如果他有为于身而且有私心，那么他将不能保持一己之身的完整，就像一个人无法让他的肌肉和骨骼彼此相容。因此，有“上德”的统治者唯道是用，不以其德为任何特殊的德，不执着德之名，不用德之名，因此能有德而“无不为”。不争求而仍能获得，无所为而仍能成就，这就是尽管有“德”，却没有“德”的名称的原因。有“下德”的统治者通过争求而获得，通过有为而成就，立善来治理事物，因此他有德之名。争求而获得，必然会有所失去；有为而成，必然会有所损失。总之，一旦善出现，就会有不善与之相对应。

因此，“下德”的人有意为之。“无以为”是没有偏私于某一方而为的意思。凡是对事物不能无干预而对其有所作为的人，都属于“下德”之人，其仁义礼节都是“下德”的表现。为了明晰“上德”与“下德”的根本区别，就将“上德”与“下德”相比较。“上仁”可以达到“无以为”，因为它充分实现了下德的能量。上仁之人可以做到“无以为”，但他仍是有为的。他有所为而达到无以为，因此有有所作为的忧患。本的根本是无为，母的根本是无名。放弃根本而追逐枝末，放弃其母而运用其子，无论功业多大，有所为必有所不足；无论名号多美，虚伪也会随之而生。如果不能不作为而成就，不举刑罚，不起仁义而使人民自然而治，那么他必定对其他事物有所干预，因此“上仁”虽已有弘普博施之仁爱。而这种爱尚属没有偏私或个人利益，因此“上仁”有所作为而可以达到“无以为”。如果爱不能普使天下，而有所偏私，就会出现专门讲求进退、正直等义理的人。憎恶邪曲、护卫正直的人，支持后者攻击前者，能用心计智慧来处理好每一件事情。因此上义之人有所作为，并有心为之。不能笃守正直，就会出现刻意追求浮华外表和礼敬形式的人。尊崇和喜好追求礼敬等外在形式，互相计较责备，如果得不到相应的礼节往来，就会心生愤怒。因此上礼之人要有所作为却没有回应他，于是就气势汹汹，强迫人遵守礼节。事实上，只有“道”是至大者。自此以往，哪里值得尊崇呢！因此，即使“德盛业大”、“富有万物”，也仍是各得其所德，而不能跟“道”一样周全。所以天不能像地一样承载万物，地不能像天一样覆盖万物，人不能完全无私地帮助别人。万物虽然多姿多彩，还必须以无为用，才能充分发挥万物的特点和作用，即不能“舍本弃母，而适其子”。离开无为这个根本，损失就会很大，所以说失了“道”都会强调德行。以无为用，德行就得到了它的根本，这样才能自己不辛劳而且万物和谐共生。舍弃“道”，就会失去发挥作用的根本。不能做到无为，就会给人施与和帮助；做不到给人施与和帮助，就会格外注意正直的品行；不具备正直的品行，就会格外注意礼节和表面的礼敬。也就是反复强调失了德行才会强调仁爱，失了仁爱才会强调正义，失了正义才会讲求礼仪。礼仪，源于人们不能笃守忠信，有话不明说而互通书信，在一些小问题上互相责备，细小的琐事也要争执不休。仁义发自内心，做出来就难免会夹杂着虚伪成分，更何况礼仪等外在仪式，怎么可能长久呢？因此“礼”这个东西，是忠信不足的产物，而且是祸乱的开端。“前识”的意思是，先于他人而认识，即属于“下德”范畴。如果统治者竭尽其聪慧来达到“前识”，运用他的智力来谋求众事，那么即使他得到了某些事物，巧妙伪装更加隐秘。虽用其聪明以经营繁多的事物而提高声望，但朴实和忠信也会受到很大损害。他越勤劳，事物越是混乱，他越努力，治理越荒废，既使他竭尽智慧和才识，老百姓受到的伤害损失却更多。舍弃聪明才识，循着自然本性，就能不加干预却事事安泰。保持自然素朴，那么就不需要遵循刑罚典章制度。沉迷于已得的，就会失去应坚守的。那些固有的知识，是形成“道”的浮浅表象并使人愚笨的主要因素。所以如果掌握了成功的根本规律，就会顺应万物自然生长，不加干预保全万事万物。不通过物的外在形式来用物，不通过事的名来管理事务，这样，他的仁义可以彰显，礼敬也可以彰明。以大道来承载万物，以无名来克制万物，其他事物将没有求美之意，对志欲将无所谋求，事物各任其性，各用其真质，就会仁德笃厚，行义端正，礼敬清明。如果他舍弃所承载的事物，舍弃事物产生的源由，以空虚的外表，耍小聪明，仁德就会丧失真诚，仁义成为争求，礼敬成为纷争。仁德的深厚是不能用仁爱的施与来实现的；行为的端正是不能用理义来约束形成的；礼仪的真诚得体也不是用规范的礼仪教导所能形成的。以道来承载,以原初来统筹,就没什么可不显耀的反而能显耀;不想同别人竞争,反而能得到彰显。无名的才能令人信服;无形的才能完整显现。守住原初来保住他所产生的一切,崇尚根本来展现那些细枝末节,这样形体和名字都有了,不正常的情况就不会发生了。它的功业之大、名号之美,将与天相匹配而浮华不生。所以原初的东西不能丢掉,根本的也不能失去。仁义,是随着原初的道形成的,不可以把仁义作为根本,就像工匠做成的东西,不可能等同于工匠本身。舍弃根本而去追求细枝末节,名字就会有所分别、有所局限,形态也会有边界、有限制。即使再强大,也会有不周全的地方,即使再完美,也会有忧患存在。要想有所成就,又怎么能自满自足呢?

【河上公章句】论德第三十八

上德不德,上德,谓太古无名号之君,德大无上,故言上德也。不德者,言其不以德教民,因循自然,养人性命,其德不见,故言不德也。是以有德。言其德合于天地,和气流行,民德以全也。下德不失德,下德,谓号谥之君,德不及上德,故言下德也。不失德者,其德可见,其功可称也。是以无德。以有名号及其身故。上德无为 谓法道安静,无所施为也。而无以为,言无以名号为也。下德为之 言为教令,施政事也。而有以为。言以为己取名号也。上仁为之 上仁谓行仁之君,其仁无上,故言上仁。为之者,为人恩也。而无以为,功成事立,无以执为。上义为之 为义以断割也。而有以为。动作以为己,杀人以成威,贼下以自奉也。上礼为之 谓上礼之君,其礼无上,故言上礼。为之者,言为礼制度,序威仪也。而莫之应,言礼华盛实衰,饰伪烦多,动则离道,不可应也。则攘臂而扔之。言礼烦多不可应,上下忿争,故攘臂相仍引。故失道而后德,言道衰而德化生也。失德而后仁,言德衰而仁爱见也。失仁而后义，言仁衰而分义明也。失义而后礼。言义衰则失礼聘，行玉帛也。夫礼者，忠信之薄 言礼废本治末，忠信日以衰薄。而乱之首。礼者贱质而贵文，故正直日以少，邪乱日以生。前识者，道之华 不知而言知为前识，此人失道之时，得道之华。而愚之始。言前识之人，愚闇之倡始也。是以大丈夫处其厚，大丈夫谓得道之君也。处其厚者，谓处身于敦朴。不居其薄，不处身违道，为世烦乱也。处其实，处忠信也。不居其华。不尚华言也。故去彼取此。去彼华薄，取此厚实。

译文：“上德”是指远古时期没有留下名字称号的有道君王，他的德行至大至上，无人超越，所以称为“上德”。“不德”是说他并不用德教化民众，而是遵循自然规律，养育民众，内含的德并不显现，所以说“不德”。其实这是真正的有德，他的这种德行与天地之道相契合，流溢着中和之气，使民众质朴的品德得以保全。“下德”指有名有谥号的君王，德行达不到至大至上的“上德”，所以称作“下德”。“不失德”是说他的德行可以看到，他的功绩也得到了肯定和颂扬。之所以说他“无德”，是因为追求名号以及他自身的原因。

“上德”不妄为是指效法至道的顺应静谧，不改变自然规律，不为了追求名利及谥号而作为。“下德”的君王通过政教号令施行政事而有所作为，这种作为是为了自己求取功名及谥号的。“上仁”是指施行仁爱之道的君王，他的仁爱至高至上，所以称为“上仁”。身行至上仁爱的人，施人以恩泽，成就功业，确立事业，除了仁爱之外没有其他的执念和追求。“上义”之人为大义而断恶绝非，虽然有所作为，但他的行为都有利于自己，就如同杀害性命是为了成就自己威名，鱼肉百姓、横征暴敛反说成是百姓自愿奉献。“上礼”是指追求礼仪之道的君王，他把礼制看的至高无上，所以叫“上礼”。奉行“上礼”的人，言行举止都要合乎规矩、成为制度，排列次序也非常讲究以显示仪式威严。然而礼制繁华隆盛牺牲了实用性，虚饰过多、繁文缛节，动则离经背道，不值得提倡响应。繁冗复杂的礼制难以应付，上下埋怨争执，于是人们就会奋力地撑起胳膊挣脱掉这种束缚。

这就是说，“道”若衰亡得不到发扬就用“德”来教化，“德”衰落了就会提倡“仁爱”，“仁爱”也无效了“道义”就会凸显，“道义”也不起作用了就开始送“礼”行聘、用财物来达到目的了。提倡礼制其实是废弃了大道根本而求治于表皮末梢，这样会使忠信日益衰微凋零。礼制轻贱质朴本质而重视奢华外表，所以朴实正直逐渐减少，邪恶作乱渐渐增多。不知道而说是知道并认为是先见之明的人，这种人失掉“道”的朴实，得到“道”的浮华。说自己有先见之明的其实正是愚昧昏聩的始作俑者。大丈夫是指得道的君子，大丈夫立身敦厚质朴，不处身于违悖大道，给社会增加混乱；大丈夫立足于忠信，不崇尚华而不实的言论。所以要摒弃那种华而不实的浅薄，求取大道的敦厚与朴实。

三十九章

【原文】昔之得一者：天得一以清，地得一以宁，神得一以灵，谷得一以盈，万物得一以生，侯王得一以为天下贞。其致之。天无以清将恐裂，地无以宁将恐发，神无以灵将恐歇，谷无以盈将恐竭，万物无以生将恐灭，侯王无以正将恐蹶。故贵以贱为本，高以下为基。是以侯王自称孤寡不谷。此非以贱为本邪？非乎？故至舆无舆。不欲琭琭如玉，珞珞如石。

【译文】往昔曾得到过“道”的，天得到“道”而清明，地得到“道”而宁静，神明得到“道”而灵验，河谷得到“道”而充盈，万物得到“道”而生长，侯王得到“道”天下就会安定。推而言之，天不得清明恐怕要崩裂，地不得安宁恐怕要震溃，神明不能保持灵性恐怕要消散，河谷不能保持流水恐怕要干涸，万物不能保持生长恐怕要消灭，侯王不能保持天下首领的地位恐怕要倾覆。所以贵以贱为根本，高以下为基础，因此侯王们自称为孤、寡、不谷，这不就是以贱为根本吗？不是吗？所以最高的荣誉无须赞美称誉。不要求琭琭晶莹像宝玉，而宁愿珞珞坚硬像山石。

【说解】本章老子主要阐述“以贱为本”的道理。

共分三部分。第一部分说万物得“道”的结果。“昔之得一者，天得一以清，地得一以宁，神得一以灵，谷得一以盈，万物得一以生，侯王得一以为天下贞。”这里的“一”是由“道”而生，不等于“道”，但是可以代表“道”。老子说自古以来得到“道”的，天得到“道”就清澈空明，如果天出现污浊了，比如出现雾霾天了，那就是失道了，其根源就是人类的责任。地得到“道”就会安宁，大地生养万物，万物并育而不相害。神明得到“道”就会很灵验，老子也不相信神灵，有的将“神”解释为人心，人得之而为万物之灵。有的说是修道的方法，化精气为神。河谷得到“道”就会充满生机，可以生养万物。万物得到“道”而生长旺盛，如果失去“道”就会死亡。“侯王得一以为天下贞。”这是最重要的一句话，前面的话都是铺垫。侯王能真正按照“道”的法则做事，把自己欲望放下，事事都为百姓利益着想，就一定会得到大家支持。所以，侯王得到“道”天下就会安定。孔子也认为道德教化十分重要，在《论语·为政篇》里孔子说：“为政以德，譬如北辰，居其所而众星共之。”

第二部分老子讲失“道”的后果。“其致之。天无以清将恐裂，地无以宁将恐发，神无以灵将恐歇，谷无以盈将恐竭，万物无以生将恐灭，侯王无以正将恐蹶。”推而言之，天不得清明恐怕要崩裂。人类的工业化时代对天的破坏无以复加，除了雾霾天之外，污染排放还造成了地球臭氧层遭到严重破坏，如果臭氧层耗竭将对地球生物造成灭顶之灾。地不得安宁就会发生水土流失，甚至会发生天灾地变。神明不能保持灵性就没有人相信了，它自然就会灭绝。河谷不能保持充盈润泽，恐怕要干涸，也就没有了生物。万物不能保持生长恐怕要灭绝。列举了以上失“道”的后果，最后老子警告当政者，为政更要按照“道”的法则做事，坚持做到没有私心，处处以百姓利益为中心，以身作则，实施不言之教。否则，为政从私利出发，不顾百姓的死活，结局便是其地位恐怕要倾覆。《论语·子路篇》中孔子也有同样的观点：“其身不正，虽令不从。”当政者不考虑百姓利益，本身言行又不端正，就是发布命令，百姓也不会听从。

第三部分，老子认为侯王要遵从以贱为本的“道”治理社会。通过上面正反的论证，老子得出一个结论：“故贵以贱为本，高以下为基。”当政者是高贵的，平民百姓是低贱的，但是贵以贱为根本，如果没有底层百姓支持，高高在上的侯王也会倒台。

“是以侯王自称孤寡不谷。”影视剧中常见帝王自称孤家、寡人，这种低贱的自称就来源于此。帝王身份高贵，而他们用最低贱的自称目的何在？其实就是帝王通过把自己放在卑贱的下位，以争取从大臣和百姓处获得更大的帮助和支持。老子连着使用了两个疑问句：“此非以贱为本邪？非乎？”这是强调以贱为本、民心为重的原则。历史经验告诉我们，自古得民心者得天下，失民心者失天下。《论语·颜渊篇》中孔子说：“自古皆有死，民无信不立。”自古以来谁也免不了一死，没有粮食不过是饿死罢了，但一个国家没有老百姓的信任就要垮掉。秦始皇就是一个反例，他不用低贱的自称而用“朕”，从秦朝以后“朕”字便成了皇帝专用词。秦始皇将自己置于至高无上位置，实施苛政，失去民心，所以无道的秦王朝二世而亡。

“故至舆无舆。不欲琭琭如玉，珞珞如石。”所以最高的荣誉是没有人赞美称誉。得道的当政者以贱为本、民心为重，他们认为自己这样做都是应该的，百姓生活在安定和谐的社会环境中，也认为是自然而然的，与当政者无关，不需要赞美他们。最后老子给当政者提了一个建议：不要追求像珍贵的美玉那样的虚华，而要追求像坚硬粗陋的石头一样内在的朴实。坚守质朴无华的大道，才是人生本色。

【老牟悟语】

1.官员下台后才知道，人们原来抬举的是他的官位；有钱人破产后才知道，人们原来奉承的是他的金钱；女人失去美色后才知道，人们原来欣赏的是她的容颜；人们看重的都不是他本人，而是钱权名色，所以人活在世上不要太在乎别人看法，人生只求心安就好。

2.小人注重私利损害的是众人利益，为众人所鄙视，所以小人的利益会越来越小。君子重道义维护的是众人利益，为众人所敬重，所以君子的利益会越来越大。

3.自古两个行业有道，一是医道，医生遵道用药能够救人，失道用药也能够杀人，为医者不能不谨慎；二是师道，老师遵道而为可以培养出圣贤，失道而为也能培养出乱臣贼子，为师者不能不谨慎。

【王弼注道德经】

昔，始也。一，数之始而物之极也。各是一物之生，所以为主也。物皆各得此一以成，既成而舍以居成，居成则失其母，故皆裂、发、歇、竭、灭、蹶也。各以其一，致此清、宁、灵、盈、生、贞。用一以致清耳，非用清以清也。守一则清不失，用清则恐裂也。故为功之母不可舍也。是以皆无用其功，恐丧其本也。清不能为清，盈不能为盈，皆有其母，以存其形。故清不足贵，盈不足多，贵在其母，而母无贵形。贵乃以贱为本，高乃以下为基，故致数舆乃无舆也，玉石琭琭、珞珞，体尽于形，故不欲也。

译文：昔，始的意思。“一”是我们数数的开始，也是最能包容万物的数字。万物都从“一”开始，所以“一”是万物之主。万物都是得到这个“一”才能够形成，形成之后就舍弃了“一”，把形成它的因素表现出来，这样它就失去了原初的性质，就会产生崩裂、塌陷、消逝、涸竭、绝灭、颠覆等结果。万物都遵“一”，也就是遵从道而生存发展，就会出现清明、安宁、灵妙、盈满、生长等自然现象。用“一”得到天的清明，而不是用人为的手段使天清明。持守“一”，天的清明就不会失去，但如果人为去清理，恐怕天就会失去平衡。所以不能舍弃目的达成的根本。不应该拿功绩来炫耀，否则就会丧失根本。人为清理不能得到清明的天，人工装填也不能使山谷变得盈满，一切都有其根本，然后才会形成相应的形态。所以人为清理不值得重视，人为装填也不是越多越好，关键是要重视事物根本，但这又不是可以显现看得到的。高贵与贫贱是相比较而言，高与低也是相比较形成，所以多次得到赞誉和没得到赞誉也没什么不一样。玉石坚硬的性质都暴露在表面上，所以说不要像玉石这样显露。

【河上公章句】法本第三十九

昔之得一者，昔，往也。一，无为，道之子也。天得一以清，言天得一故能垂象清明。地得一以宁，言地得一故能安静不动摇。神得一以灵，言神得一故能变化无形。谷得一以盈，言谷得一故能盈满而不绝也。万物得一以生，言万物皆须道以生成也。侯王得一以为天下贞。言侯王得一故能为天下平正。其致之。致，诫也。谓下六事也。天无以清将恐裂，言天当有阴阳弛张，昼夜更用，不可但欲清明无已时，将恐分裂不为天。地无以宁将恐发，言地当有高下刚柔，节气五行，不可但欲安静无已时，将恐发泄不为地。神无以灵将恐歇，言神当有王相囚死休废，不可但欲灵变无已时，将恐虚歇不为神。谷无以盈将恐竭，言谷当有盈缩虚实，不可但欲盈满无已时，将恐枯竭不为谷。万物无以生将恐灭，言万物当随时生死，不可但欲长生无已时，将恐灭亡不为物。侯王无以贵高将恐蹶。言侯王当屈己以下人，汲汲求贤，不可但欲贵高于人无已时，将恐颠蹶失其位。故贵以贱为本，言必欲尊贵，当以薄贱为本，若禹稷躬稼，舜陶河滨，周公下白屋也。高以下为基。言必欲尊贵，当以下为本基，犹筑墙造功，因卑成高，不下坚固，后必倾危。是以侯王自谓孤、寡、不毂。孤寡喻孤独，不毂喻不能如车毂为众辐所凑。此非以贱为本邪？言侯王至尊贵，能以孤寡自称，此非以贱为本乎，以晓人。非乎？ 嗟叹之辞。故致数舆无舆，致，就也。言人就车数之为辐、为轮、为毂、为衡、为轝，无有名为车者，故成为车，以喻侯王不以尊号自名，故能成其贵。不欲琭琭如玉，珞珞如石。琭琭喻少，落落喻多，玉少故见贵，石多故见贱。言不欲如玉为人所贵，如石为人所贱，当处其中也。

译文：“昔”指往昔、以前。“一”即无为之道，“道”之子。天得到它所以能垂降清朗明媚的气象；地得到它所以能安宁平静不动不摇；神得到它所以能够通灵多变、幻化无形；谷得到它所以能够水脉充盈、永不枯竭；万物都需求依赖于“道”才能生长繁育直到成熟；侯王得到它所以能够治国平天下。但是，大道也以六个方面告诫世人：天的清明应该是有阴有阳有张有驰，白天黑夜交替使用，不能一味地要求清朗明媚而没有休止的时候，这样恐怕天就要崩裂而不成天了。地应该是有地势高下、山刚水柔的区别，还有节气及五行之分，不能一味地要求安宁平静而没有休止的时候，这样恐怕大地就会发泄不满、失掉宁静而不成大地了。神应该有王、相、囚、死、休、废等多种征象变化，不能一味地只要求灵验而没有休止，这样恐怕就要虚无寂灭不再是神了。“谷”应该有涨落虚实的变化，不能一味地要求盈满而无休止，这样恐怕就会枯竭不再是谷了。万物应该随着时间变化而有生有亡，不能一味地要求长生而永不消亡，这样恐怕就会灭绝一切而没有万物了。侯王应该降低自己身份，以谦卑的心对待他人，不能一味地要求高贵于众人并永世高贵，这样恐怕就会被推翻而丢掉王位。

所以要想得到尊贵，必须要以甘于微贱为根本，就像大禹和后稷亲自教授农事、虞舜在河边烧制陶器、周公礼贤下士到茅屋那样。要想得到高贵，必须以谦卑低下为基础，就像筑造高墙或成就功业，都是有厚重的基础承载高大，若基础不够坚实牢固，以后必然有倒塌的危险。因此尊贵的侯王自称孤、寡、不毂，“孤寡”比喻孤独无依，“不毂”比喻不能像车毂那样聚合众辐。侯王身份至尊至贵，还能够以孤独无依、不合众等自称，这不就是以微贱谦卑为根本吗？说这些就是要让人们明白尊贵必须以微贱为根本、高贵必须以谦卑为基础的道理，不是这样吗？社会上的芸芸众生就像是一辆车由数个部件组成那样，这些部件有辐、有轮、有毂、有衡、有辈，但是没有叫车的，所以就组在一起称为车，以此比喻侯王不用尊贵的名号自称，所以才成就他的尊贵。“琭琭”比喻稀少，“珞珞”比喻繁多，宝玉因为稀少所以显得贵重，石头因为繁多所以显得轻贱。为人处世不要像宝玉那样为人所重，也不要像石头那样被人轻贱，应当介于贵贱之间。

四十章

【原文】反者，道之动，弱者，道之用。天下万物生于有，有生于无。

【译文】矛盾对立双方向相反方向循环往复变化，是“道”的运动，自处柔弱是“道”的有效运用。天下万物产生于看得见的有形质，有形质又产生于不可见的无形质。

【说解】本章老子阐述“道”是万事万物的根本。

分为两部分。第一部分讲了“反”和“弱”。“反者，道之动”，“反”有返回原点、反面的意思。这句话包含了两个观念：循环往复与相反对立，这两个观念最终又是一致的，因为矛盾对立的双方在一定条件下可以相互转化。历史上的吴越相争就是很好的例证，首次大战越王勾践大胜，吴王阖闾战死。两年后阖闾的儿子夫差率兵把勾践打得大败，勾践被逼投降到吴国受尽侮辱，回国后他卧薪尝胆，历经十年越国终于转弱为强，勾践率军一举打败夫差。从两国强弱交替可以看出，矛盾对立双方是不断转化的。

知道了“道”有向着对立面转化的特点，我们在修身时就要注意有小错就立即改正，以保持日日精进，而不要将小错积成大错。《论语·学而篇》中孔子说“过则勿惮改”，人一旦有了过错，就不要怕改正，有过不改，那就是真正的过错了。

“反者，道之动”是老子一个很重要的思想，闪耀着智慧的光芒。这

一思想在社会上应用十分广泛，人们不但用于修身求道，还有的用于商业、人际交往、军事等领域。比如做生意一定要记住“德本财末”的法则，心术不正而获得的财富不会长久，不义之财进了家门也一定会以不合道义的方式出去，当然出去的不一定是钱财，可能会失去幸福和健康，也可能是子女的教育出问题等等。心是开关，一个人心不正可导致多方面都会出问题，这就是“道”。

“弱者道之用”，自处柔弱是“道”的有效运用。人们日常所见的多是争强好胜现象，比如奥林匹克的口号就是“更快、更高、更强”。但是老子的观点是柔弱胜刚强，“道”的运行结果是走向“弱”，也就是回归“道”。修身的过程也是“守弱”，就是将自己不良的习惯、脾气、欲望慢慢化掉，将身体的阳刚之气转化为柔和之气。真修行的人看似很柔弱，其实他们身心和谐，其内在的精神力量和影响力十分强大。二十世纪九十年代初发生的“修女止战”就是一例，在南斯拉夫内战期间，德蕾莎修女只身到战区救助妇女儿童，交战双方一听说德蕾莎修女来到战区，就立刻停火，当她把战区里的妇女儿童带出后，两边又打起来了。以致联合国秘书长安南感叹道：“这件事连我也做不到。”

守弱还有做人谦下和努力进取的含义，这些行为都是合道的，所以能够帮助人走向成功。在《论语·公冶长篇》中孔子给弟子传授了一个成圣之法：“十室之邑，必有忠信如丘者焉，不如丘之好学也。”孔子说得很简单，就是一个人有忠信的德行，再加上好学就行了，我孔丘就是这样做的。

第二部分老子讲了“有”与“无”。“无中生有”一词多用于讽刺一个人凭空编造事实嫁祸于人，这个词就是来源于“天下万物生于有，有生于无”，当然老子的本意是被曲解了。这里老子是讲“道”的运动过程，万物由“有”生发，“有”又生于“无”，最终归于“无”。正是由于“道”循环往复的运动，使“有”“无”相互作用，才产生万事万物。人生也是一样，从无到有，从小到老，一生不过百年，糊涂的人执着于“有”，注重钱权名利等欲望，却不知失去肉身时这一切也都将失去，真正是死得干干净净。有道的人看淡物欲，了悟大道而将自己生死置之度外，去世后他们的德行和精神将流传后世。《论语·里仁篇》里孔子说：“朝闻道，夕死可矣。”正因为圣人遵道而为，不执着于生死，所以圣贤之道传承至今，圣人精神与世长存。

【老牟悟语】

1.真正的静定不是万籁俱寂环境下的安静，而是身处尘世喧闹状态下的心静，这是求得人生智慧的基础；真正的快乐不是来自身体感官的愉悦，而是在艰苦环境中人仍能保持乐观的心情，这是人源自天性的自然表达。

2.人生在物质欲望方面要知足，知足才能常乐，不知足则劳苦一生；人生在修身求道方面要不知足，不知足才能追求更高的境界，境界越高人生越快乐。

3.为人处世一定要注意：不要当众责人之过，否则被责的人会记仇；不背后说人之私，否则易遭被说的人报复；自己心里不记人仇，否则怨恨会伤害自己身体；自己不要去报复别人，否则会有麻烦缠身。

【王弼注道德经】

高以下为基，贵以贱为本。有以无为用，此其反也。动皆知其所无，则物通矣。故曰“反者道之动”也。柔弱同通，不可穷极。天下之物，皆以有为生。有之所始，以无为本。将欲全有，必反于无也。

译文：高与下相比较才能显现出来，高贵以低贱的衬托才得以显现。存在的事物因为有“无”才得以有用，这是事物本质的体现。能认识到万事万物运行中存在着“无”，也就是知晓了“道”的存在规律，所以说“道向与之相反的方向运动”。柔弱是“道”的作用的具体体现，也是这个道理，同样也可以运用到其他事物身上。天下万物都是以“有”为开始，而“有”又是以“无”为其根本。如果要完整体现“有”的状态，肯定要回到“无”上来。

【河上公章句】去用第四十

反者道之动，反，本也。本者，道之所以动，动生万物，背之则亡也。弱者道之用。柔弱者，道之所常用，故能常久。天下万物生于有，天下万物皆从天地生，天地有形位，故言生于有也。有生于无。天地神明，蜎飞蠕动，皆从道生。道无形，故言生于无也。此言本胜于华，弱胜于强，谦虚胜盈满也。

译文：回归本质是“道”的运动规律和法则。“反”指返归本质。“道”不停地循环往复运动，运动变化使万物生生不息，违背了它就会消亡。“道”的作用微妙、柔弱，因为“道”总是柔弱处下，所以“道”才会永恒。天下万物都产生于天地，天地有形状位置、有形有质，所以说产生于看得见的实质。而看得见的天地神明、虫豸飞翔、蠕虫爬动等，都化生于“道”。“道”是无形无质的，所以说产生于看不见的虚无。这说明质朴胜于浮华，柔弱胜于刚强，谦虚胜于骄傲自满。

四十一章

【原文】上士闻道，勤而行之；中士闻道，若存若亡；下士闻道，大笑之，不笑不足以为道。故建言有之：明道若昧，进道若退，夷道若纇。上德若谷，大白若辱，广德若不足，建德若偷，质真若渝。大方无隅，大器晚成，大音希声，大象无形。道隐无名，夫唯道善贷且成。

【译文】上士听了“道”的理论，努力去实行；中士听了“道”的理论，将信将疑；下士听了“道”的理论，哈哈大笑。不被嘲笑，那就不足以成其为“道”了。因此古时立言的人说过这样的话：光明的“道”好似暗昧，前进的“道”好似后退，平坦的“道”好似崎岖，崇高的“德”好似幽深的山谷，最洁白的东西好像含有污垢，广大的“德”好像不足，刚健的“德”好似怠惰，质朴而纯真好像混浊未开。最方正的东西，反而没有棱角；最大的声响，反而听来无声无息；最大的形象，反而没有形状。“道”幽隐而没有名称，只有“道”才能使万物善始善终。

【说解】本章老子通过各种人对“道”的看法，以及“道”和“德”的辩证关系，阐述了“道”深奥隐微的特点。

共分为三部分。第一部分老子讲了世人对“道”不同的态度。“上士闻道，勤而行之；中士闻道，若存若亡；下士闻道，大笑之。”上士是得道的人，他们深知悟“道”的重要性，对“道”的存在深信不疑，并且会去努力实践。中士对“道”的存在半信半疑，是不能战胜自我的人。他们听说“道”的好处就去按“道”而行，但是又放不下私心和欲望，遇到阻力就恢复原来的状态，处于若有若无的状态。下士是无道性的人，他们固执己见，执着于钱权名利，不能客观辩证地看待问题，他们对行道的人加以嘲笑来显示自己的聪明才智。孔子也有相同看法，《论语·雍也篇》中孔子说：“人以上，可以语上也。中人以下，不可以语上也。”“不笑不足以为道。”这是老子说出的一个评判标准，无道的下士自以为十分聪明，对有道之人看淡钱权名利予以嘲笑，正因为这些人的嘲笑，才显示出了“道”幽深微妙的特点。

第二部分老子运用古代的格言描写得道者的状态。先说“道”的特征：“明道若昧，进道若退，夷道若纇。”得道的人心地纯净，无私无欲，而表面上看似愚笨。有恭敬心而又好学的颜回，也是“明道若昧”，《论语·为政篇》中孔子说：“吾与回言终日，不违如愚。”其实颜回是众弟子中最早的悟道者。得道者还有谦让的品德，光而不耀，不会在众人面前过于表现，而众人会“自后而人必先之”，看似得道者是谦让后退，但众人最终会将其推到前面，所以是进道若退。纇是崎岖、坎坷的意思，我们常说的“前途是光明的，道路是曲折的”，就是夷道若纇的意思。志于道的人有坚强的意志，所以遇到挫折会愈战愈勇，战胜困难就是胜者，遇到困难退缩的就是失败者。

接着老子说“德”的特征：“上德若谷，大白若辱，广德若不足，建德若偷，质真若渝。”上德之人积德行善不认为自己有德，他们心胸宽广，像山谷一样有包容心。最洁白的东西好像含有污垢，得道之人质真淳朴，品德纯正，一尘不染，能够纳污含垢，经常会被小人所嘲笑。广德之人德性宽广，他们有好学求道之心，好像不足的样子。《论语·八佾篇》中说：“子入太庙，每事问。”孔子在当时是最懂礼的人，可是他到了太庙，每件事都要问别人，事后弟子问起这事时，孔子说这就是礼啊。“建德若偷”是说一个人要想真正建立自己的德行，就不要让人知道，所以有“但做好事，不求人知，上天自有好报”的说法。“质真若渝”是说得道者人品质朴而纯真，能够以“道”的准则随机应对万变，无可无不可。

随后老子辩证地列举了一些现象阐述“道”的特征：“大方无隅。”隅是角落，小的方桌我们可以看到角落，无限远大的地方就看不到角落了，意思是说得道者的心如太虚，无所不容。“大器晚成”的意思是说真正的贤才不是短时间就能成就的，而是要经过长时间坚持不懈的努力。特别是儒释道的修行者，都要经过多年学习和历练才能有所成就，一般有所成就的多在晚年，当然也有例外，比如六祖慧能和王弼就是。“大音希声”的大音是大道之音，只有修行达到一定程度，入定的时候才能听见。“大象无形”是说“道”的气派和境界，不拘泥于一定事物和格局，表现出气象万千的面貌和场景。这里老子只是用比喻方式对高深莫测的“道”进行描述，希望人们能够体悟到真正的“道”。

第三部分老子进行总结：“道隐无名，夫唯道善贷且成。”真正的“道”幽隐而没有名称，比如曾国藩家族至今出了二百四十多位杰出人才，我们知道他们家族传承了教育之道；我国最长寿的企业六必居酱园已有近五百年历史，我们知道他们企业传承了经营之道。但是这些“道”都是看不出来、讲不出来的。“道”是无法直接认识的，只能靠当事者自悟。“道”虽然隐而无名，但是也只有“道”才能使人成就天地之志，也只有“道”才能使万物善始善终。

【老牟悟语】

1.精明的人事事与人计较，人们怕吃亏会与他疏远，所以人还是装得笨拙一点为好；有才的人过于显露锋芒，容易遭人暗算而遇到挫折，所以人还是处事随和一点为好。

2.君子用正直、仁慈之心待人，对上表现出的是忠诚与恭敬，对下表现出的是和悦与谦虚；小人用功利、欲望之心待人，对上表现出的是奉承与献媚，对下表现出的是傲慢与残酷。

3.一个人帮助别人最好是帮助无法给予回报的人，这样不求回报而积累的德行属于上德；一个人内省改过最好先从最小的毛病开始，这样能使自己树立修身立德信心。

【王弼注道德经】

纇，埆也。大夷之道，因物之性，不执平以割物。其平不见，乃更反若纇也。上德若谷，不德其德，无所怀也。大白若辱，知其白，守其黑，大白然后乃得。广德若不足，广德不盈，廓然无形，不可满也。建德者，因物自然，不立不施，故若偷匹。质真者，不矜其真，故渝。方而不割，故无隅也。大器成天下不持全别，故必晚成也。听之不闻名曰希。大音，不可得闻之音也。有声则有分，有分则不宫而商矣。分则不能统众。故有声者非大音也。有形则有分，有分者不温则凉，不炎则寒。故象而形者，非大象。凡此诸善，皆是道之所成也。在象则为大象，而大象无形；在音则为大音，而大音希声。物以之成，而不见其成形，故隐而无名也。贷之非唯供其乏而已，一贷之则足以永终其德，故曰“善贷”也。成之不如机匠之裁，无物而不济其形，故曰善成。

译文：纇，不平的意思。平坦道路的形成，是因循事物的本性，不能用统一标准强迫万物都如此。真正平坦的道路是不容易看出来的，远看好像是不平的。最高的德如山谷一样，品德高尚的人不会显摆德行，也不会有特别的目的和想法。广大的“德”好像不足的样子、不多的样子，外表轮廓大却没有形状，无法填满的样子。有刚健品德的人，因循自然本性，不施加人为影响，反而像偷偷摸摸一样。品质纯粹的人，不会自夸，看起来好像缺点很多。方形的物品不被切割拆解，就不会形成棱角。大的器物能够容下整个天下，不会区别对待任何事物，它的形成耗费很长时间，所以说大器晚成。细听但没有听到称之为希。大的声音无法听见，有声音就会有区别，有了区别就能根据声音的特点分辨出是宫还是商。有了区别就不能包容其他的声音。所以说有了声就不算大的声音。有了具体形象就有了区分、区别，不是凉的就是温的，不是冷的就是热的。所以有外形样子的和有形象区别的都是真正的“大象”。世上种种，都遵循“道”的规则而成。很大的形象只是肉眼看来的，而真正大的形象无形；很大的声响只是耳朵听来的，而真正大的声响反而听不到声音。世间万物借助于“道”得以形成，但是却见不到它的形态，隐藏不见而无法命名。“道”的辅助不是只在困难的时候，而一次辅助就足以永远保持“道”所具有的品质，所以说“大道善于辅助万物”。“道”成就万物不是像机匠一样进行裁剪修整，“道”辅助万物不是物质方面的，也不局限于事物的形体，而是从本质上辅助并成就万物。

【河上公章句】同异第四十一章

上士闻道，勤而行之。上士闻道，自勤苦竭力而行之。中士闻道，若存若亡。中士闻道，治身以长存，治国以太平，欣然而存之，退见财色荣誉，惑于情欲，而复亡之也。下士闻道，大笑之。下士贪狠多欲，见道柔弱，谓之恐惧，见道质朴，谓之鄙陋，故大笑之。不笑不足以为道。不为下士所笑，不足以名为道。故建言有之：建，设也。设言以有道，当如下句。明道若昧，明道之人，若闇昧无所见。进道若退，进取道者，若退不及。夷道若颣。夷，平也。大道之人不自别殊，若多比类也。上德若谷，上德之人若深谷，不耻垢浊也。大白若辱，大洁白之人若污辱，不自彰显。广德若不足，德行广大之人，若愚顽不足也。建德若偷，建设道德之人，若可偷引使空虚也。质真若渝，质朴之人，若五色有渝浅不明也。大方无隅，大方正之人，无委屈廉隅。大器晚成，大器之人，若九鼎瑚琏,不可卒成也。大音希声,大音犹雷霆待时而动,喻当爱气希言也。大象无形,大法象之人,质朴无形容。道隐无名。道潜隐,使人无能指名也。夫惟道,善贷且成。成,就也。言道善禀贷人精气,且成就之也。

译文:上等优秀的人听说“道”,自己就会勤奋刻苦地学习并竭尽全力践行“道”。中等资质的人听说“道”,用来修养身心能够长存,用来治国理政能够国泰民安,感受到道的好处就会高兴地接受“道”。当他不思进步,沉湎于财色名利,就会迷惑于情欲,最终还是走向灭亡。下等的人贪婪狠戾又欲求不满,看到行道的人柔弱谦和,就认为是恐惧怕事;看到行道的人质朴敦厚,就认为是浅陋低下,所以大加嘲笑。不被下等的人嘲笑,就不足以称之为大道。所以就有下面这些至理之言:精通道的人,好像隐晦愚钝没有见识的样子;立志求取道的人,好像总是落后一步的样子;有道之人走在平坦路上,总感觉哪里有瑕疵有缺陷;真正有道之人不认为自己与其他人有什么不同,好像跟大多数人差不多;具备至上道德的人胸怀像深邃山谷,能够包容污垢浑浊之事;无比清白的人好像经常受到污辱,从不显耀与众不同的地方;德行广大的人,好像愚钝顽劣有很多不足之处;道德标准很高的人,好像偷懒懈怠很空虚的样子;质朴率真的人,好像五色混杂一起,有浅浅的变化也不明显;无比方正的人,无所谓圆滑与棱角;能成大器、有大作为的人,好像铸造九鼎或瑚琏那样的重器,不可能很快成功;洪大的声音如同雷霆一样要等待时机才会发动,比喻应当爱惜气息少说话;具有极其高大法象的人,像“道”一样质朴得无法看清形象与容貌;道潜伏隐藏在天地万物之中,没有人能够指出它具体叫什么。只有大道,善于禀借给人精气,并且成就人,真正达到善始善终。

四十二章

【原文】道生一,一生二,二生三,三生万物。万物负阴而抱阳,冲气以为和。人之所恶,唯孤寡不谷,而王公以为称。故物,或损之而益,或益之而损。人之所教,我亦教之。强梁者不得其死,吾将以为教父。

【译文】"道"是无名的,强名为"一","道"本身包含阴阳二气,阴阳二气相交而形成一种冲和之气而为三,冲和之气产生万物。万物背阴而向阳,并且在阴阳二气的互相激荡而成新的和谐体。人们最厌恶的就是"孤"、"寡"、"不谷",但王公却用这些字来称呼自己。所以一切事物,如果减损它却反而得到增加;如果增加它却反而得到减损。别人这样教导我,我也这样去教导别人。强暴凶横的人不得好死,我把这句话当作施教宗旨。

【说解】本章老子论述"道"生成万物以及柔弱治世的好处。

老子首先讲万物的生成:"道生一,一生二,二生三,三生万物。"简单地说,道体是虚无的,"有"生于"无",产生的"有"称之为"一",此即为"道生一"。"一"也就是道体的别名。道体又包含着相反相成的阴阳二气,此即为"一生二"。阴阳二气相互交融形成均和的状态产生"冲和之气",这就是第三个物质,此即为"二生三"。冲和之气又不断产生新的物质,就是我们所看到的万物。为了让人更明白这个过程,老子接着用"万物负阴而抱阳,冲气以为和"来说明。道体包含阴阳二气,

万物承受阴气和阳气施加的作用，相互交融而形成和谐均匀的“冲和之气”，在这种状态中便产生了万物。

国学大师牟宗三根据王弼和庄子的注解对这部分内容进行总结，认为“道” 有“无”性，这个就是“一”；“道”又随时“有”，“无”与“有”就是“二”；“无”与“有”这两者混起来，就叫作“玄”，这就是“三”。“玄之又玄，众妙之门”就是“三生万物”。此说乍看很难理解，但又是最接近老子原义的注解。

第二部分老子告诫王公要以贱为本、谦下自处：“人之所恶，唯孤寡不谷，而王公以为称。”“孤”是指少儿无父，“寡”是指老而无夫，“不谷” 是指没有能力种植谷物的人。“孤”、“寡”、“不谷” 都是低贱的称呼，以前农村有给孩子起贱名的习俗，比如叫狗蛋、傻柱、二蛋等，据说贱名好养活。这里低贱的称呼却成了王公自称的谦辞，他们为什么以贱名自称呢？随后老子给出了答案：“故物，或损之而益，或益之而损。”一切事物，如果减损它却反而得到增加，如果增加它却反而会减损，掌握了这些“道”的法则就可以做到无往不胜。尧没有将天下传给儿子丹朱而禅让给舜，这是减损自己的利益而增加百姓的利益，所以尧备受后世称颂，他的家人也备受善待。《论语·泰伯篇》中孔子也赞美尧说：“大哉尧之为君也！巍巍乎，唯天为大，唯尧则之。”与之相反的像夏桀、商纣这样的暴君，他们损害天下人利益，只为利于自己，百姓不堪压迫将他们推翻，最终他们自己的利益也化为乌有，得到的是千古骂名。我们与人相处也是一样，减损自己利益给别人，自己得到的是无形的“德”，有德的人就会得到别人相应回报，所以常见有德人升职，有德人生意很兴隆，有德人名声好，有德人很长寿，这就是古人所说的“大德必得其位、必得其禄、必得其名、必得其寿”。

“人之所教，我亦教之。”这里的人是指老子以前有智慧的人，老子说他们这样教导我，我也这样去教导别人。老子说我把他们的智慧拿来教导大家,不是我自创的。圣人都是这样谦虚。《论语·述而篇》中孔子说:“述而不作,信而好古。”孔子说自己只是传述而不创作,相信并喜爱古代文化,实际上我们都知道孔子也创作了很多经典。

“强梁者不得其死。”强梁者是指凶横强暴的人,这样的人必然会遇到更强大的敌人,最终的结果就是不得好死。这一句最早出自《金人铭》,是上古时代国君用来教育后代,刻在太庙里金人背后的铭文。《金人铭》后边还有一句“好胜者必遇其敌”,争强好胜的人树敌过多,失道者寡助,最终失去的将是长远的利益。

“吾将以为教父。”老子把这句话当作施教宗旨。有人认为老子作为宗旨的这句话是“强梁者不得其死”,其实这句话应是指前面的“故物或损之而益,或益之而损”,最后老子告诫当政者要懂得谦让,不要过分追求自己利益,要减损自己欲望,多为大众利益考虑,这样最终受益的才是自己。

【老牟悟语】

1.与世无争的人无论是自己的事还是别人的事,他都能超脱于利害关系之外,从而能看清事实真相,用最合适的方式予以应对,他们是最有智慧的人。

2.幸福在哪里?实际上奉献、爱心、助人、勤奋、孝顺等一切美好行为都伴随幸福,你只要做到了这些善行,幸福就会立刻在你心里显现,当下就是一个幸福的人。

3.成功不过是自己优点得以发挥,这时不要骄傲,还要注意防范自己缺点;失败也不过是自己缺点得以暴露,这时要树立信心,还要注意发挥自己优点。

【王弼注道德经】

万物万形，其归一也，何由致一？由于无也。由无乃一，一可谓无？已谓之一，岂得无言乎？有言有一，非二如何？有一有二，遂生乎三。从无之有，数尽乎斯，过此以往，非道之流。故万物之生，吾知其主，虽有万形，冲气一焉。

百姓有心，异国殊风，而王侯得一者主焉。以一为主，一何可舍？愈多愈远，损则近之。损之至尽，乃得其极。既谓之一，犹乃至三，况本不一，而道可近乎？损之而益，岂虚言也。我之教人，非强使从之也，而用夫自然。举其至理，顺之必吉，违之必凶。故人相教，违之自取其凶也。亦如我之教人，勿违之也。强梁则必不得其死。人相教为强梁，则必如我之教人不当为强梁也。举其强梁不得其死以教邪，若云顺吾教之必吉也。故得其违教之徒，适可以为教父也。

译文：世间万事万物都有其形态，它们的本质都能归于“一”，怎么会归到“一”呢？通过无。由无到“一”，“一”就是无吗？既然已经称为“一”了，那还能说是无吗？非要说成是“一”，说成“二”不行吗？有“一”有“二”，它们相互作用形成三。从无到有，与道相关的数目就这些了，比“三”再多的就与“道”无关了。所以说我知道万事万物形成变化的规律，虽然形态各异，但相互作用的力量却只有一个。就像不同人有不同想法，不同地方有不同风俗习惯，但都归得道的君主来统治。以“一”为根本，这个“一”怎么能舍弃呢？眼见心想的东西越多，就越远离根本；反而少见少想越能接近根本。减少到没有就越能达到无为的极致。既然称为“一”，又能到三，何况它们的本始不一，如何才能接近“道”呢？失反而是得，这是千真万确的。我教导别人，不是强迫别人学习，而是利用教育和学习的规律，顺从自然。以正确的道理来教导，顺应自然规律就会一切都很顺利，如果相反肯定会费些周折。有的人教导别人，以不好的后果来告诫不要违背。就像我教导别人的方法，违背了也不会达到预期效果。强横凶暴的人必然不会死得安详。有的人教导要做强势有力的人,和我教导别人不要做强势有力的人一样的。用强横凶暴的人死得不安详来作为例子教导别人,就是告诉别人如果不做强横凶暴的人就能平安吉利。所以那些强横凶暴的人,正可以做我教导别人的反面例子。

【河上公章句】道化第四十二

道生一,道使所生者一也。一生二,一生阴与阳也。二生三,阴阳生和、清、浊三气,分为天地人也。三生万物。天地人共生万物也,天施地化,人长养之也。万物负阴而抱阳,万物无不负阴而向阳,回心而就日。冲气以为和。万物中皆有元气,得以和柔,若胸中有藏,骨中有髓,草木中有空虚与气通,故得久生也。人之所恶,惟孤、寡、不谷,而王公以为称。孤寡不毂者,不祥之名,而王公以为称者,处谦卑,法空虚和柔。故物或损之而益,引之不得,推之必还。或益之而损。夫增高者志崩,贪富者致患。人之所教,谓众人所教,去弱为强,去柔为刚。我亦教之。言我教众人,使去强为弱,去柔为刚。强梁者不得其死,强梁者,谓不信玄妙,背叛道德,不从经教,尚势任力也。不得其死者,为天命所绝,兵刃所伐,王法所杀,不得以寿命死。吾将以为教父。父,使也。老子以强梁之人为教,诫之始也。

译文:“道”先于万物而存在,“道”的原始祖气生成混沌未分的原初物质“一”。“一”分化为阴阳二气。阴阳交合生成和气、清气、浊气三种,清气上升为天,浊气下沉为地,和气居中生成人。天地人共生万物,上天普施雨露,大地化育群生,人类以天地所出养育万物而成长。天地万物无不具有背阴而向阳、回心而趋日的天然习性。万物都有元气存在,得到它才能调和刚柔而具生气,就像胸中有了五藏、骨中有了骨髓、草木中有空虚之处使元气流转,因而才能长久生存。

“孤”、“寡”、“不谷”等说法，都是不吉利的恶名，然而王公们却用作自己称谓，就是要让自己处于谦虚卑下地位，以效法“道”的空虚柔和。因此事物往往损失了反而受益，吸引它时得不到，推拒它反而一定会回来。有时受益了反而招致损失，追求增高反而导致崩塌，贪图富贵反而招致祸患。众人教导我，要去掉弱小追求强大，去掉柔顺追求刚强。我也教导众人，要让自己去掉强大追求弱小，去掉刚强追求柔顺。强横凶悍的人，不相信道法的玄妙，背离反叛道德，不听从经论教化，崇尚权势认同暴力。说这种人不得其死，是指他们被天意断绝性命，或被兵刃砍伐，或被王法镇杀，无法获得长寿而早早失去性命。老子把强横凶悍之人的不良结局作为教训，列为引以为戒的首选。

四十三章

【原文】天下之至柔，驰骋天下之至坚，无有入无间，吾是以知无为之有益。不言之教，无为之益，天下希及之。

【译文】天下最柔弱的东西，可以驾驭最坚硬的东西。无形的东西可以穿透到没有间隙的东西中。我因此认识到无为的益处，不言的教化，无为的好处，普天下很少有能比得上它的。

【说解】本章老子讲大道柔弱、无为的特性。

老子首先讲"道"虽然柔弱，但能够胜过刚强。"天下之至柔，驰骋天下之至坚。"天下最柔弱的东西，可以驾驭最坚硬的东西，以刚克刚，就会两败俱伤。老子讲至柔用水做例子："天下莫柔于水，而攻坚强者莫之能胜。"在老子心中，天下最柔的东西是水。其实气也是一样，都有柔弱的特性，比如看似门窗紧闭，但是水和气可以进入，我们生活的世界里水和气无处不在，水和空气是万物生存之源，它们润育万物却从不居功自傲，而是表现出无为、素朴、默然的柔和状态。水和气虽然柔弱但可以胜刚强，水可以做到水滴石穿，坚硬的金属可以用水刀切割，蒸汽机可以推动火车，山洪、海啸的威力也是无与伦比。孔子也认为有德的人看似柔弱，其实是真正的强大，《中庸》中孔子答弟子关于"强"的问题时说："不怕死，勇武好斗，是北方的所谓的强。而用宽容柔和的精神去教人，遇到人家无礼也不报复，这是南方所谓的强,品德高尚的人具有这种强,这才是真正的强啊!"

老子说"无有入无间",无形的东西可以穿透到没有间隙的东西中。老子这里说的威力巨大的"无有"是什么呢?有的说是水,有的解释为气,其实解释为心志更为贴切。"天下之至柔"是道性柔弱的外显,而"无有入无间"则是道性柔弱的内功。看似柔弱的心志可以战胜一切"无间"的困难。古人讲"韬光养晦"就是"无有入无间"的完美演绎。因为有能力的人心志外露容易招致祸端,所以将其才德隐藏起来,这样有助于事业成功。历史上越王勾践卧薪尝胆、韩信忍胯下之辱、张良给黄石公穿鞋,都运用了韬光养晦的心志智慧,最后功成名就。孔子在《论语·子罕篇》中也谈到了心志力量的强大:"三军可夺帅也,匹夫不可夺志也。"

"无有入无间"还有一种解释是借助现代理念。大道的表现就如看不见、摸不着而真实存在的能量,可以进入到没有任何缝隙的实体中间去,比如热辐射可加热固体、光线可以穿透玻璃等。

最后老子讲无为和身教的好处。老子在这里发出感叹:"吾是以知无为之有益。不言之教,无为之益,天下希及之。"知是体悟。老子真是一个慈祥善良的老人,他多次提到了无为和不言之教的好处,这里又再次重复,同时老子慨叹"天下希及之",天下人很少有人能够认识到了。"不言之教"、"无为之治"实际上是统摄人心而又实用的"道",没有实践的体悟很少有人能认识到它的妙用,而世俗的人看到大道的表象后就加以嘲笑,他们不知道只用言教不能传道,不做无为的事就不可能真正有为。

【老年悟语】

1.当别人有成就时要给予掌声,多向别人学习自己才会有长进;当自己有成就时要心存感恩,反省不足自己才会不断进步。

2.有人能耐得住“箪食瓢饮”的贫困生活，但是耐不住“富贵不淫”的富裕生活，如果能做到“素富贵行乎富贵，素贫贱行乎贫贱”，看透人间贵贱穷富，那就是有了相当修为的人。

3.一个人为个人私利而耍小聪明，即使得逞也是短暂的、见不得人的。一个人只要遵循大道，将个人利益融入大众利益中，个人利益就会被无限扩大。

【王弼注道德经】

气无所不入，水无所不经。虚无柔弱，无所不通。无有不可穷，至柔不可折。以此推之，故知无为之有益也。

译文：柔弱的水和气是什么地方都能到的，无孔不入。虚无柔弱的东西哪里都能到达。无形的力量最不可穷尽，越柔软的东西越不可折断。由此推理，就能知道无为的益处了。

【河上公章句】偏用第四十三

天下之至柔，驰骋天下之至坚。至柔者，水也。至坚者，金石也。水能贯坚入刚，无所不通。无有入〔于〕无间。无有谓道也。道无形质，故能出入无间，通神明济群生也。吾是以知无为之有益。吾见道无为而万物自化成，是以知无为之有益于人也。不言之教，法道不言，师之以身。无为之益，法道无为，治身则有益于精神，治国则有益于万民，不劳烦也。天下希及之。天下，人主也。希能有及道无为之治身治国也。

译文：天下最柔软的东西是水，最坚硬的东西是金石。而水能穿透进入到金石等坚硬的东西里去，而且没有穿不透、贯不通的。常说的“无”或“有”是指的“道”。“道”无形无质，所以能够轻易地进出任何事物，能够通达神灵，也能够周济群生。我发现道法“无为”却能使天地万物自行化育生成，因此知道“道”的“无为”有益于世人。效法大道教化无言无声，应身体力行、以身作则。效法大道的“无为”，用来修养身心就会有益于人的精神，用来治国理政就会有益于万民，不使万民劳乏烦怨。天下为政者很少能达到“道”的“无为”境界。“天下”指人民的主宰、君王。希望能够达到“道”的“无为”境界，用来治国理政、修养身心。

四十四章

【原文】名与身孰亲?身与货孰多?得与亡孰病?是故甚爱必大费,多藏必厚亡。知足不辱,知止不殆,可以长久。

【译文】名誉和生命相比哪一样更为亲切?生命和财富比起来哪一样更为贵重?获取名利和丢失生命相比,哪一个更有害?因此,过分的爱名利就必定要付出更多代价;过于积敛财富,必定会遭致更为惨重损失。懂得满足,就不会受到屈辱;懂得适可而止,就不会遇到危险;这样才可以保持长久平安。

【说解】本章老子阐述了贵生、去奢崇俭、知足知止的思想。

共分为两部分。第一部分老子主要讲人要重生命轻名利。老子连续三问引发人们思考。一是:“名与身孰亲?”这个名是与利益挂钩的,很多人为了名利不惜伤害自己的身体。二是:“身与货孰多?”有人为了挣钱玩命地工作,常见报道有的企业家因操劳过度而英年早逝。圣人的观点却不是这样,《论语·卫灵公篇》中孔子告诉弟子“君子谋道不谋食”,君子要用心去求道,而不是费尽心思去求钱财。人只要是修身求道,必定会得到职位,钱财也会顺便而来。三是:“得与亡孰病?”这里老子旨在说明生命重于名利。道理虽然浅显易懂,但是很多人就是不能处理好身体和名利的关系,他们认为追求名利是人生目的,为了名利,可以不顾及生命。

随后老子总结说:“甚爱必大费,多藏必厚亡。”甚爱是指过度地追求名利和地位,这样就会大量消耗人的精力、心神,以致于损害人的尊严,最终会伤害身体健康。《论语·子罕篇》中有“子罕言利与命与仁”,孔子很少谈到利,却赞成天命和仁德,孔子是怕人们过多追求利益而妨碍道义。“多藏”是指过多守藏财货,老子认为无节制地追求财富,必然招致灾祸。“富不过三代”说的也是这个道理。有的孩子没有德行培养、吃苦能力、技能学习的经历,父母就给孩子留了大量钱财,其实就等于留了毒药,孩子无德承受不了,所以古人有厚德载物的说法。

第二部分老子教人要知足和知止,这样可以保全自己。“知足不辱,知止不殆,可以长久。”知足就是要懂得满足,不过分追求欲望,就不会受到屈辱;知止就是要懂得适可而止,就不会遇到危险;这样才可以保持住长久的平安。“知足和知止”是老子针对前面问题开出的对治之方,也是处世的大智慧。人首先要做到知足,这是心法,知足是人发自内心的节制,而后是知止,这是人对外在行为的制约。学习圣贤经典重点在悟,关键在行,如果我们领悟了老子的“知足知止”之方,就等于心中装上了“知足”的量器,吃穿满足就不会再去追逐钱财。再在身上安上“知止”的开关,制止不合理的行为,这样人生就少了很多麻烦,也不会受辱,就能保证生活幸福。曾国藩一生就做到了知足和知止,他对下属立誓说:“不取军中一钱寄回家中。”所以曾国藩能德留人间,福泽后世。

【老牟悟语】

1.如果父母认为自己很辛苦,养活了全家,就用责备的方式要求听话,要好好学习,这样教育出的孩子很难听话。相反,如果父母能体会到孩子的情感,慢慢引导孩子,孩子就能体会到父母的辛苦,自己就有了内在动力,就会成为一个听话而又爱好学习的孩子。

2.为儿女眼前利益考虑的人,会给儿女谋取职位,积累房产、金钱,这样的利益看似很丰厚但是却很短暂;为儿女长远利益考虑的人,会让儿女传承孝顺、俭朴、勤奋等家道,这样的利益看似平淡但是长久。

3.给别人办事当成给自己办事,这样就能考虑得很周全,原因是将自己的利害之心加了进去;给自己办事就像给别人办事,这样思路更清晰,原因是将自己的利害之心置之于外。

【王弼注道德经】

尚名好高,其身必疏。贪货无厌,其身必少。得多利而亡其身,何者为病也?甚爱,不与物通;多藏,不与物散。求之者多,攻之者众,为物所病,故大费,厚亡也。

译文:崇尚名声、好高骛远,这样的人必然会疏忽自己的身体。贪图物质享受,必然会损害自己的身体。获取更多的物质利益却导致自身灭亡,哪个更能损害你呢?对一个方面太过于爱惜,就会忽视其他方面;某一种事物储藏得太多,就会隔断与其他事物的联系。想要得更多,自身受到的攻击就会越多,受外物所累而受到损害。所以说,这些方面必然会造成大的耗费,带来更惨重的损失。

【河上公章句】立戒第四十四

名与身孰亲。名遂则身退也。身与货孰多。财多则害身也。得与亡孰病。好得利则病于行也。甚爱必大费,甚爱色,费精神。甚爱财,遇祸患。所爱者少,所亡者多,故言大费。多藏必厚亡。生多藏于府库,死多藏于丘墓。生有攻劫之忧,死有掘冢探柩之患。知足不辱,知足之人绝利去欲,不辱于身。知止不殆,知可止,则财利不累于身,声色不乱于耳目,则身不危殆也。可以长久。人能知止足则福禄在己,治身者,神不劳;治国者,民不扰,故可长久。

译文:名声与生命哪个与自己更密切呢?功成名就之后就应该退身避位。生命与财富相比哪个对自己更重要?财富多了就会招致祸端而危及自己生命。得到名声财富与失去生命相比哪个对自己更有危害?过分追求名利就必定会影响到你的行为从而对自己造成危害。过分地贪婪声色,会损伤精神;过分地追求财富,会遭遇祸患。这样的结果是得到的东西少,丢掉失去的东西反而多,所以说这是人生的大损失。不知满足地囤积财富必定招致大的失丧,生前多把聚敛的财富收藏在库府里,死亡时多埋藏在坟墓里。活着时有遭受攻击抢劫的担忧,死亡后有被挖坟掘墓的祸患。

知道满足的人会辞绝名利,舍弃欲望,不使自己受到污辱。知道进退,适可而止,那么财富利益就不会牵累身心,声色欲望就不会惑乱耳目,那么人生就不会遭受危险祸难。人能够知道适可而止、知足常乐的道理,那么幸福与爵禄就会经常在你身上,用来修养身心就会心神不累,用来治理国家就会民无烦扰,所以才能长治久安。

四十五章

【原文】大成若缺，其用不弊；大盈若冲，其用不穷。大直若屈，大巧若拙，大辩若讷。静胜躁，寒胜热，清静为天下正。

【译文】最圆满的东西，好似有残缺一样，但它的作用永远不会衰竭；最充盈的东西，好似是空虚一样，但是它的作用是不会穷尽的。最平直的东西好似有弯曲一样；最灵巧的东西好似是笨拙的；最卓越的辩才好似不善言辞一样。清静克服躁动，寒冷克服暑热。清静无为才能统治天下。

【说解】本章老子讲圣人效法天地之道治理天下。

本章共分两部分。首先讲圣人治理天下的效果："大成若缺，其用不弊；大盈若冲，其用不穷。"这两句意思相近，都是阐述物极必反的道理。我们看自然界圆满运行，天有日月交替，地有春夏秋冬，粮食春种秋收，人有生老病死。如果有人认为这还不是最圆满的，想让太阳日夜常照、春天常驻、人长生不老，那么地球也不是地球了，最终自然界会走向灭绝。老子以此赞美圣人治理天下的效果，当然圣人也不是完美无缺的，他们也有犯错的时候，而圣人的伟大就在于知过能改。孔子也是如此，《论语·学而篇》中孔子说："过则勿惮改。"正因为孔子具备好学、知错就改的谦德，所以成为后人学习、效法的榜样。

国学大师方东美教授则以道体、道相与道用来解释本章开篇这两句话。“大成、大盈”是道体,“若缺、若冲”是道相,“其用不弊、其用不穷”是道用,这种解释十分精到,也符合老子原义。

“大直若屈,大巧若拙,大辩若讷。”这几句表现的是老子外圆内方、大智若愚的智慧。最平直的东西好似有点弯曲一样,实际上是平直伸展的;最灵巧的东西好似是有点笨拙,实际上是精巧美妙的;最卓越的辩才好似不善言辞,实际上是说理透彻的。圣人内心明彻而言行谨慎,看似有点愚笨。《论语·先进篇》中孔子点评弟子曾参时说:“参也鲁。”但就是这个看似有点笨的曾参得传了孔子之道,孔子临终前还将四岁的孙子子思托付给他,曾参被后世誉为“宗圣”,他还将子思培养成了“述圣”。

老子本章讲圣人虽有大成、大盈、大直、大巧、大辩的德行和能力,却从不自我炫耀,留给别人的印象是缺、冲、屈、拙、讷,体现了圣人的言行完全遵循大道,绝不盲从主观情感而妄作妄为。我们学习老子的智慧,日常在做事时就要给别人留有余地,合作共赢才是真赢。有一次记者问企业家李泽楷,父亲李嘉诚给他传授了什么生意经?他说父亲只是教了他怎么做人,一个生意可以挣七块,争取后可以挣八块,我们李家只挣六块,其实李嘉诚传授给儿子的就是凡事不求圆满的大智慧。

第二部分老子讲圣人清静无为的思想。“躁胜寒”,快速运动能产生热量,可以战胜寒冷。“静胜热”,静是冷静的意思,冷静可以克服躁热。这两句说明相反的事物可以相互制约。人克服了“寒”、“热”的极端状态才能得到清净,老子最后的结论是“清静为天下正”,人只有清净状态下,才能达到无为境界,清静无为才能统治天下。清净无为不是什么事都不做,而是遵道而为,当政者带头遵守而不是破坏法律制度,百姓就会受到教化,社会就会安定。孔子也认为当政者治国首先要发挥表率作用,《论语·颜渊篇》中孔子对季康子说:“政者,正也。子率以正,孰敢不正?"孔子认为只要上层当政者能够正己,那么手下大臣和百姓就都会归于正道。孔子这里说的就是不言之教,上面有了好的榜样,社会自然大治,这与老子无为思想是一致的。

【老牟悟语】

1. 人一旦说谎必定谎话连篇,因为说一个谎需要很多谎话来弥补。这样的人再聪明也只能算是小聪明,不会有大作为,是没有智慧的人。

2.冲突发生时,不管是否与自己有关,都要尽量避开冲突现场,事后再寻找合适的方式应对。因为人一旦卷入冲突失就会失去理智,极易被愤怒、报复等情绪控制,有的甚至会失去人性闯下大祸。

3.人犯错之后,最好的办法不是惩罚而是感化。因为很多人一旦受到惩罚,就会认为错误已被抵消,也就不会再考虑改过。只有感化他,让他感到愧疚,犯错者才会真正改过。

【王弼注道德经】

随物而成,不为一象,故若缺也。大盈充足,随物而与,无所爱矜,故若冲也。随物而直,直不在一,故若屈也。大巧因自然以成器,不造为异端,故若拙也。大辩因物而言,己无所造,故若讷也。躁罢然后胜寒,静无为以胜热,以此推之,则清静为天下正也。静则全物之真,躁则犯物之性,故惟清静,乃得如上诸大也。

译文:随物的本性而成就完满,"道"本身什么都不会创造,所以看起来好像有所欠缺。最充盈的东西,顺从万物需要而给予,没有什么留恋,所以看起来好像是空的。承物的外形看起来是直的,因为不是在同一方面上的直,所以看起来又像是弯曲的。最精巧的东西依循自然规律制成,不制造与其本性相反的东西,所以看起来好像笨拙。真正辩才高的人以物的本性来讲，自己不编造，所以看起来好像嘴很笨。运动后可以克服寒冷，静心无为可以战胜狂热。由此类推可知，保持内心清静的人才能将天下领上正道。静心能够看清事物本真，浮躁极易掩盖事物本性，所以只有清静无为，才能得到上面说的那些。

【河上公章句】洪德第四十五

大成若缺，〔大成者〕谓道德大成之君也。若缺者，灭名藏誉，如毁缺不备也。其用不弊，其用心如是，则无敝尽时也。大盈若冲，〔大盈者〕，谓道德大盈满之君也。若冲者，贵不敢骄也，富不敢奢也。其用不穷。其用心如是，则无穷尽时也。大直若屈，大直，谓修道法度正直如一也。若屈者，不与俗人争，若可屈折。大巧若拙，大巧谓多才术也。若拙者，亦不敢见其能。大辩若讷。大辩者，智无疑。若讷者，口无辟。躁胜寒，胜，极也。春夏阳气躁疾于上，万物盛大，极则寒，寒则零落死亡也。言人不当刚躁也。静胜热，秋冬万物静于黄泉之下，极则热，热者生之源。清静能为天下正。能清静则为天下之长，持身正则无终已时也。

译文：“大成”者是指道德完善至极的君子，“若缺”是说舍弃名利、深藏声誉，好像本身就毁损缺失、不完备的样子。君子像这样用心，就没有破败终止的时候。“大盈”者是指道德丰盈满溢的君子，“若冲”是说本身高贵而不敢骄傲自满，身处富贵而不敢奢侈靡费。君子这样用心，就会用之无穷、没有枯竭。“大直”是指最正直的人如同修道者以道为法一样，谨守法度，正直如一，“若屈”者是指最正直的人不会与世俗之人争名夺利，像是可以委屈迁就。“大巧”是指极为聪明而多才多技的人，“若拙”者是指极聪明多技却表现得好像很拙笨，也不敢显露自己才能。“大辩”者是指最具智慧、能言善辩的人，智慧过人没有不知道的学问，“如讷”者是指最能言善辩的人，他们的表现却是不善言辞。“胜”是指达到极致。春夏时节阳气太盛容易使人燥热不安，也因为阳气充足而万物兴盛，阳燥到了极致就转向寒冷，寒冷就使万物凋零衰落而消亡，这说明为人处世不应当刚强躁动。秋冬时节阳衰阴盛，万物收敛蕴藏在黄泉之下，阴静到了极致则生燥热，燥热是万物生长的基本条件。做到能清能静不为外因所动就会优异于天下事物，做到执守正道就不会有终结的时候。

四十六章

【原文】天下有道，却走马以粪；天下无道，戎马生于郊。祸莫大于不知足，咎莫大于欲得，故知足之足，常足矣。

【译文】治理天下合乎“道”，社会安定，把战马退还到田间给农夫用来耕种。治理天下不合乎“道”，连怀胎母马也要上战场，在郊外生下马驹子。最大的祸患是不知足，最大的过失是贪得无厌。知道满足的满足，永远是满足的。

【说解】本章老子谈多欲和有为的害处，警告当政者要知足寡欲。

本章共分三部分。第一部分是从马的状态判断天下是否有道。天下有道的太平社会，当政者没有过分贪求，一切遵道而为，百姓安居乐业，各国之间和平相处，所以“却走马以粪”，把战马退还到田间给农夫用来耕种，一幅国泰民安的和谐画面。另一个是天下无道的乱世，当政者贪婪纵欲，战乱频发，民不聊生，所以“戎马生于郊”，连怀胎的母马也要上战场，在郊外生下小马驹，一幅悲烈的战乱景象。与本章老子的视角不同，《论语·学而篇》中孔子谈到治国之策更全面一些，孔子说：“道千乘之国，敬事而信，节用而爱人，使民以时。”孔子描述的是一幅蒸蒸日上的和谐社会景象。

还有一种从修身方面的解释，是说人的身体也是一个小世界，修身重在修心，耕马在田就是人心归位，修身向内求，那么人的身体就会健康。心猿意马和戎马生于郊都是心不归位，人心皆向外求，追求的是各种欲望，此时人的身体自然会衰败。

第二部分老子分析了天下无道的根源在于多欲："祸莫大于不知足，咎莫大于欲得。"老子警告当政者，如果放纵自己欲望，肆意剥夺百姓利益而不知足，或者对外发动战争，对国家和百姓造成伤害，最终必将众叛亲离，祸及自身。从个人修身方面来讲也是一样，过度追逐个人名利而不知足，就会养成以名利衡量一切的习惯，很容易将自己的人生引向歧途，最终等待他的将是"大祸、大咎"。现在新的社会问题众多，其实各类问题归结起来也很简单，那就是人心出了问题。遗憾的是当前多数应对办法，都不是治本之策，导致问题越治越多。比如孩子的叛逆问题，很多家长用的都是施压和疏导的办法，这些办法多是求末之法，求本之法在改变人心。孩子有了逻辑思维后，自身行为的改变在内不在外。我给一个叛逆孩子的家长提了两个建议：一是父母要做好身教，先变自己，孩子才会改变。二是引导孩子学习经典，向圣贤经典求智慧。父母是家庭之本，心是孩子身体之本，一棵树有问题不去治根，而是去治疗树枝和树叶，越治问题会越多。圣贤的经典重点是让人修身修心，引导人求本去欲。

第三部分是本章的主题和结论。根据前面的问题老子给当政者开了个处方："故知足之足，常足矣。"知道到什么地步就该满足了的人，永远是满足的，意在让人们悟道知足。一个人知足就是富，知足者近福；一个人不知足就是贫，不知足者近祸。老子提出的"知足"作为分辨贫富的标准，至今我们还在借鉴使用。按照这个标准，很多不知足的有钱人其实是贫穷的，他们死后将一无所有，甚至有的还背负骂名。而知足的人即使钱不多但是他们是富有的，知足的人喜欢帮助别人，修身立德，所以他们多流芳后世。与老子"知足"的观点不同，孔子对待贫富则以是否合道为标准，《论语·里仁篇》中孔子说，富贵是人

想得到的，贫贱是人所厌恶的，但是“不以其道得之”，我是不要的。

本章老子告诫人们想要获得幸福，平安生活，就要控制自己欲望，千万不要贪得无厌；人只有知足才能够常足，人生才能快乐。知足常乐，也是中华历史长河中影响最为久远的一剂处世幸福之方。

【老牟悟语】

1.世界上很多困境是“残疾人”造成的，这些人不是身体残疾，而是心理残疾，他们整天带着仇恨、怨言、欲望、报复等情绪生活，给身边人造成极大困扰，所以要远离这样的人。

2.曾国藩有句名言“百战归来再读书”，这样做有两点好处：一是静心读书可避免官场上的权力之争及遭人嫉妒；二是可以结合人生实践重新品读经典，使自己更加迅速地增长智慧。

3.看重钱权名色的人不仅目光短浅，还总拿着自己跟别人比较，张嘴就是工作、收入、房子、车子、孩子，他们不知道炫耀的这些东西没有一样是长久的，最终都将离他们而去。

【王弼注道德经】

天下有道，知足知止，无求于外，各修其内而已。故却走马以治田粪也。贪欲无厌，不修其内，各求于外，故戎马生于郊也。

译文：天下有“道”，知道满足，知道适可而止，不求助于外物，而是修炼自己内心。所以将这种状态比喻为把战马赶到田里。贪欲没有满足的时候，不追求内在完善，而去追逐外物，所以把这种状态比喻为战马生马驹于郊野。

【河上公章句】俭欲第四十六

天下有道，谓人主有道也。却走马以粪，粪者，粪田也。〔治国者〕兵甲不用，却走马〔以〕治农田，治身者却阳精以粪其身。天下无道，谓人主无道也。戎马生于郊。战伐不止，戎马生于郊境之上，久不还也。罪莫大于可欲。好淫色也。祸莫大于不知足，富贵不能自禁止也。咎莫大于欲得。欲得人物，利且贪也。故知足之足，守真根也。常足〔矣〕。无欲心也。

译文：有道明君以“道”治理天下，不用兵好战，把战马放归耕种，马粪用来肥田；用“道”修身的人会修清静心，把阳精滋养自身使身体强壮。若国君无道，就会穷兵黩武，争战不休，战马甚至在边境战场上产下小马继续征战，回归遥遥无期。罪过没有大过贪淫好色；灾祸没有大过身处富贵而不知满足、不知收敛欲望；过失没有大过贪求财色，总是妄想得到财色名利，得到了还想再得，欲罢不能，贪婪无度。所以知道满足的这种满足是永恒的满足，这是守住真正道心，没有任何欲望。

四十七章

【原文】不出户，知天下；不窥牖，见天道。其出弥远，其知弥少。是以圣人不行而知，不见而明，不为而成。

【译文】悟道的人不出门户，就能够推知天下事理；不望窗外，就可以认识日月星辰运行规律。没有悟道的人向外奔逐得越远，他对事物真相的了解就愈少。所以，圣人不出行却能够推知事理，不需要亲见其物，就能明了其中道理，不妄自作为，而是清静无为，却能有所成就。

【说解】本章老子主要讲圣人悟道后的状态。

本章也是较难解析的一章，共分为两部分。第一部分老子将悟道者和没有悟道的人进行对比："不出户，知天下；不窥牖，见天道。"我们都知道天道运行，长养万物，可是人怎么认知天道呢？古人告诉我们"天之在我者德也"，天道内在于人的德行中，与生俱来。对此一般的人难以理解，只有悟道的人才能知晓。因为悟道的人德行圆满，对人的自性、物之性、天性都能通达领悟，所以能够不出门户就可以推知天下事理，不望窗外，就可以认识日月星辰运行规律。在《论语·季氏篇》中孔子介绍了一种通达天道的人："生而知之者，上也。"佛家也有同样的说法，释迦牟尼佛悟道后说："一切众生皆有如来智慧德相，只因妄想执著，不能证得。"如来说我们都是佛，只不过佛知道自己是佛，而世俗的人因为欲望遮蔽而不知道自己是佛。可以这样说，道家悟道后可以成为真人，佛家悟道后可以成为佛菩萨，儒家的说法叫“明明德”，最终可以成为圣贤，儒释道高层次的境界其实一样。

接着老子讲了没有悟道者的状态：“其出弥远，其知弥少。”这句话也容易使人疑惑，古语不是有“读万卷书不如行万里路”吗？不是说经常外出能增长见识吗？其实老子在这里说的是求智慧，而智慧不是来自知识和见识的增加，跑到外边去求是求不到的。真正的智慧来自内心，有这样几种求得智慧的方式：一种就是老子说的“为道日损”，不断减损自己欲望，等身心有了定力，而后智慧自生；另一种求智慧的方式是改过，先反省自己错误，然后下决心改正，并保证不再重犯，也就是《论语·雍也篇》中孔子称赞颜回的“不贰过”，不犯同样的错误，这是一种很难得的品行，人只要做到了不重犯错，那么再多的缺点也能改正，人的缺点走了，智慧自然就来了。而有的人学的知识越多，外出见识越多，反而影响了他的判断力。佛教里有个词叫“知识障”，人学习佛法如果没有将原来的知识放下，反而会成为学习佛法的障碍，就使人不能接近真正的佛法。现代社会的人比古人学习的知识多了，见识也多了，但是吸收的都是碎片化的信息，自己心神不定，没有一点智慧。“其知弥少”，老子叹息这样的人看似精明，其实人生的智慧是越来越少。

第二部分讲悟道的圣人体道认知。“是以圣人不行而知”，圣人不出行却能根据普遍规律推知事理，也就是前面的“不出户，知天下”。“不见而明”，不需要亲见其物,就能明了其中道理，也就是“不窥牖，见天道”。颜回就达到了这样的水平，在《论语·公冶长篇》中子贡赞美颜回说：“回也，闻一以知十。”圣人做到了“不行”和“不见”，其实就是“不为”，本章最后一句话“不为而成”是核心，不为就是无为，就是按照“道”的规律办事，做到不妄自作为，放下自己私欲，不为自己争取利益，清静无为，自然有所成就，也就是不为而成。

【老牟悟语】

1.算命越多福越浅。因为结果会对人产生连环影响，如果算得好，自然就高兴，一高兴就容易失言，一失言就容易招祸；如果算得不好，自然就不高兴，人也会变得忧愁沮丧，忧则伤肺，愁则近灾。由此可见，算命的结果无论好坏对人影响都不好。求人不如求己，一个人只要做到心正言正行正，努力做好自己，运气自然会越来越好。

2. 天地之道是生养万物而从不索取。人的本善之心符合天地之道，若用这个本善之心去奉养父母就是孝，对待上级就是忠，对待朋友就是信，对待周围的人就是礼。

3.“智”字由“知和曰”组成，意思是知识通达日月就是“智”，有知识可以使人聪明，但是人再聪明也只能加个“小”字，叫“小聪明”；“慧”字由双“丰”、“扫”的半边和“心”组成，意思是扫除内心的欲望后人生就会获得双丰收。去除个人私欲，做事自然符合天道，人就有了智慧，智慧再小也要加个“大”字，叫“大智慧”。

【王弼注道德经】

事有宗，而物有主，途虽殊而同归也，虑虽百而其致一也。道有大常，理有大致。执古之道，可以御今；虽处于今，可以知古始。故不出户、窥牖，而可知也。

无在于一，而求之于众也。道视之不可见，听之不可闻，搏之不可得。如其知之，不须出户；若其不知，出愈远愈迷也。得物之致，故虽不行而虑可知也。识物之宗，故虽不见，而是非之理可得而名也。明物之性，因之而已，故虽不为，而使之成矣。

译文：世间万物都有其本源，凡物各有自己归属，路径虽然不同但最终归属却是相同，思虑多种多样但其根本上却是一致的。以古代的

"道"可以解决现在的事情;虽然身是现在,但可以知道原先它是怎么形成的。所以,不出门、不开窗户也能知道天下古今事。

"无"的关键在于"一",而追求外物的行为会接触越来越多的东西,反而离"一"越来越远。"道"看也看不见,听也听不到,摸也摸不到。如果明白这个道理,不用出门就能知道;如果不懂这个道理,走得越远越觉得迷惑。知晓事物规律,虽然不去远行,思考一下就可以得出正确结论。认识事物本质,虽然看不见,但却可以明辨是非。知晓事物本性,自然遵循就行了,虽然无为,一切都会沿着规律去发展。

【河上公章句】鉴远第四十七

不出户〔以〕知天下,圣人不出户以知天下者,以己身知人身,以己家知人家,所以见天下也。不窥牖〔以〕见天道,天道与人道同,天人相通,精气相贯。人君清净,天气自正,人君多欲,天气烦浊。吉凶利害,皆由于己。其出弥远,其知弥少。谓去其家观人家,去其身观人身,所观益远,所见益少也。是以圣人不行而知,圣人不上天,不入渊,能知天下者,以心知之也。不见而名,上好道,下好德;上好武,下好力。圣人原小知大,察内知外。不为而成。上无所为,则下无事,家给人足,万物自化就也。

译文:圣人不走出家门就知道天下事理,用自身思想来推知他人思想,用自家情况推知他家情况,这样以此类推便基本知道天下事理。天道与人道相同,天与人相通,精神元气也连贯着。一国之君清静守正,天地之气自然清正;如果君王利欲熏心,天地之气就会烦乱污浊。不论是吉凶祸福还是利益伤害,都与自身密切相关。离开自家去观察其他家庭,抛开自身因素去体察了解其他人情况,所观察的事物越远,发现的情况就越少。圣人不用登上天,也不用潜到深渊,却能够通晓天下事理,是用他自身具有的思维去推知的。国君善于以身行道,百姓就习惯向德行善;国君爱好战争杀伐,百姓就喜欢强梁暴力。圣人通过小的原由推知大的事理，通过察究内在思想推知外面世俗风气。国君施行无为而治,那么治下的社会就平安无事,百姓们安居乐业,家家自给,人人富足,万事万物能够自行化育发展。

四十八章

【原文】为学日益,为道日损。损之又损,以至于无为,无为而无不为。取天下常以无事,及其有事,不足以取天下。

【译文】探求知识,每天都要有所增加;修身求道,欲望就要一天比一天减少。减少又减少,到最后至于“无为”境地。如果能够做到“无为”,那就没有什么事不能为。治理国家的人,要经常以不扰攘民众为治国之本,如果经常以繁苛之政扰害民众,就达不到治理国家的目的。

【说解】本章老子讲为学和为道的区别以及“无为”的重要性。

首先老子讲为学和为道的不同:“为学日益,为道日损。”为学主要是指探求知识,日益是加法,意思是知识越积累越多,每天都要有所增加。为道主要是指修身立德,日损是减法,修身就是要去除欲望,一天比一天减少。这里老子是想提醒人们不要一味地追求增长知识和见识,更要注重修身求道。孔子教学也是以修身立德为主,教弟子要先学做人再学知识和技能。在《论语·述而篇》中孔子说:“志于道,据于德,依于仁,游于艺。”但是现实社会的人正好与此相反,他们十分重视为学,而轻视为道。如果我们不通过修身立德践行圣人经典,那么经典还是经典,自己还是原来的自己,只有将圣人教诲亲身验证,才能体悟到圣人智慧,这样我们的人生才能得到真正的幸福。

接着老子讲了修道的方法:“损之又损,以至于无为。”老子轻视外在的经验知识,他认为不修道的人掌握知识越多,就会变得机巧诡诈,欲望日增,离道愈远。所以老子提出修道是要欲望减少再减少,到最后达到无为境地。这里有个心法的节点大家要清楚,“损之”是减少自己的欲望,这时还是有心而为,再进一步修身,等到一切皆无心而为,连“损之”的心也没有了,也就是“又损之”,就真正达到“无为”境界了。

随后老子讲了“无为”的好处。《道德经》中老子讲的“无为”主要有两方面内容:一是当政者施政不妄为,不轻易干预各项政治制度的运行。二是修身做到无己利他,将自己的欲望“损之又损”。当政者做到“无为”,去除小我,不乱施政妄为,完全为百姓服务,此时就是得道状态,做任何事情都会顺风顺水,都会得到大家支持,也就没有什么事不能成功了,这就是“无为而无不为”。

最后是老子对当政者的“有为”予以警告:“取天下常以无事,及其有事,不足以取天下。”治理国家的人,要使天下百姓人心归向,就要坚持无为的原则,以百姓利益为本,如果经常以繁苛之政扰害民众,就达不到治理国家的目的了。儒家也有无为而治的观点,孔子在《论语·卫灵公篇》中赞扬舜的无为而治:“无为而治者其舜也与!夫何为哉?恭己正南面而已矣。”

“取天下常以无事”,这句话还有一种解释是不以武力取得天下,而是统治者带头践行圣人之道取得天下。比如三代以上的禅让,以及以孔子为代表的圣贤文化在历朝历代都得到推崇,这都是以“无事”取得天下。如果天下是以“有事”也就是武力夺取,得到天下后又不以百姓利益为重,不注重休养生息,而是为了一己之利横征暴敛,最终将失去民心,那就是“不足以取天下”,这样得到的天下很快就会失去,短命的秦王朝就是如此。

【老年悟语】

1.一个人有没有修养要从接人待物的态度来看,有修养的人对别人彬彬有礼，别人对他也会以礼相待，所以说尊重别人就是尊重自己。

2.道德就是“得到”,人遵道而行,表现出的就是德,德行不断积累就是大德,大德的人想什么就能得到什么。《中庸》中说:“大德必得其位,必得其禄,必得其名,必得其寿。”人有了大德,职位、福禄、名声、长寿就都有了。

3.古代儒家教育学生主要是文、行、忠、信四科,文是指经典义理,行是将这些义理落实到行为上,忠、信代指德行。现在的学生注重考试都是在学文，其他的没有考试标准，所以很多大学生实践能力不行,德行也是缺失的。

【王弼注道德经】

为学日益,务欲进其所能,益其所习。为道日损。务欲反虚无也。有为则有所失,故无为乃无所不为也。

译文:学习是为了增进自己能力,增加自己学识。求道追求的是返回虚无、清静、无为状态。有作为就会犯错、有所损失,所以无所作为就是什么都作为。

【河上公章句】忘知第四十八

为学日益,学谓政教礼乐之学也。日益者,情欲文饰日以益多。为道日损。道谓之自然之道也。日损者,情欲文饰日以消损。损之又损〔之〕,〔损之者〕,损情欲也。又损之〔者〕,所以渐去〔之也〕。以至于无为,当恬淡如婴儿,无所造为也。无为而无不为。情欲断绝,德于道合,

则无所不施，无所不为也。取天下常以无事，取，治也。治天下当以无事，不当以劳烦也。及其有事，不足以取天下。及其好有事，则政教烦，民不安，故不足以治天下也。

译文：“为学日益”的“学”是指用于治世修身的政教礼乐方面的学问知识，“日益”是说求学之人的情欲文饰一天比一天增加；“为道日损”的“道”是指自然之道，“日损”是指求道之人的情欲文饰一天比一天减少。“损之”是指减少情欲文饰，“又损之”是指不断地减少再减少，这样就会逐渐地杜绝与道德相悖的东西而达到“无为”境界，这时就会安静淡然得像婴儿一般，没有了造作妄为的事情。如果达到“无为”境界，做到断绝情欲，合乎道德，那么就没有什么不可以施行的，也没有什么做不成的事情。治理天下应当不生事、不妄为，不能因为政教繁苛而导致扰民害众。如果施行悖道乖德的事情以彰显政绩，那么就会政教繁苛，民众不得安宁，这样也就不配治理天下。

四十九章

【原文】圣人常无心，以百姓心为心。善者，吾善之；不善者，吾亦善之；德善。信者，吾信之；不信者，吾亦信之；德信。圣人在天下歙歙，为天下浑其心。百姓皆注其耳目，圣人皆孩之。

【译文】圣人常常没有私心，以百姓的心为自己的心。对于善良的人，我善待于他；对于不善良的人，我也善待他，这样就可以得到善良，从而使人人向善。对于守信的人，我信任他；对不守信的人，我也信任他，这样可以得到诚信，从而使人人守信。有道的圣人在其位，收敛自己的意念和欲望，使天下的心思归于浑朴。百姓们都专注于自己的耳目聪明，有道的人使他们都回到婴孩般纯朴的状态。

【说解】本章老子谈圣人的治国理念。

首先老子讲述了圣人的民本思想："圣人常无心，以百姓心为心"圣人秉承天道，天道无私，所以圣人常常也是没有私心，以百姓的心为自己的心，圣人无己利他得到百姓支持，无私又成就圣人的"大私"。孔子谈到君子的目标和老子所谈的圣人民本思想也是一致的，在《论语·宪问篇》中孔子说："修己以安人，修己以安百姓。"君子处处以百姓利益为重，最终使百姓生活幸福快乐。

随后老子讲了圣人的"德善"和"德信"两个境界。圣人不仅善待善良的人，对于不善良的人，圣人不会放弃他，也会善待他，这样就可以使不善者受到感化悔过，回归善良，从而使人人向善。对于守信的人，圣人信任他，对不守信的人，圣人也信任他，这样可以使不守信的人受到感化回归诚信，从而使人人守信。从大道的观点来看，人性本源是一样的，人心没有善与不善、信与不信的区别，不过有的人被欲望蒙蔽，才出现了不善、不信的行为，而圣人会通过德善、德信的教化使他们回归本性，圣人不会放弃任何一个人。唐贞观六年，唐太宗下令将狱中等待行刑的三百九十名死囚犯释放回家，与家人团聚。和囚犯们约定第二年秋天回来接受死刑。第二年九月，所有囚犯全部回到朝堂，于是唐太宗全部赦免他们死罪改为流放，这就是人性教化的力量。

最后老子讲圣人治国之道："圣人在天下歙歙，为天下浑其心。"有道的圣人在其位，修身立德，收敛自己的意念和欲望，天下的百姓自然会得到教化，百姓也会逐渐归于浑朴。儒家也十分注重对百姓的教化，曾子在《论语·学而篇》中说："慎终追远，民德归厚矣。"遗憾的是现在很少有人能够体悟到圣人的良苦用心，他们为了欲望而一意孤行。比如很多地方社会管理还是以发展经济为要旨，精神文明建设流于形式，这样很容易引导社会形成金钱至上的风气，百姓都去追逐欲望的满足，社会就步入越有钱越不稳定的怪圈，这与老子"为天下浑其心"的教诲是相悖的。

"百姓皆注其耳目，圣人皆孩之。"百姓们没有得到教化前都注重自己的耳目之欲，以至于"五音使人耳聋，五色使人目盲"，这是心受蒙蔽的原因，这些人不知道和欲望相伴的是痛苦，欲望实现不了是痛苦，实现了之后会产生更大的欲望，还是痛苦。而圣人对待百姓像对待孩子一样，实施教化让他们远离欲望之苦，希望百姓都回到婴孩般纯朴状态。我们看婴儿吃饱了之后没有别的欲望，没有为善为恶的心机，虽然有耳朵和眼睛，却没有耳目之欲。老子就是希望百姓接受教化后，回归婴儿般纯朴本性，这样人人和谐相处，百姓平安幸福。

【老牟悟语】

1.智慧的人闻过则喜，能勇敢面对不足，他们知道改过能使人进步；愚笨的人闻过则怒，不敢面对过失，他们为了面子而不知改过。时间久了，智者和愚者的差距就十分明显。

2.一个人做了好事自己宣扬出去功德无形之中就变小，做了好事不让人知道功德反而会变大；一个人做了错事公开认错罪过就小，做了错事不让人知道罪过反而会增大。

3.有人问人生幸福的秘诀？那就是多发现别人长处。多看爱人长处就不会离婚；多看朋友的长处友情就会常在；多看同事长处就会和谐相处。眼睛看到了别人长处，心里便有了幸福。

【王弼注道德经】

各因其用，则善不失也。皆使和而无欲，如婴儿也。夫“天地设位，圣人成能，人谋鬼谋，百姓与能”者，能者与之，资者取之；能大则大，资贵则贵。物有其宗，事有其主。如此则可冕疏充目而不惧于欺，黈纩塞耳而无戚于慢，又何为劳一身之聪明，以察百姓之情哉！夫以明察物，物亦竞以其明应之；以不信察物，物亦竞以其不信应之。夫天下之心不必同，其所应不敢异，则莫肯用其情矣。甚矣！害之大也，莫大于用其明矣。夫任智则人与之讼，任力则人与之争。智不出于人而立乎讼地，则穷矣；力不出于人而立乎争地，则危矣。未有能使人无用其智力乎己者也，如此则己以一敌人，而人以千万敌己也。若乃多其法网，烦其刑罚，塞其径路，攻其幽宅，则万物失其自然，百姓丧其手足，鸟乱于上，鱼乱于下。是以圣人之于天下歙歙焉，心无所主也。为天下浑心焉，意无所适莫也。无所察焉，百姓何避？无所求焉，百姓何应？无避无应，则莫不用其情矣。人无为舍其所能，而为其所不能；舍其所长，而为其所短。如此，则言者言其所知，行者行其所能，百姓各皆注其耳目焉，吾皆孩之而已。

译文：善良和不善良都有各自用处，所以善待万物要保持善的态度。万物和谐而没有欲望，就像初生婴儿一样。《易经》中说：圣人处于天地设立的正位，万物都各自发挥自己的作用，圣人掌握这一规律所以能成功胜任，人们聚集在一起计谋，而老百姓会跟随有才能的人。能力大的会提供，天资高的会领用；能力大的自然就大，天资高的本来就高。世间万物都有运行规律。这样，既使眼前垂帘也不会被欺骗，戴着垂玉的帽子也不会被蒙蔽，又何必要聪明来考察老百姓的真实情况呢？如果以明白清晰的眼光来看待事物，那么事物也会以明白透彻的状态来呈现自己；如果以怀疑的眼光来看待事物，那么事物也会以迷惑的状态来呈现自己。所以天下万物各有其本心，但他们的状态回应却不会有所不同，那只是因为我们的态度不同而呈现出对其不同的感情。再大的损害也不会大过用明白清晰的心态去看待世间万物。滥用聪明，人们就会与他争辩是非；滥用武力，人们就会与他争斗。智力不突出却与人争辩，就会处于劣势；力量不强大却与人争斗，就会处境危险。如果没有不让别人在自己身上使用聪明和武力的本领，那就极易与多数人为敌。如果过多设立法令，堵路、侵犯私宅，万物就会失去自然发展的条件，人们也会失去自由，鸟也会在天上作乱，鱼也会在水下作乱。圣人处事收敛而不张扬，心里没有牵挂。对世间万物没有偏心私念。没有什么可察的，老百姓还有什么可以躲避的呢？没有什么过分要求，老百姓还有什么需要回应的呢？不躲避不回应，老百姓也不需要掩饰他们的真情实感。人如果无所作为，不张扬所具备的能力和技能，就能够做到以前没有能力做到的事；舍弃他们的长处，就能够做到以前不擅长的事。这样，讲话的人就会只讲他所知道的，做事的人只做他有能力做到的，老百姓只关注他们看到和听到的，我让他们接受朴素、简单的景象，让他们像初生婴儿一样纯净。

【河上公章句】任德四十九

圣人无常心，圣人重改更，贵因循，若自无心。以百姓心为心。百姓心之所便，圣人因而从之。善者吾善之，百姓为善，圣人因而善之。不善者吾亦善之，百姓虽有不善者，圣人化之使善也。德善。百姓德化，圣人为善。信者吾信之，百姓为信，圣人因而信之。不信者吾亦信之，百姓为不信，圣人化之为信者也。德信。百姓德化，圣人以为信。圣人在天下怵怵，圣人在天下怵怵常恐怖，富贵不敢骄奢。为天下浑其心。言圣人为天下百姓混浊其心，若愚闇不通也。百姓皆注其耳目，注，用也。百姓皆用其耳目为圣人视听也。圣人皆孩之。圣人爱念百姓如婴孩赤子，长养之而不责望其报。

译文：圣人很重视不断修正改进固有的东西，而且非常看重并在很大程度上顺其自然、因势利导，好像没有自己的主观意识、无所用心的样子。百姓认为方便的、好的东西，圣人就会因为百姓喜欢而顺从百姓心愿。百姓奉行善道，圣人就会因此而支持鼓励善道。百姓即使有不行善道的，圣人也会用道德教化改正他们的不善行为而使他们向善行善。天下百姓被道德所教化，这是圣人的德善。百姓执守诚信，圣人便因此而信任百姓。百姓不讲诚信，圣人就教化他们使他们成为执守诚信的人。天下百姓被道德所教化，这是圣人用诚信教化的善果。圣人执掌天下、治国理政，时常保持警惕和谨慎，虽然身处富贵尊崇也不敢骄矜奢侈，为了天下百姓而保持浑然淳朴之心，好像愚钝不明事理似的。然而，百姓们都会用自己的耳朵和眼睛全神贯注地为圣人凝视凝听。圣人如同爱怜婴儿一样呵护自己的百姓，让百姓休养生息而不苛责求报。

五十章

【原文】出生入死。生之徒十有三,死之徒十有三。人之生动之于死地,亦十有三。夫何故?以其生生之厚。盖闻善摄生者,陆行不遇兕虎,入军不被甲兵,兕无所投其角,虎无所措其爪,兵无所容其刃。夫何故?以其无死地。

【译文】人始出于世而生,最终入于地而死。属于长寿的人有十分之三;属于短命而亡的人有十分之三;人本来可以活得长久些,却自己走向死亡之路,也占十分之三。为什么会这样呢?因为奉养太过度了。据说,善于养护自己生命的人,在陆地上行走,不会遇到凶恶的犀牛和猛虎,在战争中也受不到武器伤害。犀牛对于其身无处投角,老虎对其身无处伸爪,武器对其身无处刺击锋刃。为什么会这样呢?因为他没有进入死亡领域。

【说解】本章老子谈摄生之道。

首先老子按照寿命长短将人分为三种。"出生入死"是说人的生命历程就是如此,人生一世,草木一秋。人的寿命再长也有去世的时候,是自然的生命过程,这是从生死总览人的一生。"生之徒"是指长寿的人,也就是按照自然规律能天年度尽的人,十个里面有三个。"死之徒"是指短命者,由于遗传因素、灾祸、疾病等原因过早去世的,十个人里面有三个。"人之生动之于死地",人本来可以活得长久些,却由于过分注重养生，反而把自己折腾死了，这样的人十个人里面也有三个。前两种情况是自然的造化，第三种情况肯定有人会不解，“夫何故？”老子接着作了回答：“以其生生之厚。”他们有的过度追求钱、权、名、色，将自己的生命逐步耗尽，属于“人为财死，鸟为食亡”。还有的人过于追求长寿，用了太多不当方法，以致于奉养过厚，所以这些人没到天年就走了。最典型的例子就是历代皇帝多短寿，据统计，古人平均寿命五十七岁，而皇帝平均寿命竟然只有三十九岁，当然皇帝短寿的原因很多，比如妻妾过多、政务操劳、动乱等问题，但有的皇帝过于追逐养生长寿，而服用所谓的长生药中毒身亡，包括著名的秦始皇、汉武帝、唐太宗和嘉靖皇帝等人。儒家的长寿观注重修身重德，历来为世人所乐道，《论语·雍也篇》中孔子说：“知者乐，仁者寿。”明智者可以追求到快乐，但快乐可能是来自欲望的满足，随之而来的是烦恼，这种乐不是长久的。有仁德的人没有忧患，没有欲望，乐于求道，得到的是长久之乐，心情舒畅，这样自然会健康长寿。

随后老子论述了摄生之道。除了以上三种情况，还有十分之一的就属于善摄生者，他们很会养生保健，从而获得长寿。“盖闻善摄生者”，“陆行不遇兕虎，入军不被甲兵”。这是说善摄生的人没有欲望，他们不会为谋求利益去危险境地，所以不会遇到猛兽，犀角和虎爪也就用不上了；他们与人和平相处，不会参与争斗，所以锋利的武器也就用不上了。为什么会这样呢？因为他们会处处营造与万物和谐相处的环境，这样就不会进入死亡领域。

还有一种“形而上”的解释，善摄生者护养的不是有形的身体，而是无形的生命主体，也就是老子所说的“道”。“死而不亡者寿”，得道的圣人就是最善摄生的人，他们的身体可能会早亡，但是他们的德行会永远影响后世，他们是最长寿的人，从这个角度来说，人身所遭遇的犀牛、老虎、甲兵等伤害对其“寿”来说皆可忽略不计。儒家也有同

样的观点，善摄生的人可以将生死置之度外，《论语·卫灵公篇》里孔子说："志士仁人，无求生以害仁，有杀身以成仁。"儒家的仁义思想影响了一代又一代志士仁人，文天祥、谭嗣同等人就深悟儒家仁义之道，达到"无死地"境界，所以他们至今还为世人所传颂，是真正的善摄生者。

【老牟悟语】

1.过多食用美味食物，会成为伤害肠胃的毒药，所以不可多吃；一味追求炙热名利，最终会使自己身败名裂，所以不可多求。

2.职位太高而又无相应德才，就有跌入深渊危险；名利太大而又名不副实，就有被毁谤中伤危险。

3.人现在生活的困顿，多是在人生强盛时把握失当积累而来。人年老后身体的疾病，多是年轻时放纵自己而得来。

【王弼注道德经】

十有三，犹云十分有三分。取其生道，全生之极，十分有三耳；取死之道，全死之极，亦十分有三耳。而民生生之厚，更之无生之地焉。善摄生者，无以生为生，故无死地也。器之害者，莫甚乎兵戈；兽之害者，莫甚乎兕虎。而令兵戈无所容其锋刃，虎兕无所措其爪角，斯诚不以欲累其身者也，何死地之有乎！

夫蚖蟺以渊为浅，而凿穴其中；鹰鹯以山为卑，而增巢其上。矰缴不能及，网罟不能到，可谓处于无死地矣。然而卒以甘饵，乃入于无生之地，岂非生生之厚乎？故物，苟不以求离其本，不以欲渝其真，虽入军而不害，陆行而不可犯也。赤子之可则而贵，信矣。

译文：十有三，就是十分里能占三分。选择生的道路，将生命发挥到极致的，十个人里面能有三个；选择死的道路，将生命活到暗淡无光的，十个人里面也是能有三个。过分追求奉送自己以求生的人，反而会失去生存条件和环境。注重养生的人，并不过分看重生命，也就不会害怕死亡。器物的伤害，最严重的是来自锋利的武器；动物的伤害，最严重的是来自于犀牛和老虎。能够让兵器锋刃无法施展，犀牛利角无处可用，老虎爪子没了用处，只要没有各种不切实际的欲望，就能够轻松避开这些风险。

蜥蜴和蚯蚓连深渊都觉得浅，还要在其中挖洞居住；鹰鹞连高山都觉得低矮，还要在上面筑巢，箭射不到，网碰不着，可以说是远离死亡之地了。然而如果用诱饵进行诱杀，这样就变成濒临死亡的境地了，这难道不是过分地追求奉养以求生？所以，如果不过分追求外物而失去自己根本，不追求私欲而偏离自己本真，这样即使当兵上阵也不会受到伤害，走路也不会受到外物侵犯。这确实需要像婴儿一样保持和坚守本真。

【河上公章句】贵生第五十

出生入死。出生，谓情欲出〔于〕五内，魂静魄定，故生。入死，谓情欲入于胸臆，精劳神惑，故死。生之徒十有三，死之徒死十有三，言生死之类各有十三，谓九窍四关也。其生也目不妄视，耳不妄听，鼻不妄嗅，口不妄言，〔舌不妄〕味，手不妄持，足不妄行，精神不妄施。其死也反是也。人之生，动之死地十有三。人知求生，动作反之十三死〔地〕也。夫何故，问何故动之死地也。以其求生之厚。〔言人〕所以动之死地者，以其求生活之事太厚，违道忤天，妄行失纪。盖以闻善摄生者，摄，养也。路行不遇兕虎，自然远离，害不干也。入军不披甲兵，不好战以杀人。兕无〔所〕投其角，虎无所措〔其〕爪，兵无所容其刃。养生之人，兕虎无由伤，兵刃无从加之也。夫何故，问兕虎兵甲何故不加害之。以其无死地。以其不犯〔上〕十三之死地也。言神明营护之，此物不敢害。

译文：“出生”是说人的情欲脱离五脏，使得魂魄安稳宁静，所以能够长生。“入死”是说人的情欲进入心胸之内，经常烦精劳神，所以容易早亡。决定人长生与早亡的因素各有十三种，就是九窍和四肢。长生的人眼睛不乱视乱看，耳朵不乱听乱闻，鼻子不乱闻乱嗅，口舌不乱语乱嚼，手不乱抓乱动，足不乱行乱走，精神元气不随意地施发耗费。早亡的人则反其道而行之。人们追求长生，但是他九窍四肢的动作违背上面所说的长生之道，就会走向死亡。为什么明明追求长生却走向死亡呢？之所以追求长生而走向死亡，是因为他为了追求长生而奉养过度、过度享受，悖逆天道常理，恣行妄为而失掉法度。

听说善于养生的人在陆地上行走时，犀牛、老虎等野兽会自然远避，伤害与自己没有关系；参加战争时不会被刀枪所伤害，不会因为自己凶狠好斗而为自己引来死亡威胁。善于养护生命的人，老虎犀牛等野兽没有理由伤害他，刀枪也无从加害他啊！那么老虎犀牛、刀枪为什么不会伤害他呢？因为善于养生的人奉行德善，清静无求，他不会犯害众物，众物自然不会犯害于他。善于养生的人不使九窍四肢违背养生原则而进入死亡险境，也可以说有神明护佑，所以刀枪凶兽不敢加害他。

五十一章

【原文】道生之,德畜之,物形之,势成之。是以万物莫不尊道而贵德。道之尊,德之贵,夫莫之命而常自然。故道生之,德畜之;长之、育之、亭之、毒之、养之、覆之。生而不有,为而不恃,长而不宰,是谓玄德。

【译文】“道”生成万事万物,德养育万事万物。万事万物呈现出各种各样形态,环境使万事万物成长起来。故此,万事万物莫不尊崇“道”而珍贵德。“道”之所以被尊崇,德之所以被珍贵,就在于没有谁命令这样做,只是顺乎自然任其发展。因而,“道”生长万物,德养育万物,使万物生长作育,成长成熟,使其受到抚养、保护。“道”使万物生长而不占有他们,养育万物而不自恃有功,滋养万物而不主宰它们,就称作自然最高深的德性。

【说解】本章老子讲万事万物尊道贵德。

本章共分为两部分。第一部分讲万事万物自然运化而尊道贵德。“道”无形无相,生成万事万物,这就是“道生之”。道体分散于万事万物之中,使之成长变化,显现出来的就是“德”,“德”涵养万物就是“德畜之”。儒家则认为是上天赋予了人德行,《论语·述而篇》中记载桓魋想加害孔子,孔子说:“天生德于予,桓魋其如予何?”儒家还有“德润身”的观点,认为良好的德行会使人的身体更健康更长寿。天地滋养万物使之呈现出各种各样形态，就是“物形之”。四季运行，日月交替，阴阳之气交和，使万物长成，就是“势成之”。就人的成长过程来说，人生下来就是“道生之”，人生来就有德，并伴随人成长就是“德畜之”，人由万物滋养，从小长大就是“物形之”，人的成长要靠各方面教育和培养，就是“势成之”。老子讲述万物生长成就的过程，意在让人们明“道”，人的成长无不得益于世间的人和物，明“道”者会心生感恩之心帮助别人，同时也会得到别人的爱心回报，这样的人就会收获光明的前途和幸福的人生。不明“道”者得势就张狂，认为一切都是自己努力所得，与别人无关，对人傲慢无礼，最终会造成众叛亲离，这样的人就会得到灾祸相报和痛苦人生。

随后老子说：“是以万物莫不尊道而贵德。”万物都尊重“道”，都认为“德”很宝贵，万事万物为什么尊崇“道”而珍贵“德”呢？老子接着讲出了原因：“道之尊，德之贵，夫莫之命而常自然。”君王受命于天，臣子受命于君王，世间这些凡是可以受命的尊贵都不是长久的。纵观历史，皇帝可以轮流换，但是老子、孔子等圣贤的尊贵是不变的。孔子的富贵观是要符合仁义，《论语·述而篇》中孔子说：“不义而富且贵，于我如浮云。”正因为孔子的无冕之王不是被任命的，他传承的“道”又符合仁义，所以孔子的富贵才是长久的，几千年来孔子一直被世人尊称为“素王”。

第二部分老子阐述“道”的玄德。老子说“道”生万物，德养育万物，并使万物生长作育，成长成熟，使其受到抚养、保护。“道”使万物生长而不占有它们，养育万物而不自恃有功，滋养万物而不主宰它们，这样就被称为玄德，就是最高深的德性。

【老年悟语】

1.善人积善不积恶，所以善人身上积累的是众善，善不断积累使他们足以成就美名；恶人积恶不积善，所以恶人身上积累的是众恶，恶不断积累使他们足以丧失其身。

2.没有感恩之心的人，再多的财富也不会感到幸福；没有感恩之心的人，再聪明事业也难以成功；没有感恩之心的人，再注意养生也不会长寿。

3.一个人心存善念，无私帮助别人，他所得到的好处要比被帮助的人还要多；一个人心存恶念，时时想报复别人，他所受到的伤害要比被报复的人还要多。

【王弼注道德经】

物生而后畜，畜而后形，形而后成。何由而生？道也。何得而畜？德也。何由而形？物也。何使而成？势也。唯因也，故能无物而不形；唯势也，故能无物而不成。凡物之所以生，功之所以成，皆有所由。有所由焉，则莫不由乎道也。故推而极之，亦至道也。随其所因，故各有称焉。道者，物之所由也；德者，物之所得也。由之乃得，故曰不得不尊；失之则害，不得不贵也。亭谓品其形，毒谓成其质。各得其庇荫，不伤其体矣。有德而不知其主也，出乎幽冥，是以谓之玄德也。

译文：万物生成后才能蓄养，而后才能有具体形状，最后才得以完成。万物是由什么生成的？“道”。由什么蓄养的呢?德。由什么成形的呢？物质。是什么使其完成的呢？环境。因为相互作用，所以万物才得以成形；因为有周围环境的影响，所以万物得以发展完成。世间万物之所以能生成，能最后获得成功，都是有缘由的。所有的缘由，都是得之于“道”。以此来推导源头，也还是“道”。因循着“道”，世间万物各有自己的名称。“道”，是万物生成发展的缘由；德，是万物发展变化中所形成的特质。遵从“道”就能够得到，如果没有得到，那是因为没有遵从

"道";失去对"道"的遵从就会受到损害,所以必须要重视"道"。"亭"是具备了形态,"毒" 是具有了实质。"道" 使万物得到庇护而不受损害。有德却不知从何而来,感觉好像来自幽远的地方,所以又称其为玄德。

【河上公章句】养德第五十一

道生之,道生万物。德畜之,德,一也。一主布气而蓄养〔之〕。物形之,一为万物设形像也。势成之。一为万物作寒暑之势以成之。是以万物莫不尊道而贵德。道德所为,〔万物〕无不尽惊动,而尊敬之。道之尊,德之贵,夫莫之命而常自然。道一不命召万物,而常自然应之如影响。故道生之,德畜之,长之育之,成之孰之,养之覆之。道之于万物,非但生而已,乃复长养、成孰、覆育,全其性命。人君治国治身,亦当如是也。生而不有,道生万物,不有所取以为利也。为而不恃,道所施为,不恃望其报也。长而不宰,道长养万物,不宰割以为利也。是谓玄德。道之所行恩德,玄闇不可得见。

译文:大道生成万物。德即"一","一"生发并布施元气用来养育万物。"一"为万物设立各种各样的形态形象,"一"还提供寒暑凉热的环境让万物化育成熟。所以道德的所行所为,无不令天下万物都感到深深震撼而肃然起敬。"道"之所以尊崇、"德"之所以尊贵,是因为"一"不是命令万物怎么做,而是永远顺其自然。"道"生成万物并不只是生成就算了,还会长期养育、使万物发展成熟并护佑万物的成长、保全万物的生命。君王治国理政、修养身心,也应当如此。大道生成万物,不是因为有所获取而生成万物为自己所利用, 大道布施无为之德从来不指望万物给予回报, 大道长久地生养万物也不会宰割牺牲万物为自己谋利。"道"对天下万物施行的恩德,奥妙玄远不易察觉。

五十二章

【原文】天下有始，以为天下母。既得其母，以知其子；既知其子，复守其母，没身不殆。塞其兑，闭其门，终身不勤。开其兑，济其事，终身不救。见小曰明，守柔曰强。用其光，复归其明，无遗身殃，是为袭常。

【译文】天地万物本身都有起始，这个起始作为天地万物的根源。如果知道了万物根源，就能认识万事万物，如果认识了万事万物，又把握万物根本，那么终身都不会有危险。塞住欲念孔穴，闭起欲念门户，终身都不会有烦扰之事。如果打开欲念孔穴，就会增添纷杂的事件，终身都不可救治。能够察见到细微叫作“明”；能够持守柔弱叫作“强”。运用其光芒，返照内在的“明”，不会给自己带来灾难，这就是万世不绝的常道。

【说解】本章老子谈修身悟道的方法。

本章分为两部分。第一部分主要论述母与子的关系，也就是根本和枝末的关系。“天下有始，以为天下母。”老子告诉我们，天地万物都有起始，都是由“道”所生，这个“道”作为天地万物的根源。“母”是取其繁衍、生生不息的意思，叫作“天下母”。“既得其母，以知其子；既知其子，复守其母，没身不殆。”母是根本，如果明白了“道”是万事万物的根源，也就明白了“道”所生的万事万物及其运行规律了。既然知道天下万事万物是怎么运转的，还要“复守其母”，就是要回到“道”的状态，把握万物根本，做事都按照“道”的规律去做，这样的人就可以“没身不殆”，人遵道而行就一定会得到大家支持，人生就会顺利，终身都不会有危险。孔子针对人一生不同阶段容易出现的问题，提出了君子修身的三戒，《论语·季氏篇》中孔子说：“少之时，血气未定，戒之在色；及其壮也，血气方刚，戒之在斗；及其老也，血气既衰，戒之在得。”人在少年、壮年、老年分别要警戒女色、争强好斗、贪得无厌。孔子希望人们遵循圣贤之道，注重解决人生不同阶段的问题，以保人生幸福无忧。

第二部分老子重点讲复明袭常。首先老子关注人的欲望问题，将塞兑闭门和开兑济事进行对比：“塞其兑，闭其门，终身不勤”，“开其兑，济其事，终身不救”。老子提醒人们一定要控制自己欲望，他知道欲望后面跟着的是贪婪、骄傲、放纵、纠纷、仇恨、凶杀甚至战争，人生的幸福很大程度上就取决于对欲望的把控。道家修身首要的就是要做到清心寡欲。孔子也很重视人的欲望对社会的危害，在《论语·八佾篇》中孔子痛骂为满足欲望而僭礼的季氏：“八佾舞于庭，是可忍也，孰不可忍也？”圣人见微知著，知道不控制小的欲望，国家就会发生大的动乱。最终果如孔子所料，鲁国之后多次发生内乱，甚至发生了家臣把持国政的奇闻，季氏家族也成为受害者。

随后老子又从世间现象谈到道：“见小曰明，守柔曰强。”人有敏锐的眼睛，能从细小的事物上发现规律，从而占得先机，避免灾祸，这就可以称得上是一个明智的人。“弱者道之用”，守柔就是甘作弱者，就是守住了“道”，就能够通晓事理，使自己达到强大的状态。明智的人不一定有智慧，明智和智慧的区别就是有智慧的人处理事情没有后患，明智的人可能会精于算计眼前利益而失去长远利益。明智的人只有通过不断修身立德，甘守柔弱，成就别人，才会进入得道的大智慧境界。

“用其光，复归其明”，人的眼睛和耳朵过于追逐外部声色，不但容易引起人的欲望，也耗费人的“精气神”。所以道家的修身者就采用收视返听、朗然内照的方法，结合上面“塞兑闭门”的修身之法，这样就会使身心得以终身受用而不会劳累了。南怀瑾在《老子他说》中介绍了一个方法，人在看花时不要把自己的眼神投射到花上，这样会耗散精气，而要把花收敛到自己的眼睛里，读书时也是一样，要用意念把物象拉回来，这样还会使眼睛减少疲劳，经常坚持“用其光”，就会使自己的视力、智慧提高一个层次，就会“复归其明”。老子最后说“无遗身殃，是为袭常”，按照上面方法修行，最终的结果就不会给自己带来灾难，这就叫万世不绝的常道。

【老牟悟语】

1.人生的意义关键看你做的事是否有长久影响。像人们追逐的车子、房子、位子等物质方面的东西，百年之后都见不到了，所以影响也小。而德行、名誉、家道传承等精神方面的东西可影响百年以上，所以拥有的越多越好。

2.万事有度，过则为灾。下雨能润泽万物，但是雨下得太多，反而造成涝灾伤害万物；少喝酒有益身体健康，但是喝酒过度，反而伤害身体败坏德行；对子女的爱利于孩子成长，但是过于溺爱，反而容易使子女叛逆，成为家庭之灾。

3.修身者一旦遇到问题会内求诸己，责任都归为自己，这样心内会生出智慧；愚笨的人一旦遇到问题会外求诸人，责任都推给别人，这样心内会生出烦恼。

【王弼注道德经】

善始之，则善养畜之矣。故天下有始，则可以为天下母矣。母，本也;子,末也。得本以知末,不舍本以逐末也。兑,事欲之所由生。门,事欲之所由从也。无事永逸,故终身不勤也。不闭其原,而济其事,故虽终身不救。为治之功不在大,见大不明,见小乃明。守强不强,守柔乃强也。

译文:遵循"道"的美好开端,也肯定善于养畜万物。所以说天下万物都有本原(即道),作为万物的母亲。母,即根本;子,即末节。知道根本的就可以知道其他的,不能舍弃根本而去追逐次要末节。兑,事物将要发生的由头。门,事物将会发展的路径。不受外物影响,没有什么事物能让人感到劳累,所以安闲终生而不劳顿。如果一件事不去止住源头,而要解决问题,那肯定是终身都不可挽救。治理的功绩不在于做了多少事情,只着眼于宏大的事不够明智,能够从细小地方去觉察变化才是透彻明白。要想保持强大就难以强大,守住柔弱才是真强大。

【河上公章句】归元第五十二

天下有始,始有道也。以为天下母。道为天下万物之母。既知其母,复知其子,子,一也。既知道已,当复知一也。既知其子,复守其母,已知一,当复守道反无为也。没身不殆。不危殆也。塞其兑,兑,目也。〔使〕目不妄视也。闭其门,门,口也。使口不妄言。终身不勤。人当塞目不妄视,闭口不妄言,则终生不勤苦。开其兑,开目视情欲也。济其事,济,益也。益情欲之事。终身不救。祸乱成也。见小曰明,萌芽未动,祸乱未见为小,昭然独见为明。守柔日强。守柔弱,日以强大也。用其光,用其目光于外,视时世之利害。复归其明,复当返其光明于内,无使精神泄也。无遗身殃。内视存神,不为漏失。是谓习常。人能行此,是谓修习常道。

译文:天地万物的起始就是有了"道","道"是天下万物的母亲(根源)。既然认识了“道”是万物之母即根源,应当也认识“道”之子“一”。已经认识了“一”,就应该像儿子守护母亲那样执守大道,返归到无为的初始状态,这样就终身不会有危险。

堵住眼睛就无法乱看,闭上嘴巴就无法乱说,做人就应当堵上眼睛不乱看、闭上眼睛不乱说,这样终生就不会有劳苦愁烦。睁开眼睛看到世间情色声欲,思行不端之事,祸患就会因此而酿成。事情还处于萌芽未动、祸乱不显的时候就能明察秋毫才称为明智,执守柔软平和的状态并能持之以恒地坚持才是真正的强大。我们先用大道观点观察身外世界,洞察所处时代和社会的一切利益纷争与冲突,从而不使自己处于危险中之。然后回归大道的本质到内心,返朴归真,韬光养晦,不把精神之气泄露于外。这样外避危害、内全心神,避免了亏耗漏失。人能够这样行事,就是修习永恒不变的大道。

五十三章

【原文】使我介然有知，行于大道，唯施是畏。大道甚夷，而人好径。朝甚除，田甚芜，仓甚虚。服文采，带利剑，厌饮食，财货有余，是为盗夸。非道也哉！

【译文】假如我稍微地有了认识，在大道上行走，唯一担心害怕的是走了邪路。大道虽然平坦，但统治者就喜欢舍弃大道走邪路。朝廷已腐败不堪，农田也已经荒芜，仓库十分空虚，而统治者仍穿着锦绣华服，佩带着锋利的宝剑，饱餐精美的饮食，搜刮侵吞着财物，这就是盗魁贼首，其所作所为实在是不合大道啊！

【说解】本章老子批判了统治者的无道行为。

首先老子将行于大道和好行小径的行为进行了对比。“使我介然有知”，老子这是谦虚地说出一个得道者的感受，“行于大道，唯施是畏”，得道者内心有道，与人相处待人和善，一切言行都会遵道而为，唯一担心的是怕走了邪路。圣人行事谨慎，即使身处乱世也会坚持原则，《论语·宪问篇》中孔子说：“邦无道，危行言孙。”这不是让人说假话，而是对人有害处的话可以不说，但说出来的话一定是真话，这也是圣人的处世智慧。

“大道甚夷，而人好径。”人是指统治者。径是捷径，引申为邪路。利于百姓利益的大道虽然平坦，但是统治者却认为大道过于遥远，他们为了眼前利益就舍弃大道,而走到歪门邪道上。自古社会上“好径”者众多,《论语·雍也篇》中记载子游担任武城的长官,孔子问他发现优秀人才了吗?子游说:“有澹台灭明者,行不由径,非公事未尝至于偃之室也。”可以看出不走捷径的澹台灭明是个难得的安守本分、不攀援富贵的人。

随后老子列举了统治者无道的七类现象:“朝甚除,田甚芜,仓甚虚;服文采,带利剑,厌饮食,财货有余。”统治者不走大道,上行下效,整个朝廷已腐败不堪。他们不顾百姓利益,在农忙时征用劳力,造成农田荒芜,百姓没有粮食缴纳赋税,仓库空虚,而统治者为了满足自己的欲望仍穿着锦绣华服,佩带着锋利宝剑,饱餐精美饮食,搜刮侵吞财物。

统治者的这七类现象都与“道”相反,那么有道的君子是怎么做的呢?孔子在《论语·尧曰篇》中说君子有五种美德:“惠而不费,劳而不怨,欲而不贪,泰而不骄,威而不猛。”

区别无道的统治者和有道的君子很简单,就是看其发心在何处。有道的君子心系百姓,会处处为百姓利益考虑,其言行谨小慎微,百姓对他们感恩戴德,他们的无私最终将成就其“大私”。无道的统治者心在一己之利,为了自己的欲望损害百姓利益,行为骄横奢侈,他们不合道的“好径”行为,最终一定会害人害己,这样的统治者也不会长久。老子毫不留情地大骂统治者的这些行为:“是为盗夸。非道也哉!”老子说这些人就是不自量力的盗魁贼首,其所作所为实在是不合天道啊!

【老牟悟语】

1.愚笨的人被金钱控制,他的青春、时间、健康、快乐、亲情都被金钱拿走,成为金钱的奴隶;智慧的人懂得使用金钱,他拥有青春、快乐等人间最珍贵的东西,而将金钱视为奴隶。

2.依附权势能带来好处，权势丧失后带来的祸患也很快；安贫乐道虽然寂寞，但是恬淡生活带来的快乐却很长久。

3.当皇帝吃山珍海味，当乞丐吃残羹剩饭，吃到肚子里的感觉差不多；当皇帝苦心焦虑，当乞丐衣食有忧，他们痛苦的心情也差不多；皇帝享受世人朝拜，乞丐得到冷脸相对，喧闹过后感觉也差不多。最大的差别是皇帝造福百姓，或能名垂千古；皇帝祸害百姓，定将遗臭万年。

【王弼注道德经】

若使我可介然有知，行大道于天下，唯施为是畏也。大道荡然正平，而民犹尚舍之而不由，好从邪径，况复施为以塞大道之中乎？故曰"大道甚夷，而民好径"。设一而众害生也。凡物，不以其道得之，则皆邪也，邪则盗也。夸而不以其道得之，盗夸也；贵而不以其道得之，窃位也。故举非道以明，非道则皆盗夸也。

译文：如果可以让我稍微有所觉知，那么行大道于天下，最担心的只有不当施与和乱作为。大道坦荡而平顺，而老百姓还是舍弃不从，更愿意走捷径和邪路，更何况还经常受外部影响而阻塞大道呢？所以说大道非常平坦，但一般人喜欢走捷径。一个不好的行为就能引起一系列不良后果。任何事物，如果不顺从自然规律而得到，都是不正当的，都是以损害别人的利益为代价的。违背规律吹嘘欺骗谋求的利益，都是强盗行径；高贵的名声不是通过遵循规律而是通过投机取巧获得的，都是窃位。用不合道的现象来说明，不符合"道"的行为都是无道的。

【河上公章句】益证第五十三

使我介然有知，行于大道。介，大也。老子疾时王不行大道，故设此言。使我介然有知于政事,我则行于大道,躬行无为之化。唯施是畏。唯,独也。独畏有所施为,恐失道意。欲赏善,恐伪善生;欲信忠恐诈忠起。大道甚夷,而民好径。夷,平易也。径,邪、不平正也。大道甚平易,而民好从邪径也。朝甚除,高台榭,宫室修。田甚芜,农事废,不耕治。仓甚虚。五谷伤害,国无储也。服文彩,好饰伪,贵外华。带利剑,尚刚强,武且奢。厌饮食,财货有余,多嗜欲,无足时。是谓盗夸。百姓〔不足〕而君有余者,是由劫盗以为服饰,持行夸人,不知身死家破,亲戚并随〔之〕也。非道也哉。人君所行如是,此非道也。复言也哉者,痛伤之辞。

译文:老子憎恨当时的君王不推行无为大道,所以设立这样的言论:如果我有了大智慧而执掌政事,我就要推行大道,亲自推行无为的教化。唯独担心自己妄施有为,害怕失去了大道本义。想要奖励行善者,又怕有伪装装行善的事情发生;想要信任忠义之士,又怕伪装忠义的人兴起。“夷”是平易的意思,“径”是邪而不正的意思,大道非常平坦安全,然而世人偏偏喜欢走不平正的邪路。朝廷的过度作为体现在一味地高筑台榭、大修宫室,导致农事荒废,不再耕种治理田地,继而造成五谷不收,国库没有储备。为政者爱好虚饰伪装,看重外表华丽,崇尚强梁刚勇,喜欢武力奢华,时常贪图私欲而没有满足的时候。百姓生活拮据而君王富足有余,是因为从百姓那里巧取豪夺而为自己享用,如此所为不以为耻反而矜夸于人,没有认识到这样会导致身亡家破,到时候亲朋好友也会跟着遭殃。君王这些做法,归根结底是不守大道。我反复不停地这样讲,是因为看到太多这样沉痛伤感的事。

五十四章

【原文】善建者不拔，善抱者不脱，子孙以祭祀不辍。修之于身，其德乃真；修之于家，其德乃余；修之于乡，其德乃长；修之于国，其德乃丰；修之于天下，其德乃普。故以身观身，以家观家，以乡观乡，以国观国，以天下观天下。吾何以知天下之然哉？以此。

【译文】善于建树德行的人不会轻易动摇，善于抱守"道"的人不会轻易失脱，如果子孙能够坚守这个原则，那么后代香火就不会断绝。以道德修养自身，他的德行就会保持纯真。在家族推广道德修身，家族的德行就会丰盈有余；将道德修身推广到全乡，整个乡的德行就会得到弘扬；将道德修身推广到邦国，整个邦国的德行就会丰盛博大；将道德修身推广到天下，天下的德行就会无限普及。所以通过观察一个人的修身情况，就知道他的德行是否保持纯真。观察一个家族的德行情况，就知道这个家族的家风。观察一个乡的德行情况，就知道整个乡风气如何。观察一个邦国的德行情况，就知道整个邦国的状况。观察天下的德行情况，就知道整个天下的状况及未来走向。我怎么会知道天下情况之所以如此呢？是因为我用了以上的方法。

【说解】本章老子谈了道德的巨大功用。

本章共分为三部分，第一部分老子讲道德传承的巨大功效："善建者不拔，善抱者不脱，子孙以祭祀不辍。"老子首先谈道德传承对后代子孙的影响。善于建树德行的人不会轻易动摇,善于抱守“道”的人不会轻易失脱。如果子孙坚守道德修身之道,那么后代香火就不会断绝。我们知道,世界上凡是以实物形式存在的物质就不是恒久的,而道德是虚无的,正因为其虚无,所以道德能恒久地存于世间,而其功用又是十分巨大,人们能够切身感受道德的存在。得道者以天下利益为重,他们造福百姓,甚至会将身体安危置之度外,从而成就不朽功业。他们的德行百姓永世不忘,所以也会有“子孙以祭祀不辍”。从一个家族来说,“不拔”、“不脱” 的就是家道的传承,家族的家风家训虽然看不见摸不着,但是因其承载了“道”,所以能够恒久福泽后世。《大学》中说“有德此有人”,就是说先祖有德,后辈就会人丁兴旺,就会传承家道,如果先祖无德,甚至有断子绝孙的危险,或被法办,或遇灾祸,也就不会有今世子孙的人身了。印光大师也说过,先祖有德后世子孙才会有功名。所以我们祭祀时要感恩先祖恩德,要践行家风家训,使先祖的家道得以恒久传承。

随后老子分别阐述了道德传承的功效:“修之于身,其德乃真。”人以修身为本,修身就要不断减损自己欲望,反省自己过失,树立以民众利益为重思想。修身至一定境界,即使遇到困辱之事,甚至生死临头,也不会失德变节。所以用道德修身,他的德行就会保持纯真。道家有很多修身养性的功法,修身会益寿延年,在这方面道家比儒家要好。一个人修身立德会逐步影响到整个家族,进而在家族中形成父慈子孝、兄友弟恭、夫信妻贞的家风,这样家族的德行就会丰盈有余。同样修身立德之法影响到全乡,整个乡的德行就会得到弘扬;将道德修养之法推广到邦国,整个邦国的德行就会丰盛博大;将道德修养之法推广到天下,天下的德行就会无限普及。老子的理想是成就“鸡犬之声相闻,老死不相往来”的小国寡民世界,这个理想国在儒家说来就是天下为公的大同世界。

一个人按照大道法则修身，再进行齐家治国就是很简单的事情了。庄子说大道的精华用来修身养性,用大道的细枝末节就可以治理好天下国家,庄子总结老子本章所谈的就是内圣外王思想。有人认为内圣外王是儒家观点,看了本章就知道,儒道文化同源,内圣外王思想共有,儒道思想的最高境界相同。

第二部分老子讲推己及人的观察方法。一个人以道德修养自身，其德行就会保持纯真。“故以身观身”，所以观察一个人的修身情况，就知道他的德行是否纯真。圣人观察人都是细致入微,《论语·为政篇》中孔子讲了观人三法:“视其所以,观其所由,察其所安。”老子随后讲“以家观家”,观察一个家族人的德行情况,就知道这个家族的家风。“以乡观乡”,观察乡里人的德行情况,就知道整个乡的风气如何。“以国观国”,观察邦国里人的德行情况,就知道整个邦国的社会风气。“以天下观天下”,观察天下人的德行情况,就知道整个天下的状况及未来走向。孔子认为社会风气重要的还在于当政者的引导和示范,《论语·颜渊篇》中孔子说:“君子之德风,小人之德草,草上之风必偃。”

最后老子进行总结:“吾何以知天下之然哉?以此。”意思是我怎么会知道天下情况之所以如此呢? 就是因为我用了观察对比的方法。有道者修身立德,积累福报,他们的生活肯定会幸福,同时还会受到社会尊敬,后世子孙也会人才兴旺。而无德小人不会修身立德,虽然有的小人一时有钱有势,但他们追逐欲望,为所欲为,最终钱权也会失去,还落得一个坏名声,甚至祸延子孙。家庭、乡、邦国、天下的兴衰又何尝不是这个道理?

【老牟悟语】

1.学习圣贤经典贵在落实,如果一个人常年学习圣贤经典,讲起来头头是道,而自己的情绪、欲望、妄念一点没有变好,那就是学歪了。

2.古人干活是为了养家，读书是为了明理，今人把工作和读书都当成了追求富贵的手段；古人吃饭是为了充饥，乘车是为了代步，今人将吃饭和开车都当成了炫耀富贵的手段。

3.宴会上，一位长者对即将参加工作的年轻人说："到了单位上要先干好私事，再干公事，私事就是领导的私事、同事的私事，这样有了好的人缘，提拔就快了。"听了这话笔者感到害怕，怕的是等孩子以后真的有权了，而他办私事的习惯没变，整天想着谋取私利，那早晚得出事，这岂不害了人家的孩子吗？

【王弼注道德经】

固其根，而后营其末，故不拔也。不贪于多，齐其所能，故不脱也。子孙传此道，以祭祀则不辍也。以身及人也。修之身则真，修之家则有余，修之不废，所施转大。

以天下百姓心，观天下之道也。天下之道，逆顺吉凶，亦皆如人之道也。吾何以得知天下乎？察己以知之，不求于外也。所谓不出户以知天下者也。

译文：先巩固精神上的根基，然后再发展其他次要末节，所以拔除不掉。不贪多，有多少能耐就拿多少，所以不会脱离于道。子孙世世代代把这种道传承下去，以它来祭奠先人，这种延续不会断绝。通过修身原则来观照别人。用这个道理来修身，德就会是真实的；将这个道理用于修家，德会有余。这样不但不会停止，所产生的影响还会越来越广泛。

用老百姓的心愿来观照天下的"道"，其顺逆凶吉和人的"道"是一样的。我怎么知道天下是这样的呢？观照自己知道的，不需要向外物去寻求。所说的不出门就能知晓天下事就是这个道理。

【河上公章句】修观第五十四

善建者不拔,建,立也。善以道立身立国者,不可得引而拔之。善抱者不脱,善以道抱精神者,终不可拔引解脱。子孙祭祀不辍。〔辍,绝也〕。为人子孙能修道如是,〔则〕长生不死,世世以久,祭祀先祖,宗庙无〔有〕绝时。修之于身,其德乃真;修道于身,爱气养神,益寿延年。其德如是,乃为真人。修之于家,其德乃余;修道于家,父慈子孝,兄友弟顺,夫信妻贞。其德如是,乃有余庆及于来世子孙。修之于乡,德、★乃长;修道于乡,尊敬长老,爱养幼少,教诲愚鄙。其德如是,乃无不覆及也。修之于国,其德乃丰;修道于国,则君信臣忠,仁义自生,礼乐自兴,政平无私。其德如是,乃为丰厚也。修之于天下,其德乃普。人主修道于天下,不言而化,不教而治,下之应上,信如影响。其德如是,乃为普博。故以身观身,以修道之身,观不修道之身,孰亡孰存也。以家观家,以修道之家,观不修道之家。以乡观乡,以修道之乡,观不修道之乡也。以国观国,以修道之国,观不修道之国也。以天下观天下。以修道之主,观不修道之主也。吾何以知天下之然哉?以此。老子言,吾何知天下修道者昌,背道者亡。以此五事观而知之也。

译文:善于用“道”来立身立国的人,不会因为受到外界因素影响而动摇。善于用“道”来秉持精神追求的人,自始至终都不会放弃。作为有道之人的子孙能够这样执着地修持大道,那么就会长生不死,世世代代得以长久延续,宗庙内的祖先有后人祭祀,没有断绝的时候。

把这个道理作用在自己身上,爱惜元气,静养心神,就会增加岁数、延长寿命。人的道德达到这样,就可以称作真实纯正的人。把这个道理作用在家庭中,就会父亲慈善、儿子孝顺、兄长友爱、弟弟悌顺、丈夫忠信、妻子贞节。家庭道德达到这样,就会有余荫福祚延续到后世子孙。把这个道理作用在乡中,就会尊敬长辈和老人,爱护养育幼小儿童,教导训诫愚昧鄙陋的人。乡里的道德达到这样,就没有不被大道覆盖普及到的了。把这个道理作用在邦国中,就会国君诚信大臣忠诚,仁义自然而然产生,礼乐自然而然兴盛,政治平稳没有作奸犯科现象。邦国的道德达到这样,就会丰衣足食、民风淳厚。君王把修行大道的道理作用于天下,不用发号施令也会使民众得到教化,不用教导训诫也会使天下得到治理, 百姓对君王的响应就像是影子和回声一样。君王的道德达到这样,大道就会得到全面而广阔的普及。

通过修道之身观察不修道之身,谁会消亡谁会存在就很容易推知了。通过修道的家庭观察不修道的家庭,通过修道的乡观察不修道的乡,通过修道的邦国观察不修道的邦国,通过修道的君王观察不修道的君王。老子说:我怎么知道天下修行大道的人会昌盛、背离大道的人会消亡? 就是通过这五件事情观察、推知出来的。

五十五章

【原文】含德之厚，比于赤子。蜂虿虺蛇不螫，猛兽不据，攫鸟不搏。骨弱筋柔而握固，未知牝牡之合而朘作，精之至也。终日号而不嗄，和之至也。知和曰常，知常曰明，益生曰祥，心使气曰强。物壮则老，谓之不道，不道早已。

【译文】道德涵养浑厚的人，就好比刚刚出生的婴孩。即使是蜂蝎蛇虫这类毒虫，也不会叮咬他；即使是虎豹这样的猛兽，也不会用爪子伤害他；即使是鹰雕这样的猛禽，也不会扑击他。婴儿虽然筋骨柔弱，但拳头却握得很牢固。他虽然不知道男女的交合之事，但他的小生殖器却勃然举起，这是因为精气充沛的缘故。他整天啼哭，但嗓子却不会沙哑，这是因为元气纯厚。知道心气平和的道理叫作“常”，知道“常”的叫作“明”。有益于身体生发的就是吉祥，欲念主使精气就叫作逞强。事物过于壮盛了就会变衰老，这就叫不合于道，不遵守常道很快就会死亡。

【说解】本章老子讲修道立德，涵养自己的“精气神”。

本章分为两部分。第一部分老子通过婴儿特点阐述“德”的作用。道德涵养浑厚的人纯真质朴，就好比刚刚出生的婴孩。很多注家将“蜂虿虺蛇不螫，猛兽不据，攫鸟不搏”一句解释为婴儿无为无欲，对周围的事物没有敌意，所以毒虫、猛兽、攫鸟都不会伤害他。这种解释看似有理，实则难以令人信服。先不谈动物本性，刚生下来的婴儿只有吸允和哭的能力，甚至头都不能自己转动，如果无人照顾，即使没有动物侵害，也活不下去。我觉得还是庄子的观点比较好：婴儿不会离开父母的怀抱，也就不会受到侵袭。“天之在我者德也”，婴儿的“德”就是父母护佑。孟子说君子不立危墙之下，孔子在《论语·泰伯篇》中也说：“危邦不入，乱邦不居。”得道的圣人有权变智慧，不会将自己置于危险之地。

对世俗人来说，钱权名色等欲望就如毒虫鸟兽，人的德行就像保护婴儿的父母，一个有“德”的人无争无欲，不会到危险地方去，自然就会远离欲望而不受其害。而无德的人会被欲望牵着主动接近毒虫鸟兽，他们用钱减命，对外执着于钱权名利，对内追求感官刺激，内损外耗，元气大伤，最终就会被毒虫鸟兽伤身。

人要保养身体就要涵养好自己的“精气神”。接着老子讲述了婴儿的特点，让人们学习养精和养气：一是婴儿精气充足。婴儿虽然筋骨柔弱，但拳头却握得很牢固，老子所说的“握固”以后成为了道家的一种养生修炼方法。婴儿虽然不知道男女的交合之事，但他的小生殖器却勃然举起，是因为精气充沛的缘故。二是元气纯和。婴儿整天啼哭，但嗓子却不会沙哑，是因为元气纯厚，阴阳二气调和畅达。婴儿生命力之所以强大，因为婴儿天生纯真、无知无欲，不像大人那样欲望众多、思虑重重。老子意在奉劝世人要放下各种欲望，平和心气，像婴儿一样保养自己的“精气神”，身体自然会更健康。

第二部分老子讲修养身心要合道：“知和曰常，知常曰明。”知是心领神会的意思。和是指太和之气，在人身就是元气。婴儿元气充足，无欲无为的纯真状态是“和之至”，了解了这些，也就明白了事物变化的永恒规律，明白了事物的永恒规律就会明晓事理。南怀瑾先生在《老子他说》中说老子本章是讲“精气神”的修养，“精之至”是讲养精，“和之至”是讲养气，这里的“知”不是意识的知，而是神，神是永远的，恒常的，修道明白了就是神，是灵感的发现，神灵的发现，才叫作明白，所以说“知常曰明”。

接着老子讲了反例：“心使气曰强。”有的人气息不平和，经常盛气凌人，对人强横无礼，老子历来反对这样的处世方式。孔子也反对不好学而一味逞强，在《论语·阳货篇》中孔子说：“好刚而不好学，其蔽也狂。”

事物过了巅峰就会走下坡路，所以老子又说“物壮则老”。“谓之不道，不道早已。”以强横的方式处理问题不符合大道，既然不合于道就不会长久，人的言行不合常道就会遭遇祸患，甚至会很快死亡。本章老子告诫人们想要避免出现这种状况，就要做到像婴儿一样守柔，涵养好自己的“精气神”，同时做到适可而止，避免有为和过于强盛，这样言行合道，人生才会幸福长久。

【老年悟语】

1.现在年轻人离婚比例较高，主要原因就是很多人结婚时以欲望为主，没有包容心。有德的人注重修身立德，他们看淡欲望，会处处站在对方立场上考虑问题，这样离婚的欲望都没有了，怎么会离婚呢？

2.君子注重的是德行，教人们先做人再做事，这样做事没有后患；小人看重的是利益，教人们各种成功之法，而不考虑德行，这样做事后患无穷。

3.美酒佳肴虽然给人带来一时快乐，但也会带来失落的忧伤；白菜豆腐虽然给人带来口味的平淡，但却能使人保持身心健康。

【王弼注道德经】

赤子，无求无欲，不犯众物，故毒螫之物无犯之人也。含德之厚者，不犯于物，故无物以损其全也。以柔弱之故，故握能周固。作，长也。无物以损其身，故能全长也。含德之厚者，无物可以损其德、渝其真。柔弱不争而不摧折者，皆若此也。无争欲之心，故终日出声而不嗄也。物以和为常，故知和则得常也。不皦不昧，不温不凉，此常也。无形不可得而见。故曰“知常曰明”也。生不可益，益之则夭也。心宜无有，使气则强。

译文：刚出生的婴儿，无求无欲，不会去侵犯外物，所以毒虫等都不会去咬他。涵养德性深厚的人，不会去侵犯外物，所以外物也不会去伤害他。筋骨柔弱，将东西才能握得很牢固。作，成长的意思。没有什么东西能够损害他，所以能够保全并成长。涵德深厚的人，没有什么东西能够损害他的德行，改变他的本真。柔弱而不去争胜，就与外物没有冲突，也就不会受到伤害，就是这个道理。刚出生的婴儿不会去争夺占有，所以他们整天嚎哭但嗓子不会哭哑。事物最普遍的是处于平和、醇和状态，所以知道醇和、平和就是了解了规律、规则。不亮不暗，不温不凉，这也是事物的常态。这种常态没有形状、无法用肉眼看见。所以说“了解这个事物规律、规则的人才是明智之人”。不可对事物强加外力影响，这样容易夭折。好的心境是保持虚空、清静状态；纵心任气，是强暴、蛮横的表现。

【河上公章句】玄符第五十五

含德之厚，谓含怀道德之厚〔者〕也。比于赤子。神明保佑含德之人，若父母之于赤子也。毒虫不螫，蜂蠆蛇虺不螫。猛兽不据，攫鸟不搏。赤子不害于物，物亦不害之。故太平之世，人无贵贱，〔皆有〕仁心，有刺之物，还返其本，有毒之虫，不伤于人。骨弱筋柔而握固。赤子筋骨柔弱而持物坚固，以其意〔专而〕心不移也。未知牝牡之合而峻作，精之至也。赤子未知男女会合而阴阳作怒者，由精气多之所致也。终日号而不哑，和之至也。赤子从朝至暮啼号声不变易者，和气多之所至也。知和日常，人能和气柔弱有益于人者，则为知道之常也。知常日明，人能知道之常行，则日以明达于玄妙也。益生日祥，祥，长也。言益生欲自生，日以长大。心使气日强。心当专一和柔而神气实内，故形柔。而反使妄有所为，〔则〕和气去于中，故形体日以刚强也。物壮则老，万物壮极则枯老也。谓之不道，枯老则不得道矣。不道早已。不得道者早死。

译文：“含德之厚”是说道德修养淳厚的人。神明保佑道德修养淳厚的人，如同父母呵护初生婴儿一样。蜂蠆蛇虺等毒虫野兽对于厚德之人不会螫咬攻击，婴儿不会伤害毒虫野兽等动物，这些动物也不会伤害婴儿。所以在太平盛世里，人们没有贵贱之分，人人都有仁爱之心，生有尖刺的东西回归它的天然本性，具有毒性的害虫不会伤害人。婴儿体格筋骨柔弱却能攥握物体很牢固，是因为婴儿专注无旁心。婴儿不知道男女之事但小鸡鸡有时候也会勃起，是由于精气充足所导致。婴儿从早上到晚上啼哭不止哭声不变，是因为中和之气充足所导致。

人能够明白中和之气的柔顺对人有益的道理，也就知道大道何以永恒的道理。人能够知道大道永恒的运行规律，就逐渐清晰地理解玄奥微妙的事物了。“益生曰祥”是说益寿养生不要刻意而为，应从玄奥微妙之道着手，长期坚持就会逐渐显明。人必须道心专一、心境和柔才会精神元气充实于体内，从而形体得以柔和。反之，如果违背道意胡作非为，那么和顺之气就会离开你的身心，所以形体就会一天天变得刚强僵硬。万物强壮到了极点就会转向枯朽衰老，枯朽衰老就失去了自然之道，失去了自然之道就没有了生机而早早消亡。

五十六章

【原文】知者不言，言者不知。塞其兑，闭其门，挫其锐；解其纷，和其光，同其尘，是谓玄同。故不可得而亲，不可得而疏；不可得而利，不可得而害；不可得而贵，不可得而贱，故为天下贵。

【译文】知道的人不说话，说话的人不知道。塞堵住嗜欲的孔窍，关闭住嗜欲的心门。不显露锋芒，解除俗事的纷扰，收敛他们的光耀，混同他们的尘世，这就是“道”的玄同境界。达到玄同境界的人，已经超脱亲疏、利害、贵贱的世俗范围，所以就为天下人所敬重。

【说解】本章老子谈人悟道、行道、得道至玄同境界的过程。

本章分为三部分。第一部分将“知者”和“言者”进行对比。“知者不言，言者不知。”这里的“知者”是指悟道者，他们明白道体微妙玄通，深不可识，不可言说，所以会遵道而为，行不言之教。这里的“言者”既不是悟道也不是完全不明白的人，他们学了一些知识，或者有很高的名位，误认为知识就是“道”，所以才会到处说教。这些人或被名利欲望所牵制，或道听途说为显摆自己，自身没有实践，也没有体悟，所以老子称他们是“不知”，是没有悟道的人。

不言之教也就是身教，身教符合“道”，所以能够打动人心。明白这个道理我们就可以化解很多生活中的难题。比如家庭中夫妻不和、孩子叛逆、儿女不孝等问题。一个人要想改变别人，最好的办法就是身教,自己先内求反省自己过错,并真心改过,别人感受到了你改过的诚心,他们也会受到感化去改变。做到这些你就会成为"不言"的行道者。孔子在《论语·阳货篇》中也教弟子学习天道的不言之教,孔子对子贡说:"天何言哉?四时行焉,百物生焉。天何言哉?"佛家的传道也主要是自悟,《六祖坛经》记载,五祖弘忍传法给六祖慧能时说:"法则以心传心,皆令自悟自解。"

第二部分老子讲了行道方法:去除欲望,不露锋芒,超脱纷争。一个社会的乱象皆源于人心的欲望,老子提出了一个治本的解决办法:"塞其兑,闭其门。"对内塞堵住嗜欲的孔窍,关闭住嗜欲的心门。儒家的修身也是讲究内求,《论语·卫灵公篇》中说"子曰:君子求诸己,小人求诸人",遇有问题君子先会查找自己过失,而小人会先查找别人过失。君子内求改过,使自己德行得以保全,小人通过不当手段获得眼前利益,但也失去看不见的道德,还有尊贵的天性根基。老子接着讲行道者与人相处要做到"挫其锐",因为尖锐的东西容易折断,也容易使人受伤,所以要磨去其锋芒;与人发生纷争就会伤和气,所以还要"解其纷";光芒显露、超凡脱俗就难与众人相处,所以要化和自己光芒,和世俗人同处尘境,就是"和其光,同其尘"。做到以上这些,行道者去除欲望,不与人争名逐利,坚守着自我淳朴境界,自己做事无不与"道"相合,经过悟道、行道阶段,就成为得道者,也就达到"道"的玄同境界。

第三部分老子讲得道者玄同境界的表现。得道者超然于物外,没有亲疏远近之别,所以"不可得而亲,不可得而疏"。孔子也认为君子与人相处不论个人感情的亲疏,而是讲究是否合道,《论语·子路篇》中孔子说:"君子易事而难说也,说之不以道,不说也。"

得道者淡然无欲,明白"与道合一"是"死而不亡",甚至可以将身体置之度外,所以"不可得而利,不可得而害"。得道者将钱权名利视如尘土，身着素朴却身怀宝玉，所以“不可得而贵，不可得而贱”。

道体虚无但其力量没有穷尽，所以得道者去除各种欲望，不会被世间任何“有”的东西所束缚，他们以无己利他的方式去对待万事万物，不分亲疏、利害、贵贱，得道者“与道合一”的玄同境界，是“不失其所”的，是不被任何外力所能撼动，所以是天下最宝贵的。

【老年悟语】

1.自己有不满情绪时如果用激烈的言辞质责对方，容易引发对方抵触情绪，不利于解决问题。此时最好是用坚定而温和的态度向对方表达自己的不满，这样容易被对方接受，而且不会导致对方怨恨，更有利于问题的解决。

2.世间忧愁的人多是被欲望困扰，他们不知道自己的心已经被欲望降服，实在很悲哀；悟道者看淡了世间种种欲望，他们留恋于心的纯真本性，不会让忧愁从心内生发。

3.人的性格有棱有角容易伤人，同时也容易被人削平。最好的处世方法是内方外圆：对己要方，自己做事有原则；对人要圆，与人交往要圆融。

【王弼注道德经】

知者不言，因自然也。言者不知，造事端也。塞其兑，闭其门，挫其锐；含守质也。解其分，除争原也。和其光，无所特显，则物无所偏争也。同其尘，无所特贱，则物无所偏耻也。可得而亲，则可得而疏也。可得而利，则可德而害也。可得而贵，则可得而贱也。故为天下贵，无物可以加之也。

译文：有智慧的人不多言，顺其自然。多说话的人不是有智慧的，极易凭空制造事端。塞上欲望孔穴，闭上欲望门户，收敛锋芒，是内敛地持守本质的表现。解除纷扰,除去争执根源。在光明之处便与光整合,没有特别突出的外表,所以不会引起外物的偏爱和争夺。在有尘垢处便与尘垢同一,并非特别卑贱,所以不会引起外物厌恶和远离。可以亲近也可以疏远。可以获得好处,就可能被施加伤害。可以获得尊贵,就可以被当作低贱。所以说为天下所尊贵,没有什么外物可以施加影响。

【河上公章句】玄德第五十六

知者不言,知者贵行不贵言也。言者不知。驷不及舌,多言多患。塞其兑,闭其门,塞闭之者,欲绝其源。挫其锐,情欲有所锐为,当念道无为以挫止之。解其纷,纷,结恨不休也。当念道恬怕以解释之。和其光,虽有独见之明,当和之使闇昧,不使曜乱〔人也〕。同其尘,不当自别殊也。是谓玄同。玄,天也。人能行上事,是谓与天同道也。故不可得而亲,不以荣誉为乐,独立为哀。亦不可得而踈,志静无欲,故与人无怨。不可得而利,身不欲富贵,口不欲五味。亦不可得而害,不与贪争利,不与勇争气。不可得而贵,不为乱世主,不处暗君位。亦不可得而贱。不以乘权故骄,不以失志故屈。故为天下贵。其德如此,天子不得臣,诸侯不得屈,与世沉浮容身避害,故天下贵也。

译文:真正通晓大道的人注重亲身践行而不注重多讲多说。四匹马的车子也追不上舌头说出的话,多言多语就会招致多祸多患。堵塞口耳、关闭眼鼻的人,就杜绝了欲望的根源。情欲旺盛的人说话行事就会锋芒毕露,应当思考用道的无为来挫抑他的棱角。应当思考用“道”的恬静淡泊来化解没有休止的仇恨纠结。虽然具备见解独到的明智,也应当与众人保持一致,掩藏自己锋芒使自己隐晦不显,不因自己的明智而让人感到慌乱紧张,也不要让自己显得与众人特殊不同。人能够持行上面所说的这些事情,就可以说与上天保持一样的大道了。

所以说，不要因为享有荣耀赞誉而感到兴奋，也不要因为不被人理解、不与众人保持一致而感到悲哀。心志清静没有欲望，就不会与人结下怨恨。身体不贪图荣华富贵，嘴巴不贪恋五香美味。不跟贪婪争利夺益，不跟强梁争闲斗气。不做乱世主人，不居昏庸君位。不因为得有权势就骄横霸道，也不因为人生失意就萎靡不振。具有这样的品德，天子不能支使他为臣下，诸侯不能让他做自己不想做的事情，能够在世上随波逐流，能够保全自身避开灾祸，所以这是天下最高贵的道德修养。

五十七章

【原文】以正治国，以奇用兵，以无事取天下。吾何以知其然哉？以此。天下多忌讳，而民弥贫；人多利器，国家滋昏；人多伎巧，奇物滋起；法令滋彰，盗贼多有。故圣人云，我无为而民自化；我好静而民自正；我无事而民自富；我无欲而民自朴。

【译文】以清静无为的正道治国，以出奇制胜用兵，以不造事统率天下。我怎么知道这些道理呢？理由在于：天下禁忌太多，人民就越贫困；人民越多利器，国家就越昏乱；人多追求投机取巧，邪恶事情就越发生；法律命令繁多严明，盗贼就越多出现。所以圣人说：我无为，而人民就自然归化安居乐业；我宁静，而人民就自然忠正诚恳；我不造事，而人民就辛勤劳作，自然富足；我清心寡欲，而人民自然会质朴、淳厚。

【说解】本章老子阐述了无为而治的思想。

共分为三部分。第一部分老子讲了治国、用兵、取天下的总原则："以正治国。"这里的正就是正道，也就是清静无为的治国之道。孔子也提倡当政者以正治国，《论语·颜渊篇》中孔子说："政者，正也，子帅以正，孰敢不正？"

"以奇用兵"就是要用出其不意、神出鬼没的方式用兵。如果国家出现动乱，或者有外族强敌入侵，就要奋起抗争以暴制暴。兵者，诡道也,所以是“以奇用兵”。用兵有诈是不符合“道”的,战争中使用阴谋造成杀人过多,必会有报应。《史记》记载,陈平六出奇计助刘邦一统天下,陈平说“我多阴谋,是道家之所禁”,他承认过多使用阴谋并预计自己的后代不会有好的报应,后来也果如其言,功名富贵传到孙子辈就结束了。

“以无事取天下。”是指在参与政事时应采取的态度,要以相安无事来立足于天下。儒家的“修齐治平”是说身修好了,自然会家齐、国治,国治理好了,天下民众就会自动前来归附,不用动用武力去征服就能平天下,故称“以无事取天下”。

第二部分通过四类现象,从反面论证“以无事取天下”。老子说我是怎么知道这些做法是正确的呢?根据就在于以下几点。“天下多忌讳,而民弥贫。”当政者制定的禁忌越多,执法者权力过大,极易造成腐败滋生,百姓动辄得咎,社会贫富差距加大,百姓也不能安心从事生产,就会处于贫困状态。“人多利器,国家滋昏。”当民心动摇,百姓手里利器增多的时候,国家就越来越混乱。还有一种说法是将贤者喻为国家利器,贤者在民间,不能为国出力,而当政者昏庸无道,所以国家混乱滋生。“人多伎巧,奇物滋起。”当社会道德下滑,人们都懂使用虚伪狡诈的奇技淫巧,社会上奇怪的事情就层出不穷。“法令滋彰,盗贼多有。”当国家法律越是周密森严,盗贼就会越多。孔子在《论语·为政篇》中的话解释了这种社会现象:“导之以政,齐之以刑,民免而无耻。”当政者用政令来管理百姓,用刑法来整治百姓,百姓虽能免于犯罪,但没有了羞耻之心。人一旦没有了羞耻心,就会无恶不作了。以上这些不正常的社会现象,都是当政者妄为导致的后果。

第三部分老子借用圣人的话进行总结,列举圣人治国的举措和成效。“我无为而民自化。”圣人的无为,不是什么事都不干,而是不妄为、不多为,无为则清净,这样人民就自然归化,安居乐业。

“我好静而民自正。”圣人内心清静，好静则得见自性，自然会有智慧。为政者走正道，做身正表率，人民就会受到感化，自然也就正了。“我无事而民自富。”圣人一心为民，不追求个人欲望，不求荣华富贵，当政者不造事，而人民自然就辛勤劳作，自然富足。“我无欲而民自朴。”圣人清心寡欲，不使用智巧聪明的管理之术，民众得到教化，自然会形成质朴、淳厚的社会风气。

【老牟悟语】

1. 有钱的人会时时担心自己财富丢失，可见有钱买不来无忧无虑；位高的人会时时担心自己官位失去，可见官位换不来逍遥自在。其实，无忧无虑和逍遥自在就在自己本性之中，去除欲望回归本性即可找到。

2.有慈悲心的人是高贵的，慈悲不是宗教专属品，也不是奢侈品，只要你每天心里装着慈悲，你就是一个高贵的人。

3.我们可以找到知识，但是找不到智慧；用钱财可以结识朋友，但买不到友情；可以争取到荣誉，但是争取不到名声。

【王弼注道德经】

以道治国则国平，以正治国则奇兵起也。以无事，则能取天下也。上章云，其取天下者，常以无事，及其有事，又不足以取天下也。故以正治国，则不足以取天下，而以奇用兵也。

夫以道治国，崇本以息末；以正治国，立辟以攻末。本不立而末浅，民无所及，故必至于奇用兵也。利器，凡所以利己之器也。民强则国家弱。民多智慧，则巧伪生，巧伪生，则邪事起。立正欲以息邪，而奇兵用；多忌讳欲以耻贫，而民弥贫；利器欲以强国者也，而国愈昏弱，皆舍本以治末，故以致此也。上之所欲，民从之速也。我之所欲唯无欲，而民亦无欲自朴也。此四者,崇本以息末也。

译文:以“道”来治理国家,国家就会平安;以行政法律来治理国家就会导致兵乱。不多事、不扰民、不刁难,就能够取得天下。《道德经》上篇说,得到天下的,通常是通过平静安宁、不施加外力影响的手段取得,以行政和法律手段就难以取得天下。所以说以行政法律手段来治理国家,不能够取得天下,而必须依靠武力来实现。

以“道”来治理国家,是以崇尚根本来平抑那些表面的、具体的问题;用行政和法律手段来治理国家,以邪辟的方法来解决表面的、次要的问题。就像如果大树的根不牢固,枝叶也就不能繁茂,老百姓没有可依靠的东西,所以最后必然导致对抗和武力出现。利器,就是为自己谋取利益的工具。老百姓力量强大了,国家的力量就会削弱。老百姓具备了太多的智慧,取巧作伪的事就会发生,就必然会出现各种不正当的事情。设立行政法律来压制不正现象,就会引发冲突;让人们有所顾虑担心来消除贫困,而老百姓就会更加贫困;用武力和利器来使国家强大,国家反而会更弱,这都是因为舍弃根本,只专注于次要末节导致的结果。治理者的所思所想,老百姓会马上跟从。如果是无为的欲望,老百姓也会跟着没有欲望而达到自然、朴素、简单。上面这四种情况都是舍弃根本追求末节的结果。

【河上公章句】淳风第五十七

以正治国,以,至也。天使正身之人,使有国也。以奇用兵,奇,诈也。天使诈伪之人,使用兵也。以无事取天下。以无事无为之人,使取天下为之主。吾何以知其然哉?以此。此,今也。老子言,我何以知天意然哉,以今日所见知〔之也〕。天下多忌讳而民弥贫。天下谓人主也。忌讳者防禁也。令烦则奸生,禁多则下诈,相殆故贫。民多利器,国家滋昏。利器者,权也。民多权则视者眩于目,听者惑于耳,上下不亲,故国家昏乱。人多技巧，奇物滋起。人谓人君、百里诸侯也。多技巧，谓刻画宫观，雕琢章服，奇物滋起，下则化上，饰金镂玉，文绣彩色日以滋甚。法物滋彰，盗贼多有。法物，好物也。珍好之物滋生彰着，则农事废，饥寒并至，而盗贼多有也。故圣人云：谓下事也。我无为而民自化，圣人言：我修道承天，无所改作，而民自化成也。我好静而民自正，圣人言：我好静，不言不教，而民自忠正也。我无事而民自富，我无徭役征召之事，民安其业故皆自富也。我无欲而民自朴。我常无欲，去华文，微服饰，民则随我为质朴也。〔我无情而民自清〕圣人言：我修道守真，绝去六情，民自随我而清也。

译文：上天安排道德清正、正人正己的人治国理政，上天安排思维伪诈的人以奇巧诡秘的办法统兵打仗，上天安排修持无为之道、不滋扰百姓的人取得天下成为天下主宰。老子说："我是怎么知道上天的意思是这样的呢？是从今天所见所闻知道的。君王治理天下，律令烦苛就会逼着违法犯罪的事情发生，禁制多了就会逼着治下百姓以欺诈应对禁制，彼此互相疑忌伤害而使治理失度，百姓就会更加贫穷。有利于百姓的权利过多就会让人看着感到不明真相，听着感到困惑不解，国家和百姓之间不再亲善友爱，就会导致国家治理上的混乱。邦国的国君过多运用技巧刻画修饰宫殿，精工细作礼服装饰，爱好奇技淫巧、崇尚华而不实的社会风气就会滋长，下面的百姓就会随着上面的爱好而变化，穿金戴玉、奇装异服的风气就会越来越严重。珍贵稀少的宝物不断出现导致玩物丧志，就会荒废农事，到时候饥寒交迫，从而盗贼之事时有发生。

圣人说：我修行大道是禀承自然规律，没有任何改变，民众就会自然而然地教化并有所成就。圣人说：我喜好清静无为，不会刻意说教和训导，民众就会自然而然地做到忠孝正直。我没有增加徭役征召等事情，民众能够安居乐业，所以都自然而然地富裕了。我永远没有欲望杂念，不穿华丽衣裳，不佩戴精巧装饰，民众也随着我的行为变得质朴起来。圣人说：我修行大道持守真朴，断绝喜、怒、哀、乐、爱、恶等情欲，民众自然而然地随着我清正廉洁了。

五十八章

【原文】其政闷闷，其民淳淳；其政察察，其民缺缺。祸兮，福之所倚；福兮，祸之所伏。孰知其极？其无正也？正复为奇，善复为妖。人之迷也，其日固久矣。是以圣人方而不割，廉而不刿，直而不肆，光而不耀。

【译文】政治宽厚清明，百姓就会淳朴忠诚；政治苛酷黑暗，百姓就会狡黠、抱怨。灾祸啊，幸福依傍在它的里面；幸福啊，灾祸藏伏在它的里面。谁知道福祸转化的极点呢？它们没有一个确定的标准吗？正忽然转变为邪，善忽然转变为恶。人们迷惑而不知其理太久了。所以圣人方正而不生硬，锐利而不伤人，直率而不放肆，光亮而不耀眼刺人。

【说解】本章老子讲圣人清净无为的治国之道。

共分为三部分。第一部分老子讲有为之政和无为之政的对比。“其政闷闷”是指清净无为之政，老子崇尚无为的治理方式，认为当政者宽厚无为，民众就会敦厚淳朴，社会就会安定和平。当然无为是遵道而为，是为百姓利益而为而不妄为。孔子也有同样的思想，《论语·尧曰篇》中孔子对弟子说：“因民之所利而利之，斯不亦惠而不费乎？”“其政察察”是指繁苛的有为之政，当政者滥施政令，百姓就会狡黠、抱怨，所谓上有政策，下有对策，百姓都会为私利相互争夺，社会就会混乱不堪。“其政闷闷”和“其政察察”的区别就在于当政者的起心动念。“其政闷闷”是当政者有一心为公之念，一切遵道而为，百姓自然应之以淳朴的风气。“其政察察”是当政者生一心为私之念，百姓自然应之以狡诈的风气。

第二部分老子讲祸福、正奇、善妖的相互转化。“祸兮福之所倚，福兮祸之所伏。”常说的“祸福相倚”一词就源于此。“塞翁失马焉知非福”说的就是这个道理。人们常说“福无双至，祸不单行”，人有了好事，往往就会生骄傲之心，骄心一生则易引发灾祸，所以是福无双至；人有灾祸了，往往就会生忧愁之心，忧心一生就易引发新的灾祸，所以是祸不单行。而得道者深明此理，他们做事毫无私念，一切都遵道而为，超乎吉凶之表象，阴阳之数不能制约，所以也就没有祸福之忧。

老子告诉我们祸福相依，但谁知道福祸转化的极点呢？祸福的转换好像没有一定常规。原来正常的，转眼变成不正常的了，本来是善良的，转眼变成邪恶的了。为什么会这样呢？老子说：“人之迷，其日固久。”人们迷惑而不知其中的道理太久了。老子这是在叹息世人不明道。一般人认为知道福祸相依就是有智慧，其实这只是被动的明理，福和祸的转化都是表面现象。那么祸福、正奇、善妖转化的玄机是什么呢？答案就是符合“道”。比如一个人做事去除私念，做到无己利他就是符合“道”，这样做大家就会认可、支持、成就他，他无论做什么事都会成功，“以其无私而成其私”，人真正做到无私，众人就会成就其“大私”。这就是祸福转化的玄机。

第三部分老子阐述了圣人的行为准则。“方而不割”是说圣人做人方正有原则，但是不会因为他有原则而过于僵化，以免伤害别人。“廉而不刿”是说圣人品格端正，清正廉洁，可是为人又是非常厚道，不会嫉恶如仇，不会过于苛刻而伤到别人。“直而不肆”是说圣人性格直率而不会无所顾忌，在表示直率的同时，也会关注别人的情感与良好的初衷。“光而不耀”是说圣人发光照耀别人，同时又使自身的光芒柔和不会让人觉得耀眼，他们的行为更稳健，头脑更冷静，目光更远大。这四句话与儒家中庸思想一致，我们做任何事都要避免走极端。《论语·泰伯篇》中孔子说：“恭而无礼则劳，慎而无礼则葸，勇而无礼则乱，直而无礼则绞。”本来恭敬、谨慎、勇猛、率直都是好的品德，但是如果没有礼的规范，就变成了烦劳、拘谨、闯祸、尖刻，儒家认为君子任何时候必须以守礼为行为准则。

老子倡导“无”，也不是毁掉人间既有秩序，而是保存人们“方”、“廉”、“直”、“光”等美好品德，去除“割”、“刿”、“肆”、“耀”等过分之举。圣人的行为准则简单地来说就是倡导“宽厚”，一个人为人态度如果宽厚，人与人之间就会相安无事、和睦相处。社会环境如果宽厚，百姓天性就会返朴归真，国家就会繁荣安定。

【老牟悟语】

1.从政不求谋取高位，只求无愧于国家和父母心安；行善不谋求名声，只求帮助别人和自己心安。

2.人生如戏。人的一生有很多角色，如经理、员工、局长、清洁工、儿女、父母等，其实都是在变换角色演戏。有智慧的人能把握好分寸，得失处之淡然。愚笨的人陷于角色中不能自拔，或慨叹命苦，或耽于享乐，以至于死前都不会醒悟。

3.发现别人的缺点和错误，最好是善言相劝或者暗示别人改正，如果当众揭发别人的问题，令别人下不了台，就会产生很多麻烦，也就证明了自己的无知和缺德。

【王弼注道德经】

善治政者，无形、无名、无事、无政可举。闷闷然，卒至于大治。故曰“其政闷闷”也。其民无所争竞,宽大淳淳,故曰“其民淳淳”也。立刑名,明赏罚,以检奸伪,故曰“察察”也。殊类分析,民怀争竞,故曰“其民缺缺”。

谁知善治之极乎!唯无可正举,无可形名,闷闷然,而天下大化,是其极也。以正治国,则便复以奇用兵矣。故曰“正复为奇”。立善以和万物,则便复有妖之患也。人之迷惑失道固久矣,不可便正善治以责。以方导物,舍去其邪,不以方割物。所谓大方无隅。廉,清廉也;刿,伤也。以清廉清民,令去其汙,以清廉剥伤于物也。以直导物,令去其僻,而不以直激拂于物也。所谓大直若屈也。以光鉴其所以迷,不以光照求其隐慝也。所谓明道若昧也。此皆崇本以息末、不攻而使复之也。

译文:善于治理政事的人,不施以刑罚,不冠以名号,没有事务可做也没有政策可以实行。无所事事,才能实现繁荣安定,所以说为政者是宽容的。老百姓没有矛盾,没有争夺,宽容淳朴,所以说老百姓也会变得淳厚。设立刑罚和官职,赏罚分明来检查惩治奸诈虚伪的人,所以说赏罚清楚明白。人们能分清事物之间的区别,对不同事物持不同态度,百姓都想争夺名利,所以说老百姓会因感觉不足而欺上。

怎样才算完美的治理呢?只有不确立标准,也不施以刑罚,宽容无为,顺应自然发展,这才是完美的。用行政和法律手段来治理国家,就肯定会有动用武力的时候。所以说是使“正转变为邪”。立下善的规矩使天下人遵循,就不会再有善转变为恶的事了。人们迷惑不合于道的情形已经很久了,不能马上就要求老百姓符合正直善良的标准。以做人方正的正直特性来教育和引导人们,去掉不恰当的,而不使棱角伤到别人。这就是所说的大的方形没有伤人的棱角。廉,是干净直率的意思。刿,是伤害的意思。用清廉来引导人们,去除他们的不好习惯,而不伤害他们。以道理来引导万物,去除他们身上不好的邪僻,而不以“直”来激怒他们。这就是所说的大直的东西却像弯曲的一样。用光

来照亮迷雾，而不是用光照来隐藏自己。这就是所说的明亮的“道”像是晦暗难懂的。这都是崇尚根本而忽略末节的，不使用武力而使其恢复正常的道理。

【河上公章句】顺化第五十八

其政闷闷，其政教宽大，闷闷昧昧，似若不明也。其民醇醇，政教宽大，故民醇醇富厚，相亲睦也。其政察察，其政教急疾，言决于口，听决于耳也。其民缺缺。政教急疾。民不聊生。故缺缺日以踈薄。祸兮福所倚，倚，因也。夫福因祸而生，人遭祸而能悔过责己，修道行善，则祸去福来。福兮祸所伏。祸伏匿于福中，人得福而为骄恣，则福去祸来。孰知其极，祸福更相生，谁能知其穷极时。其无正，无，不也。谓人君不正其身，其无国也。正复为奇，奇，诈也。人君不正，下虽正，复化上为诈也。善复为訞。善人皆复化上为訞祥也。人之迷，其日固久。言人君迷惑失正以来，其日已固久。是以圣人方而不割，圣人行方正者，欲以率下，不以割截人也。廉而不害，〔害，伤也〕。圣人〔行〕廉清，欲以化民，不以伤害人也。今则不然，正己以害人也。直而不肆，肆，申也。圣人虽直，曲己从人，不自申也。光而不曜。圣人虽有独见之明，当如闇昧，不以曜乱人也。

译文：宽厚大度的政治教化，表象混沌暗昧，好像不够清明的样子。政治教化宽厚大度，所以百姓富裕，民风淳朴，人与人之间和睦相处。严苛频繁的政教号令容易导致执政过刚，行事急切，理事过细，只凭道听途说就作出决定。政教号令严苛频繁了，百姓整天处于惶惑惊悸之中，不得安宁，无法生活，以致人心零落，归属感散失，对国家的拥护就渐渐淡薄。幸福往往因为灾祸而产生，因为人在遭遇灾祸后能够悔过检讨自己的过失，并因而修道行善，那么灾祸就会离去，幸福自然降临。灾祸往往潜伏隐藏在幸福之中，因为人处福中往往容易骄傲恣纵,就会导致幸福离去而灾祸降临。灾祸与幸福交替变化,相依相生,没有人知道什么时候是极限。

国君不用正道规范自身行为,他早晚会失去天下,成为无国之君。国君行为不端,不以正道治国,即使下面的百姓淳朴正直,也会被国君教化成奸诈的人。善良正直的百姓也可以感化国君,促其正道治国而祥瑞降临。国君失去正道,处在迷惑之中已经很长久了。因此,圣人行事方正的原因,是想带领下面的人都行方正之道,不是强行改变民众的思想和习惯。圣人行清正廉洁之道,是想以自身的清廉教化民众,不是为了伤害他人。现在却不是这样,自身端正是为了主宰他人,伤害他人。圣人虽然正直行事,但却能委屈自己顺从他人,不会为自己辩解。圣人虽然具有独到的智慧和见识,却保持低调,不用自身光芒影响惑乱他人。

五十九章

【原文】治人事天莫若啬。夫为啬,是谓早服。早服谓之重积德,重积德则无不克,无不克则莫知其极,莫知其极,可以有国。有国之母,可以长久。是谓深根固柢,长生久视之道。

【译文】治理百姓、养护身心,没有比俭约守朴更为重要的了。只有俭约守朴,万事才能早做准备。早作准备,就是不断地积德;不断地积德,就没有什么做不到的。没有什么做不到的,就无法估计他力量的极限。具备了这种无法估量的力量,就可以担负治理国家的重任。有了治理国家的原则和道理,国家就可以长久维持统治。这就是国家深根固柢、长治久安的道理。

【说解】本章老子讲了修道的过程和终极境界。

共分三部分。第一部分老子讲修道的原则:“治人事天莫若啬。”老子把俭约作为自己持有的三件法宝之一。无论管理国家,还是修身养性,事奉上天,最好的原则莫如俭约。俭约与奢侈正好相反,区别就在于人的心念。俭约者心知足,知足者心常富;奢侈者不知足,不知足故心常贫。孔子也有崇尚节俭的思想,在《论语·学而篇》中子贡评论孔子与人交往时做到“温、良、恭、俭、让”,意思是孔子具有温和、善良、恭敬、俭朴、谦让的德行。

第二部分老子讲实施俭约的成效。这部分内容前后关联,实际上就讲了修道者"内圣外王"的过程,这和《大学》中的"三纲"一致。"夫为啬,是谓早服。早服谓之重积德,重积德则无不克。"只有做到俭约守朴,万事才能早做准备。早作准备就是不断地积德,这是修养身心的过程,再继续不断地积德就没有什么做不到了。至此就达到儒家"明明德"的境界,也就是我们常说的悟道。"无不克则莫知其极",悟道者继续行道,做到无己利他,这样德行日益深厚,所到之处百姓无不被感化,也就是做到儒家所说的"亲民"。有了百姓支持,也就没有什么事情做不到,无法估计他力量的极限。老子在这里谈到了修道的终极境界"莫知其极",我们知道任何"有"的事物作用都是极其有限的,"道"因为具有"虚无"特性,因此"道"的作用无限。人们常说精神力量无限,这就是赞美"道"的力量。比如范仲淹重视家道传承,四个儿子两个做了宰相,后世子孙更是人才辈出,范氏家族八百余年长盛不衰,这就是家道传承的伟大力量。庄子说大道的精华主要用于修身养性,用大道的细枝末节来治国就很简单。得道者达到终极境界,具备无法估量的力量,百姓信任他,就可以担负治理国家的重任。"有国之母,可以长久",得道者遵从了治理国家之道,国家就可以长久维持统治,这也就是儒家所说的"止于至善"。孔子在《论语·子路篇》谈治国的最高境界就是"近者说,远者来",使近处的百姓受到恩惠而高兴,远方的百姓听说后就会前来投奔,这样民心所望,就可以统治长久。

第三部分老子进行总结:"是谓深根固柢,长生久视之道。"一般解释为国家统治和修身养性都离不开"啬"这条俭约之道,这就是国家深根固柢、长治久安的道理。

【老牟悟语】

1.有道之君注重使用贤才,节制自己欲望,自然国家大治且名声美好;无道昏君注重得到权势,放纵自己欲望,自然国家混乱且名声败坏。

2.人心有定力,就会生出智慧,有智慧的人处理事情没有后患;没有定力的人情绪当家,经常发牢骚、生气,情绪当家的人处理事情经常犯错。

3.一个考虑周全的人,对将要发生的问题有消除应对预案,对已经发生的问题有弥补应对方案,对意外出现的问题有紧急应对方案。

【王弼注道德经】

莫若,犹莫过也。啬,农夫。农人之治田,务去其殊类,归于齐一也。全其自然,不急其荒病,除其所以荒病,上承天命,下绥百姓,莫过于此。

早服,常也。唯重积德,不欲锐速,然后乃能使早服其常。故曰“早服谓之重积德”者也。以有穷而莅国,非能有国也。国之所以安,谓之母。重积德,是唯图其根,然后营末,乃得其终也。

译文:莫若,是莫过于的意思。啬,是指农夫。农人种田,必须把杂草等去除掉,只留下需要的农作物。完全顺应自然,不担心庄稼荒芜和生病,而是除去庄稼地里影响农作物生长的杂草。顺承自然规律,安抚百姓安居乐业,没有比这再好的事了。

早得道,是普遍的规律。只有不断积累德行,不求快速,这样才能早得道。所以说“早得道就是不断地积德”。以有限的能力上到国君地位,还不能拥有整个国家。国家安定的原因,这里称为母。不断积累德行才是着眼于根本,然后再处理好末节,就能够善始善终。

【河上公章句】守道第五十九

治人,谓人君治理人民。事天,事,用也。当用天道,顺四时。莫若啬。啬,爱惜也。治国者当爱〔惜〕民财,不为奢泰。治身者当爱〔惜〕精气,不为放逸。夫为啬,是谓早服。早,先也。服,得也。夫独爱〔惜〕民财,爱〔惜〕精气,则能先得天道也。早服谓之重积德。先得天道,是谓重积得于己也。重积德则无不克,克,胜也。重积德于己,则无不胜。无不克则莫知其极,无不克胜,则莫知有知己德之穷极也。莫知其极〔则〕可以有国。莫知己德者有极,则可以有社稷,为民致福。有国之母,可以长久。国身同也。母,道也。人能保身中之道,使精气不劳,五神不苦,则可以长久。是谓深根固蒂,人能以气为根,以精为蒂,如树根不深则拔,〔果〕蒂不坚则落。言当深藏其气,固守其精,使无漏泄。长生久视之道。深根固蒂者,乃长生久视之道。

译文:国君治理百姓,应当运用自然规律,顺应四时变化。治理国家的人应当爱护、珍惜百姓创造的财富,不要奢费财力追求安逸享受。修养身心的人应当爱护、珍惜自身精气,不要放荡淫逸失散精气。只有爱惜民财以治国、爱惜精气以治身,才能首先得到自然之道。先于他人获得自然之道,就是说要注重不断地积累功德,而这取决于自己。只要自己注重不断地积累功德,就没有不可战胜、不能做到的事情。没有不可战胜、不能做到的事情,就不会有人知道自己道德力量的极限。不会有人知道自己道德力量的极限,就可以凭借道德力量治理国家,拥有天下,为民众谋取福祉。治理国家与修养身心的道理是一样的,人能修持身心中大道,使精气不疲劳,五脏元神不辛苦,就可以长生长寿。人能够把元气作为根本,把元精作为蒂柄,就像树根扎地不深就会拔动、果实蒂柄不牢固就会脱落一样。这说明人应当深深收藏好自己元气,牢固持守元精,让它们没有办法遗漏外泄。做到深藏元气、固守元精的人,才是得到长生长寿、长期存在的大道。

六十章

【原文】治大国若烹小鲜。以道莅天下,其鬼不神。非其鬼不神,其神不伤人;非其神不伤人,圣人亦不伤人。夫两不相伤,故德交归焉。

【译文】治理大国就好像烹调小鱼一样。用道治理天下,那些鬼怪就没有神秘莫测的力量了。不是鬼怪起不了作用,而是它的神通伤害不了人。不仅它的神通不伤害人,得道的圣人也不伤害人。这样,鬼和圣人都不伤害人,所以他们的恩德交汇积累,最终都落到百姓身上。

【说解】本章老子阐述无为的治国思想。

共分为两部分。第一部分揭示不搅扰百姓的治国之道:“治大国若烹小鲜。”《道德经》是世界上发行量最大的书之一,这句话也成为世界名言。小鱼肉质鲜嫩,烹煎时要有耐心,不能用武火,还要注意不能随意翻搅, 否则鱼就会碎掉。老子意在告诉当政者治国贵在清净无为,不要经常搅扰百姓。如果当政者考虑百姓利益,制定符合民生规律的政策并认真执行,自然会收到民富国强的效果。孔子在《论语·学而篇》中说:“道千乘之国,敬事而信,节用而爱人,使民以时。”这与老子的治国思想是相通的,即使迫不得已使用民工干一些民生工程,也不要在农忙时节。

第二部分老子讲以道治国的成效:“以道莅天下,其鬼不神。”老子说用道来治理天下,鬼也就失去了神秘莫测的作用。老子把自然造化的神妙莫测叫作神，把背离大道的心术、邪说称作鬼。道家和佛家都有“魔由心造，妖自人兴”之说，就是说一个人心有恶念，做了坏事，妖魔鬼怪也就跟着来了。原因也很简单，有恶念的人心怀鬼胎，他们的气场与妖魔鬼怪同频，就吸引着鬼怪跟着他，所以这些人会经常发生奇灾异祸。而做事符合“道”的人发心为善，根本没有人为欲望，不去阴谋算计，言行符合天道规律，做事适合有度，就形成了一个排斥妖魔鬼怪的气场。所以人为的谋略算计根本无法左右他，鬼怪也伤害不了他，这就是老百姓常说的“不做亏心事，不拍鬼叫门”。孔子在《易传》中提到了神道，他说“圣人以神道设教，而天下服矣”。而这些神妙的法则一般人是听不懂的，所以《论语·述而篇》中说：“子不语怪力乱神。”

“非其鬼不神，其神不伤人。”不是鬼怪起不了作用，而是它的神通伤害不了得道的人。“道”原本就是其大无外，无所不能，超越包括鬼怪在内的所有神妙作用，当政者“以道莅天下”，就是与“道”融为一体，所以鬼怪的神通自然也伤不了人。“非其神不伤人，圣人亦不伤人。”不仅它的神通不伤害人，得道的圣人也不伤害人。得道的圣人处处为百姓利益着想，“不尚贤、不贵货、不见可欲”，以无为之道治国，人民自然也不会受到伤害。

老子说的这些话到底是什么意思？对我们有什么借鉴作用呢？就是说你只要按照“道”的法则去做事，不仅鬼怪和圣人不会伤害你，即使是世上有鬼，它也会帮你，而且会跟着你一起去做好事。如果你不按照“道”的法则去做事，鬼就会伤人，如果你做了危害社会的事也会受到圣人惩罚。举个例子，现在有人花很多钱去找人算卦、到庙里烧香，求自己发财、治好病等，这都不会起作用，为什么？因为这些人有私心，做事不合道，所以都不会帮助他。而且这些人还因为求了鬼神，就过于自信而不去改过，致使事情变得更坏，这叫“烧香惹出鬼”。

"大两不相伤,故德交归焉。"鬼和圣人都不伤害人,所以他们的恩德交汇积累,最终都落到百姓身上。交归就是互为一体,比如有人打老人是大逆不道,会受到大家谴责,但是幼小的孙子打爷爷的脸,老人会很高兴,因为他们都没有伤害对方的心理,认为自己和对方是一体,这就是"德交归焉"。得道者将自己利益融入百姓利益中,一切遵道而为。当德行天下时,给老百姓带来好处,即使那些喜欢作怪的鬼,也不会兴风作浪。鬼和圣人都不伤害他们,所以他们的恩德交汇积累,最终都落到百姓身上,也就落到得道者身上,以其无私成就其大私。

【老牟悟语】

1.遇见有人酒后骂街。其实古代用酒祭祀,是用于人与鬼神沟通。小人心里有鬼,酒后鬼就跑到外边来了,所以小人喝酒就会显现鬼样。而君子心无杂念,内有恭敬之心,外行谦恭之礼,所以酒后也不会失礼。

2.侥幸得到的幸福常有难以预料的祸患,需要以德行保养;偶然获得的钱财多有难以预测的灾祸,需要以道义维护。

3.你只要按照"道"的法则去做事,就不会有鬼怪和圣人伤害你,即使世上有鬼,它也会帮你的,而且它会跟着你一起去做好事。如果你不按照"道"的法则去做事,鬼就会伤人,你危害社会也会受到圣人惩罚。

【王弼注道德经】

不扰也。躁则多害,静则全真。故其国弥大,而其主弥静,然后乃能广得众心矣。治大国则若烹小鲜,以道莅天下则其鬼不神也。神不害自然也。物守自然,则神无所加。神无所加,则不知神之为神也。道洽，则神不伤人。神不伤人则不知神之为神。道洽，则圣人亦不伤人，圣人不伤人，则不知圣人之为圣也。犹云不知神之为神，亦不知圣之为圣也。夫恃威网以使物者，治之衰也。使不知神圣之为神圣，道之极也。神不伤人，圣人亦不伤人；圣人不伤人，神亦不伤人，故曰“两不相伤”也。神圣合道，交归之也。

译文：不能干扰百姓正常生活。心气浮躁会造成很多损害，宁神宁静则可以保持本真。所以国家越强大，君主越要守静，这样才能获得众人支持。治理大国就像烹调小鱼一样，用“道”来领导、指引天下，鬼也就没有神秘莫测的力量了。神明不会伤害遵循自然而生存的万事万物。只要遵循自然之道，就不会受到影响。不施加影响，也就不会感受鬼的神秘莫测力量。融洽地遵循“道”的规则，神明也不会伤害，神明不伤害，人就感觉不到神明存在。融洽地遵循“道”的规则，圣人也不会去伤害，圣人不伤害，也就不知道圣人高明在哪里。所以经常听人说不知道神在哪？也不知道圣人是哪一个？依靠权力威严来管制支配事物，是治理无能的表现。是因为他不知道大家认可的神圣事物为什么会神圣，达到“道”的极致。神和圣人都不对人造成伤害，所以说“神和圣人不再相互对立，不再相互伤害”，而是不断地积累交汇，形成有道有德的世界。

【河上公章句】居位第六十

治大国者若烹小鲜。鲜，鱼〔也〕。烹小鱼不去肠、不去鳞、不敢挠，恐其糜也。治国烦则下乱，治身烦则精散。以道莅天下，其鬼不神。以道德居位治天下，则鬼不敢以其精神犯人也。非其鬼不神，其神不伤人。其鬼非无精神也，非不入正，不能伤自然之人。非其神不伤人，圣人亦不伤〔人〕。非鬼神不能伤害人。以圣人在位不伤害人，故鬼〔神〕不敢干之也。夫两不相伤，鬼与圣人俱两不相伤也。故德交归焉。夫两

不相伤，则人得治于阳，鬼神得治于阴，人得保全其性命，鬼得保其精神，故德交归焉。

译文：治理大国就像烹煎美味的小鱼一样。烹煎小鱼最好不要清理内脏、不要刮除鱼鳞，烹煎时也不要随意翻动，这是担心把小鱼弄碎了。治理国家如果政令繁杂就会扰乱百姓，修养身心如果心烦事劳就会使精气失散。以道德登临君位治理天下，推行无为大道，即使妖魔鬼怪也不敢用它们的邪祟能力兴风作浪伤害人。这些妖魔鬼怪并不是没有邪祟害人的能力，而是因为邪恶战胜不了正道，无法伤害持守天然的有道之人。并非鬼神不会伤害人，而是因为具有无上道德的圣人在位推行大道不荼毒苍生，所以鬼神不敢冒犯施行大然大道的圣人及百姓。因为道德的力量使得鬼神与圣人都相互不伤害，由于互不伤害才会使人在阳世接受道德教化，鬼神在阴间不敢胡为，世人能够保全性命，鬼神得以保持精神，一并返归道德本源。

六十一章

【原文】大国者下流,天下之交,天下之牝。牝常以静胜牡,以静为下。故大国以下小国,则取小国;小国以下大国,则取大国。故或下以取,或下而取。大国不过欲兼畜人,小国不过欲入事人,夫两者各得所欲,大者宜为下。

【译文】治理大国要像居于江河下游那样,使天下百川河流交汇在这里,处在天下雌柔的位置。雌柔常以安静守定而胜过雄强,就在于它既能以静制动又安于居下。所以,大国对小国谦下、忍让,就可以取得小国信任和依附;小国对大国谦下、忍让,也能取得大国信任和包容。所以,或者直接以谦下行为取得对方信任,或者因有谦德而间接取得对方信任。大国无非是想取得小国的信任使小国归附,小国取得大国的信任无非是想见容于大国。这样大国小国都可以达到各自愿望,大国特别应该谦下、忍让。

【说解】本章表达了老子处理国家外交关系的主张。

共分为两部分。第一部分老子讲大国应该有谦下、雌柔之德。“大国者下流,天下之交,天下之牝。”牝,原指雌性动物,这里是指柔静的品德。老子认为能否处理好国家间关系关键在大国,大国要像居于江河下游那样能够甘居下位,不要恃强凌弱,欺压或侵略小国。“牝常以静胜牡,以静为下。”牡,原指雄性动物,这里指雄强刚健的性格。雌柔

常以安静守定而胜过雄强，就在于它既能以静制动又安于居下。老子希望大国执政者能有谦下、雌柔之德，这样才能众望所归。孔子在《论语·颜渊篇》中说：“己所不欲，勿施于人。”孔子的这一思想用在国家间交往就是尊重别国立场，不干涉别国内政，与老子的包容、谦下思想是一致的。

第二部分老子讲大国和小国都谦下忍让，就会各得其所。“故大国以下小国，则取小国；小国以下大国，则取大国。”下即忍让、谦下的意思。所以，大国放下自身的强大气势，放低姿态对小国谦下、忍让，就可以取得小国信任和依附；小国守住弱小之位，对大国谦下、忍让，也能取得大国信任和包容。老子所处的时代诸侯林立，国与国之间战争频发，民不聊生。老子提出了一个解决各国争端的方法，就是大国和小国相互包容，国与国之间和平相处，相安无事，这也只能说是老子的理想，能体悟此道并付诸实施的可能少之又少。孟子对统治者的人性有深刻见解，一语中的，他在《孟子·梁惠王》中说，只有仁者能以大国的地位侍奉小国，只有智者能以小国的地位侍奉大国，仁者可以保天下太平，智者可以保其国生存。

“故或下以取，或下而取。”这里的“以”和“而”表示直接和间接的方式获取信任。“下以取”，有直接、掌控的意思，是指在国家外交中做出谦下的方式而直接取得对方信任，这种方式获取的信任不会长久。“下而取”，是从下面托起来的意思，因为国君有谦德而间接使对方内心感动，这种谦下没有任何目的，是自然而然取得信任，这种获取信任的方式是长久的。“大国不过欲兼畜人，小国不过欲入事人。”兼蓄人，就是制约人。入事人，就是事奉人。大国无非是想制约小国并使之归附，小国无非是想见容于大国并求得保护。孔子的外交观点与老子有所不同，《论语·里仁篇》里孔子说：“能以礼让为国乎，何有？”

“夫两者各得所欲，大者宜为下。”大国以谦下、守静之德取得小国拥护和归附，小国以柔和、守静之德取得大国尊重和包容，这样大国小国都可以达到各自愿望。大国特别应该谦下忍让，是符合大道的。倘若大国背道而为，以强凌弱，以大欺小，就违背了自然法则，最终不是被他国战胜就是因内部争斗而衰亡。秦国就是一例。它可以战胜其他诸侯国统一中国，但因缺少谦下、包容的德行，实施无道暴政而导致速亡。相反，刘邦在汉初接受儒生陆贾“不可以在马上治天下”的建议，用黄老之术使百废待兴的国家走上正轨，终于成就大汉王朝。

学习老子本章的思想，对我们有什么启示呢？一是让我们明白谦下、守静是“道”外现的一项重要德行。《易经》中的谦卦是六十四卦中唯一一个六爻皆吉的卦，也是在告诉人们以谦让的方式做事就会吉祥如意。二是谦下貌似柔弱，但是“弱者道之动”，谦下合道又力量强大，它可以使强者立于不败之地，还可以使弱者越来越强。老子最后一句是在提醒强者，如果出了问题，还是要坚守谦下之德，反省自己言行是否合“道”，去除傲慢和嫉妒之心，而不是去怪罪周边的人，这样就会无往而不胜。

【老牟悟语】

1.工作有了成绩要及时忘掉，否则会使人产生傲心，进而自寻烦恼；工作有了过失要时刻牢记，否则会使人放松警惕，进而重蹈覆辙。

2.有智慧的人做事不留后患，处理问题也会把大事化为小事；愚昧的人做事常留后患，处理问题会把小事变成大事。

3.与别人相处应该宽厚，但是对子孙的教育过于宽厚，就容易出败家之子；对待别人的缺点要多容忍，但是对自己的缺点容忍，就容易失道失德。

【王弼注道德经】

江海居大而处下，则百川流之；大国居大而处下，则天下流之，故曰“大国下流”也。天下之交。天下所归会也。静而不求，物自归之也。以其静，故能为下也。牝，雌也。雄躁动贪欲，雌常以静，故能胜雄也。以其静复能为下，故物归之也。

大国以下，犹云以大国下小国。小国则附之，大国纳之也。唯修卑下，然后乃各得其所。小国修下，自全而已，不能令天下归之，大国修下，则天下归之。故曰“各得其所欲，则大者宜为下”也。

译文：江海广阔但位置低下，河流都奔流向他；大国地大物博而谦卑低调，天下的人都归附于他，所以说大国要善于处下，就像处在江河的下游。大国是天下人和物资交汇的地方。宁静而无欲无求，事物自然归附。心静安宁，所以能安居卑下地位。牝，指雌性。雄性躁动不安，贪图欲望，雌性常常以静来平抚，所以能驾驭雄性。宁静又能处于卑下地位，所以事物都能来归附。

大国低调谦下，尤其是这样对待小国，小国就会来归顺，大国也会接纳。只有不断修习谦卑的态度，才能如心所愿。小国修习谦卑的态度，只能保全自己却不能让天下归附。大国修习谦卑的态度，天下就会来归顺。所以说大国小国都达成各自愿望，越是大国越要懂得善于处下。

【河上公章句】谦德第六十一

大国者下流，治大国〔者〕，当如〔江海〕居下流，不逆细微。天下之交，大国〔者〕，天下士民之所交会。天下之牝。牝者，阴类也。柔谦和而不昌也。牝常以静胜牡，女所以能屈男，阴胜阳，以〔其〕，安静不先求之也。以静为下。阴道以安静为谦下。故大国以下小国，则取小国，能谦下之，则常有之。小国以下大国，则取大国。此言国无大小，能持谦畜人,则无过失也。故或下以取,或下而取。下者谓大国以下小国,小国以下大国,更以义相取。大国不过欲兼畜人,大国不失下,则兼并小国而牧畜之。小国不过欲入事人。使为臣仆。夫两者各得其所欲,大者宜为下。大国小国各欲得其所,大国又宜为谦下。

译文:治理庞大的国家,应当像处于下游的江河,不拒绝细小涓流汇入。一个庞大的国家,是天下达官士子与平民百姓交往汇集的地方,应当具有女性柔静谦和的特性以宜于世人生息。女人之所以能让男人屈从,阴柔胜于阳刚,是因为女人天性阴柔安静,不抢先追求男人,阴柔的自安之道就是谦卑低下的安静。所以,大国能够谦卑低下地对待小国,就会赢得小国拥护而长期存在。这就是说国家无论大小,只要能够持守谦和之道养育黎民百姓,就不会发生影响国运的失误。“下”是指大国以谦下的态度对待小国,小国以谦下的态度结交大国,相互之间通过道义彼此取得信任。大国不放弃对小国的谦下之道,目的是要兼并小国以驱使小国;小国对大车谦虚结交的目的是想成为大国的臣民或仆人,从而受到大国庇护。大国和小国都想达到自己诉求,其中大国更应该保持谦卑、低下的治国之道。

六十二章

【原文】道者万物之奥，善人之宝，不善人之所保。美言可以市，尊行可以加人。人之不善，何弃之有！故立天子，置三公，虽有拱璧以先驷马，不如坐进此道。古之所以贵此道者何？不曰以求得，有罪以免邪？故为天下贵。

【译文】“道”是荫庇万物之所，善人视之为珍宝，不善之人也是依靠“道”得以保全。美好的言词可以取得人们尊敬，美好的行为可以使人器重。不善的人怎能舍弃“道”呢！所以在天子即位、设置三公的时候，举行拱璧在先、驷马在后的仪式，还不如按照“道”的法则做事更重要。自古以来如此重视“道”，是什么原因呢？不正是由于按照“道”去做，有求于它的可以得到满足、有过失的也可以改正错误吗？就因为这个，天下人才如此珍视“道”。

【说解】本章老子主要阐述“道”的重要性，共分为三部分。本章也是解析意见分歧较多的章节之一。

第一部分讲“道”是万物的庇佑者。“道者万物之奥”，道为天下之主，能够统摄万物，所以也能庇佑万物。“善人之宝，不善人之所保。”善人是指遵“道”而行的人，他们已经体悟到大道的好处，所以身与“道”合一，做事无不依赖“道”，视大道为珍宝。而不善人也听说了“道”的好处，但是没有真正悟得大道的奥妙，对“道”若即若离，他们的言行不合“道”后做事就会出问题，这时不善人再持守大道，大道也不会抛弃不善之人，会使他们通过改过得到庇护，所以老子说“道”是“不善人之所保”。

第二部分老子阐述人遵道而行的好处。“美言可以市，尊行可以加人。人之不善，何弃之有！”美言是指善人悟道后的心得之言，人们践行之后会受益，所以会对善人愈加尊敬。而有人将“美言”理解为说好听的话，但是好听的话不符合“道”，不会取得人们尊敬。只会说好听的话会被人们厌恶。《论语·阳货篇》中孔子说：“乡愿，德之贼也。”“乡愿”是指社会上那种不分是非，处处讨好别人的“老好人”，孔子骂这种人是贼，是败坏道德的人。美行是指符合“道”的行为，善人的美行就是身教，可以教化周围的人，所以美行可以使善人受到推崇。还有一些不善的人，看见别人的善行就予以嘲笑，他们不明白“道”的功用无穷无尽，等灾祸现前的时候，他们还是要按照“道”的规则去改过，所以老子接着讲，即使那些不善的人，怎能可以抛弃“道”呢！

为了强调“道”的重要性，老子举了一个例子：“故立天子，置三公，虽有拱璧以先驷马，不如坐进此道。”意思是天子按照“道”的法则做事，比举行进贡拱璧和驷马的仪式更重要。老子也是希望天子、三公能遵道而为，尽量去除钱权名色等外在欲望，为天下百姓造福。儒家也是重道轻物，所以孔子在《论语·述而篇》中说：“不义而富且贵，于我如浮云。”

第三部分老子讲天下人重视“道”的原因。老子说自古以来如此重视它是什么原因呢？老子所讲的“道”也是从古圣先贤那里传承下来的，只不过老子给它起了个名字：“字之曰道”。儒家的圣贤之道也是源自古圣先贤。《论语·述而篇》中孔子说：“述而不作，信而好古。”意思是说自己是阐述先王之道而不是自己去重新创作，相信并且喜好古代典籍。

“不曰以求得，有罪以免邪？”南怀瑾先生在《老子他说》中解析本章时说：“如果有求就有得的，那是邪道。”老子的本意是一个人首先是遵“道”而为，然后有求才会相应地有所得，即使有罪过的人按照“道”的法则行事也能改过，使自己以后再免于犯罪。“道”不嫌弃有罪过的人，按照“道”的要求做就是改过，改过也是人获得智慧的一种重要方式。正是因为有这样的特点，天下人才如此珍视“道”。只要人们有心向“道”，“道”是不会抛弃任何人的，它永远向天下人敞开怀抱，所以“道”备受人们尊崇。

【老年悟语】

1.孝顺的人本性善良，内心运行的是感恩的程序，他对你好，没有任何功利目的。不孝的人有功利之心，内心运行的是病毒程序，他对你好，一定另有所图。

2.当你的位置处于别人上面时，一定要言语谦下，不要拿别人不当人；当你的位置处于别人下面时，一定要树立信心，不要拿自己不当人。

3.拥有财富的人明白了“道”，就不会待人刻薄，做个守财奴了，他会主动去救助贫困的人，这样他的事业就会得到大家支持，上天也会加持他，使他的事业越来越兴旺。

【王弼注道德经】

奥，犹暧也，可得庇荫之辞。善人之宝，宝以为用也。不善人之所保。保以全也。道无所不先，物无有贵于此也。虽有珍宝璧马，无以匹之，美言之，则可以夺众货之贾，故曰“美言可以市”也。尊行之，则千里之外应之，故曰“可以加于人”也。不善当保道以免放。

故立天子，置三公，言以尊行道也。故立天子，置三公，尊其位，重其人，所以为道也。物无有贵于此者，故虽有拱抱宝璧以先驷马而进之，不如坐而进此道也。以求则得求，以免则得免，无所而不施，故为天下贵也。

译文：奥，即暖，可以得到庇护的意思。善良的人拥有珍贵的宝物，这些宝物是拿来用的。“道”能够保全不善良的人，也是他们得以拯救的保障。“道”总是存在并发挥作用，事物的本性里没有比这更高贵的了。拥有珍宝、美玉和宝马，都不能与有“道”相比。用美言宣传可以使其价值高过其他东西，所以“说好的话、正确的话可以得到人们的尊重”。有美好的品行，千里之外的人都能与其应和，所以“美好的品行可以增加人的尊贵”。不善良的人应当守住“道”的规则以免被抛弃。

设立天子，设置三公，是说以尊重、敬重的态度贯彻到具体的事务上来，实行“道”。所以设立天子，设置三公，尊崇他们的地位，敬重其人品，以此来遵循“道”。没有比这再高贵的了，所以虽然有珍贵的玉璧和宝马来进奉，都不如静坐修“道”。按照“道”的规则去行事，所希望的就能得到，希望免除的过错就能得免，没有什么作用不能发挥，所以被天下人所珍视。

【河上公章句】为道第六十二

道者万物之奥，奥，藏也。道为万物之藏，无所不容也。善人之宝，善人以道为身宝，不敢违也。不善人之所保。道者，不善人之〔所〕保倚也。遭患逢急，犹知自悔卑下。美言可以市，美言者独可于市耳。夫市交易而退，不相宜善言美语，求者欲疾得，卖者欲疾售也。尊行可以加入。加，别也。人有尊贵之行，可以别异于凡人，未足以尊道。人之不善，何弃之有。人虽不善，当以道化之。盖三皇之前，无有弃民，德化淳也。故立天子，置三公，欲使教化不善之人。虽有拱璧以先驷马，不如坐进此道。虽有美璧先驷马而至，故不如坐进此道。古之所以贵此道者，何不日以求得？古之所以贵此道者，不日日远行求索，近得之于身。有罪以免耶，有罪谓遭乱世，闇君妄行形诛，修道则可以解死，免于众也。故为天下贵。道德洞远，无不覆济，全身治国，恬然无为，故可为天下贵也。

译文：“道”为万物提供庇荫藏护，没有不能容纳的。善良的人把“道”视为自身珍宝，不敢违背“道”的规则。大道是不善之人用来自保的倚仗，遭遇患难、碰上危急的时候，总算还知道自我忏悔并表现得谦卑、低下。美好的言辞是可以用作买卖的，因为市场交易结束就会退市，本不是适合华美言辞的地方，而买的人想尽快得到、卖的人想尽快销售，所以美言美语可以促进买卖。人有尊贵行为，可以让自己不同于平凡的人，但还不足以与尊崇大道的人相提并论。有的人虽然不够善良，应当用大道教化他而不是遗弃他。大概三皇的治理下没有被遗弃的人，就是因为三皇施行的道德教化使得民心淳朴的缘故。所以设立天子、三公的位子，就是想用大道教化不善良的人。虽然珍贵的玉璧比四匹马的快车来得早，还是不如坐上快车以及早得到大道。古时候之所以贵重“道”的原因，是因为不用天天到远处去寻求探索，从自己身上就能得到。获得罪行是因为遭遇乱世、昏君枉动杀戮所致，修持大道就可以化解死难，避免众多患祸。道德空明深远，没有不被它覆盖施益的，用来修全身心或者治理国家，都可以达到恬然淡泊、无为而治的境界，因此可以称作是天下最宝贵的。

六十三章

【原文】为无为,事无事,味无味。大小多少,报怨以德。图难于其易,为大于其细。天下难事,必作于易;天下大事,必作于细。是以圣人终不为大,故能成其大。夫轻诺必寡信,多易必多难。是以圣人犹难之。故终无难矣。

【译文】以无为的态度去有所作为,以不滋事的方法来处理事物,以恬淡无味当作有味。大事都要从小事做起,积少才能成多。要以恩德来应对别人的怨恨。处理问题最好从容易的地方入手,实现远大目标要从细微的地方入手。天下难事一定要从简易的方面做起,天下大事一定要从细微的地方开始。因此,圣人始终不贪图大贡献,所以才能做成大事。那些轻易许诺的人,很少有能够兑现的,必然会失去信用。把事情看得太容易,势必遭受很多困难。因此,圣人会去想遇到的困难,并且考虑解决问题的方法,所以最终就没有困难了。

【说解】本章老子讲修“道”的功夫。

共分为三部分。第一部分讲修行的总原则:“为无为,事无事,味无味。”以无为的态度去有所作为,一切顺应自然规律,就是“为无为”。以不滋事的方法来处理事物,一切从实际出发,时机成熟自然就会成功,就是“事无事”。以恬淡无味之心去品味食物,而不是为了满足口欲去胡吃海塞,生活只求恬淡,就是“味无味”。无为是指“道”的虚无,

无事是指“道”的静柔,无味是指“道”的恬淡。世人修身多做的是有为法,而人做到无为、无事、无味就是在按照“道”的要求修行。

第二部分老子讲修行要从易处、小处做起。“大小多少，报怨以德。”这是讲事物矛盾的相互转化关系,一件很难完成的大事要从细小的地方着手。要达到积累多的成就也要从一点一滴小事做起。世人多以权名为“大”,利禄为“多”,而圣人所看重的却是看似既无又小的“道”,正因为如此,所以圣人注重小而成就大,注重少而成就多。紧接着老子说:“报怨以德。”要用恩德来对待别人的怨恨。常人对报怨以德的观点很难接受,一般来说对待怨恨的方式不外乎三种,一种是以怨报怨,这样很容易激化双方的矛盾,是要力求避免的。另外就是老子提出的报怨以德和孔子提出的以直报怨。在《论语·宪问篇》中有人问孔子以德报怨怎么样?孔子说:“何以报德?以直报怨,以德报德。”孔子的说法比较符合实际,所以大家对此也比较认同。

这个问题到底老子和孔子谁说的对呢?应该说都有道理。老子洞察人性,他看到了世间对人伤害最大的就是结怨,而怨气萌发时本来都是小事,此时如果用恩德来应对,怨恨自然会消除,不至于最后结怨成仇,这也是应对怨气最佳的处理方式。《论语》的教化对象是孔子弟子和世人,正直是大家都认可的德行,也都认同“以直报怨”的观点。《道德经》教化的是诸侯王和卿大夫等社会层次较高的对象,他们本身就有很高的地位和权力,“以直报怨”和“以怨报怨”都不合适,只有“报怨以德”才能得到百姓支持。当然怨恨成仇或者触犯法律,给予相应惩罚也是必要的。

老子所说的“报怨以德”对我们有什么借鉴作用呢?假如你是一个单位领导,当员工怨恨你的时候,就要注意千万不要以怨报怨,尽量少用以直报怨，因为你们之间的关系是不对等的，采取强势解决矛盾,表面怨恨压下,其实余怨还在生根,最终必有爆发的时候。最好的办法就是“报怨以德”，你继续给予对方恩惠，不断启发他的善念，最后他就会被感化成为一个明理的人，这就是“报怨以德”的功用。

老子接着说：“图难于其易，为大于其细。”这句话里隐含了哲学上从量变到质变的规律。处理事情最好从简单者入手，实现远大目标要从细微处入手，有了量变的积累，就会实现质变的飞跃。老子借助圣人做法告诉人们成功的法则，首先做事要合“道”，一个人做到无己利他，显现在外的就是德，德可以助力成功，可以承载富贵。其次从容易的事做起，始终不贪图大的功绩，所以才能做成大事，也就是曾国藩所说的“从大处着眼，从小处着手”。

第三部分老子讲圣人做事有信，处事谨慎，所以没有难事。“夫轻诺必寡信，多易必多难。”孔子教育弟子做人也要注重信誉，在《论语·为政篇》中孔子说：“人而无信，不知其可也。”而把事情看得太容易的人，做事必然会遭受很多困难。“是以圣人犹难之。故终无难矣。”因此，圣人做事总是把困难考虑得多一些，并且很周到地考虑解决问题的方法，最终也就没有什么困难了。老子最后总结圣人成功的要诀就是处事谨慎。谨慎也是成功者共有的特点。《孝经》中曾子给诸侯列出守住富贵的方法是“在上不骄”、“制节谨度”。其核心还是要谨慎从事。老子告诉我们，做事去除私念，从小处着手，谨小慎微，就能避免很多不必要的麻烦。

【老牟悟语】

1.朋友问对象经常抱怨怎么办？其实人都有本善之心，抱怨是因为她的心被蒙蔽，是用情绪、欲望、妄念在抱怨，受到伤害最重的是抱怨者自己。如果她认识不到这个问题，自己会苦恼一生。我建议朋友不要和她生气而要怜悯她，及时给予她关心，同时也要反省自身的问题，做好自己的事。这样她的善心就会被感化出来，那时她就是一个

善良贤愚的人了。

2.同样都有能力，有的人很有涵养，常常帮助别人，最后得到大家支持，事业就会走向成功；有的人没有涵养，常常为难别人，最后失去大家支持，事业大多走向败落。

3.挫折有两个面。一个人不畏艰难，越过挫折就会看到成功的一面，挫折成为上天赐予的礼物。如果他畏手畏脚，被挫折绊倒就只能看到失败的一面，挫折就成了生命中的磨难。

【王弼注道德经】

以无为为居，以不言为教，以恬淡为味，治之极也。小怨则不足以报，大怨则天下之所欲诛，顺天下之所同者，德也。以圣人之才，犹尚难于细易，况非圣人之才，而欲忽于此乎？故曰"犹难之"也。

译文：用无为的态度，用不言的教诲，用恬淡的味道，这就是治理的最高境界。小的怨恨不足以去报复，大的怨恨会惹起众怒，顺应天下达成共识的思想和行为，这就是德。以圣人的才华，依然受难于细致和容易的地方，更何况普通人，还没有达到圣人的程度，难道能够被忽略吗？所以说"圣人把所有事情都看得很难，反而没有什么难事了"。

【河上公章句】恩始第六十三

为无为，因成循故，无所造作。事无事，预有备，除烦省事也。味无味。深思远虑，味道意也。大小多少，陈其戒令也。欲大反小，欲多反少，自然之道也。报怨以德。修道行善，绝祸于未生也。图难于其易，欲图难事，当于易时，未及成也。为大于其细。欲为大事，必作于小，祸乱从小来也。天下难事必作于易，天下大事必作于细。从易生难，从细生着。是以圣人终不为大，故能成其大。处谦虚，天下共归之也。夫轻诺

必寡信,不重言也。多易必多难。不慎患也。是以圣人犹难之,圣人动作举事,犹进退,重难之,欲塞其源也。故终无难矣。圣人终生无患难之事,犹避害深也。

译文:“为无为”就是沿袭已有的成功经验,遵循过去的道理做法,没有也不需要加以改造,顺应自然规律行事。“事无事”是指做事情要有预案,以消除过程中的麻烦和意外,行事自然水到渠成。“味无味”是比喻人们像品味滋味那样谋划周密、考虑长远地体味大道,而大道的本味是返归质朴的恬淡无味,应把无味当作美味来感觉。“大小多少”是借以阐述修行大道的警示规则,想得到大的反而得到小的,想得到多的反而到得小的,这也是自然规律。“报怨以德”是指修行大道、施行善事,要把导致祸患的恶念阻止在没有形成想法之前。

想要解决困难,应当在容易解决的时候就着手处理,不要等到发展成难事了再解决。要想做成大事,必须从细小的地方着手,影响发展的祸患动乱也是从细小生发的。天下的难事一定要从容易处着手解决,天下的大事一定要从细小的地方开始做起。困难都是从容易之处产生形成的,显著突出的事情也都是从细小的事情发展起来的。因此圣人始终不认为自己伟大,反而成就了他的伟大,这是因为他谦虚处世,所以天下之人都归心于他。轻易许下诺言必然缺乏信用,这是因为不重视自己的言论;把事情看得越容易做起来就会越困难,这是因为没有谨慎地看待困难。因此,圣人行动做事,总是反复地考虑进退,过多地设想困难,尽可能从源头上杜绝意外发生。所以圣人终生没有祸患灾难,就是因为规避灾害的措施做得比较彻底。

六十四章

【原文】其安易持，其未兆易谋，其脆易泮，其微易散。为之于未有，治之于未乱。合抱之木，生于毫末；九层之台，起于累土；千里之行，始于足下。为者败之，执者失之。是以圣人无为，故无败；无执，故无失。民之从事，常于几成而败之。慎终如始，则无败事。是以圣人欲不欲，不贵难得之货。学不学，复众人之所过。以辅万物之自然，而不敢为。

【译文】安定的局面容易保持和维护，没有问题迹象的事物容易图谋，脆弱的事物容易消解，细微的事物容易散失；所以做事情要在它尚未发生时就处理妥当；治理国政，要在祸乱产生以前就早做准备。合抱的大树，生长于细小的根芽；九层的高台，是由一筐筐泥土垒起来的；千里的远行，是从脚下第一步开始走出来的。妄为就会失败，强行把持一定会失去。圣人不妄为，所以不失败，不强行把持，所以不失去。人们做事情的时候，总是在快要成功时失败，所以当事情快要完成的时候，也要像开始时那样慎重，这样就不会失败了。因此，有道的圣人把无欲作为自己欲望，不以难得的财货为珍贵，学习别人所不学习的，补救世人所经常犯的过错。辅助万物按其规律自然发展，而不会妄加干预。

【说解】本章老子阐述了无为无执之道。

共分为两部分。第一部分老子首先列举了四种现象，提醒人们处理问题要抓住"未有"、"未乱"的时机,任何事情一旦出现问题再去处理就很麻烦了。社会安定的局面容易维持,没有迹象的事情容易图谋,及早应对就是"为之于未有",问题尚未发生时就处理妥当。这也是儒家所谓"喜怒哀乐之未发,谓之中"的状态。用在修行方面来说,就是一念未发的时候,此时人的心念最容易把握。所以治人事天把握应对好"安"、"未兆"的状态十分重要。"其脆易泮,其微易散",万物初生有脆弱、细微的特性,脆弱的事物容易消解,细微的事物容易散失。这也是儒家所谓"发而皆中节,谓之和"的状态。用在治理国政方面就是要建立安全预警机制,在祸乱产生前早做准备,也就是"治之于未乱"。用在人的养生方面就是要有忧患意识。《黄帝内经》上说"上工治未病,不治已病",治未病就是在疾病未发生之前就采取相应的措施。这里老子谈的是修行者要见微知著,防微杜渐,要有将祸患消除在萌芽状态的大智慧。孔子在《论语·宪问篇》谈到贤人也有这样的智慧:"不逆诈,不亿不信,抑亦先觉者,是贤乎!"孔子说与人交往不预先怀疑别人欺诈,也不猜测别人不诚实,然而能事先觉察别人的欺诈和不诚实,这就是贤人了。

随后老子又列举了三种现象:"合抱之木,生于毫末;九层之台,起于累土;千里之行,始于足下。"老子意在告诉人们,任何复杂的事物都源自于细小事物的发展和累积,人们了解了事物的发展过程,对重要环节给予关注,持之以恒,就能取得成功。接着老子警告人们做事不要妄为,不要过于执着,否则就会"为者败之,执者失之"。扁鹊谈兄弟三人医术的故事,就形象地说明了事物发展的这几个过程。扁鹊的大哥医术最好,在人的病未起时他一望气色便知,此时很容易把人调理好,这属于"为之于未有";二哥医术次之,他能于病情初起给人治病,防止酿成大病,这属于"治之于未乱";而扁鹊是治于病情严重之时,给人下猛药做手术,但也很难让人恢复原来的健康,这属于"为

者”、“执者”的时机。

第二部分老子总结圣人的成功之道:“是以圣人无为,故无败;无执,故无失。”老子接着说,人们做事的时候,“常于几成而败之”,总是在快要成功时失败,失败的原因往往是“有为”、“有执”,或者缺失坚定的毅力导致失败。《论语·子罕篇》中孔子说:“譬如为山,未成一篑,止,吾止也。”孔子也是批评这些不顾全大局,没有毅力而导致失败的人。

“是以圣人欲不欲,不贵难得之货。”前一个“欲”是意动用法,意思是以“不欲”为欲,后一个“欲”是指美色、美声、美味等欲望。圣人以不追求世人的这些“欲望”为欲望,不把难得的东西当做特别的宝贝去争取。无欲之道功用无限,可助人成就大事业,有限的物欲则是人生的绊脚石。孔子也是重义轻利,将义和利作为区别君子、小人的标准,所以他在《论语·里仁篇》中说:“君子喻于义,小人喻于利。”

“学不学,复众人之所过。”世人追逐名利,热衷的多是修文习武、登仕求名之学,而圣人求的是清静无为、清心寡欲之道,都是世人所不愿意学的,所以圣人是“学不学”。由于世人使用聪明机巧追逐名利,身心被欲望所牵动,“为者败之”,所以常常犯错。而圣人以不言之教、无为之道教化世人,使世人去除追逐欲望之心,补救所常犯的过错,恢复淳朴的本性,这就是“复众人之所过”。世人在圣人教化之下,进入到真正自然和谐的状态,而圣人“能辅万物之自然,而弗敢为”,辅助万物按其自身规律自然发展而不会妄加干预。圣人不敢自以为是,不以圣人之名捞取名利,做事不敢妄为,让万物遵道而行,圣人只要引导万物按照规律发展就行了。

【老年悟语】

1.一个人常有快乐、感恩、助人的思想就与自己的天性一致,由此而为就是与道合一，合道则无往不胜。一个人常有伤心、愤怒、报复的想法就是与自己的天性相悖，由此妄作就是背道而驰，妄作则灾祸相随。

2.人生就是梦。从小认为重要的人和事，如今都释然无存，现在认为重要的人和事，多年后还会很重要吗？人来时一无所有，人走时也不带走一物，这不都和作梦一样吗？唯有与梦不同的是，人生可留德行于后世。

3.任何神、上帝、菩萨都保佑不了我们，能够保佑我们的只有自己的善念善行。虽说人生都有如来智慧，具足圣贤之道，但是都需要通过修行实践来掌握，才能为己所用，这是每个修行者必须明白的问题。

【王弼注道德经】

以其安不忘危，持之不忘亡，谋之无功之势，故曰"易"也。虽失无入有，以其微脆之故，未足以兴大功，故易也。此四者，皆说慎终也。不可以无之故而不持，不可以微之故而弗散也。无而弗持则生有焉，微而不散则生大焉。故虑终之患如始之祸，则无败事。为之于未有，谓其安未兆也。治之于未乱。谓微脆也。当以慎终除微，慎微除乱。而以施为治之，形名执之，反生事原，巧辟滋作，故败失也。好欲虽微，争尚为之兴；难得之货虽细，贪盗为之起也。不学而能者，自然也。喻于学者过也。故学不学，以复众人之过。

译文：安全稳定的时候依然不忘安危，时刻提防失败的危险，提前谋划无功而返时的应对谋略，所以说在事情还没有发生的时候提前容易预防。在分散还没有形成东西的时候，因为分散脆弱的原因，不用下大的功夫和力量就可以改变，所以说容易改变。上面说的四种情况，都是要保持谨慎直到达到目的。不能因为事物尚未形成，尚未具备形态就不注意，不可以因为问题小就不去关注解决，小的问题不及时解决就容易成为大问题。所以考虑可能存在的隐患，就如同一开始就考虑可能存在的祸患，事情就不会失败。在事情还没有开始的时候就要作为，说的是事情没有征兆的时候容易应对。在还没有乱象时就处理好，说的是脆弱的东西容易分开。应当时刻以谨慎、慎重的态度去除微小的隐患，从细微处清除乱象。而以施加外力影响来加以治理，用行政法律手段来控制，反而成了是非根源，投机取巧、任意乱为的现象就会出现，必然会导致失败。喜好想得到的名利虽然小，但是由此争名夺利的现象就会兴起；难得的器物虽然微小，但是以不正当手段获取这些东西的行为就盛行了。不学习就具有的能力，是自然具有的。这是为了说明治学之人的错误。所以说学习别人不想学的，对别人的错误引以为鉴。

【河上公章句】守微第六十四

其安易持，治身治国安静者，易守持也。其未兆易谋，情欲祸患未有形兆时，易谋止也。其脆易破，祸乱未动于朝，情欲未见于色，如脆弱易破除。其微易散。其未彰着，微小易散去也。为之于未有，欲有所为，当于未有萌芽之时塞其端也。治之于未乱。治身治国于未乱之时，当豫闭其门也。合抱之木生于毫末；从小成大。九层之台起于累土；从卑立高。千里之行始于足下。从近至远。为者败之，有为于事，废于自然；有为于义，废于仁；有为于色，废于精神也。执者失之。执利遇患，执道全身，坚持不得，推让反还。是以圣人无为故无败，圣人不为华文，不为色利，不为残贼，故无败坏。无执故无失。圣人有德以教愚，有财以与贫，无所执藏，故无所失于人也。民之从事，常于几成而败之。从，为也。民之为事，常于功德几成，而贪位好名，奢泰盈满而自败之也。慎终如始，则无败事。终当如始，不当懈怠。是以圣人欲不欲，圣人欲人所不欲。人欲彰显，圣人欲伏光；人欲文饰，圣人欲质朴；人欲色，圣人欲于德。不贵难得之货；圣人不眩为服，不贱石而贵玉。学不学，圣人学人所不能学。人学智诈，圣人学自然；人学治世，圣人学治身；守道真也。复众人之所过；众人学问反，过本为末，过实为华。复之者，使反本也。以辅万物之自然。教人反本实者，欲以辅助万物自然之性也。而不敢为。圣人动作因循，不敢有所造为，恐远本也。

译文：修养身心或治理国家都安然沉稳的人，往往个人坚持良好操守，国家也容易长治久安。各种情感欲望及祸患灾难还没有形迹征兆的时候，比较容易谋划阻止。灾祸动乱还没有开始发动，情感欲望还没有明显形迹，处在脆弱的时候容易破坏铲除掉。这是因为情欲祸乱还不显著，微弱渺小，所以容易消除散去。要想有所作为，就应当提前考虑影响作为的不利因素，在其没有萌芽的时候阻止它的发生。修养身心或治理国家要在情欲祸乱还没有发生的时候，预先关闭情欲祸乱之门。

两臂才能围拢的大树是由当初细如针毫的小苗长成的；九层的高台是从起初一筐筐泥土累积由低到高筑起来的；千里的行程是从脚下开始一步一步由近到远走出来的。以有为对待世事，就会废失自然规律；以有为对待义，就会废失仁；以有为对待声色，就会废失精神。执着于利益就会遇到祸患，执着于大道就会保全身心，执着追求的东西不一定能够得到，推拒礼让反而会返还身边。圣人不使用华丽的文饰，不谋求声色利益，不做损害他人的事情，没有违背道德的行为而立于不败之地。圣人掌握了道德就用来教化愚昧，有了财物就用来施舍贫困，没有任何自持或藏私，所以没有人会认为圣人有过失而不认可他。

普通民众做事情，常常在即将成就功德的时候，开始贪慕地位、爱好名声、奢侈安逸、骄傲自满，因为自身原因导致功败垂成。接近终点时要像刚开始那样保持谨慎，不应该松懈懒散、怠慢不敬。有道的圣人追求常人不想追求的东西，常人想要显赫张扬，圣人想要遮避荣光；常人想要文饰华丽，圣人想要质朴无华；常人想要声色犬马，圣人追求在于道德。圣人不看重难得的宝物，不希望所穿服饰炫人眼目，不认为顽石轻贱也不认为宝玉珍贵。圣人学习常人不想学习的学问，常人学习智诈之术；圣人体会自然规律，常人热衷治世之术；圣人时常修治身心，以持守大道的至真至朴。芸芸众生所学往往与大道相背，舍弃根本而求末节，舍弃朴实而求浮华，而圣人“复之者”就是将众人所学返归到朴实的根本中。圣人教化众人返归朴实根本的原因，是要辅助万物顺应自然天性。圣人做法沿袭大道规律，不敢增加、臆造、妄为，担心远离“道”的本意。

六十五章

【原文】古之善为道者,非以明民,将以愚之。民之难治,以其智多。故以智治国,国之贼;不以智治国,国之福。知此两者,亦稽式。常知稽式,是谓玄德。玄德深矣,远矣,与物反矣,然后乃至大顺。

【译文】古代善于用"道"治国的人,不会教导百姓知晓智巧伪诈,而是教导百姓质朴敦厚。百姓之所以难于统治,是因为他们使用太多的智巧心机。所以用智巧心机治理国家,就必然会危害国家,成为国家的灾祸;不用智巧心机治理国家,才是国家之福。了解这两种治国方式的不同,而有所舍取就是一种法则,了解实践这个法则,就叫作玄德。玄德又深又远,和具体的事物复归到真朴,然后才能极大地顺乎自然。

【说解】本章老子讲治国理政要以朴实为本。

共分为两部分。第一部分老子将当时与古代的国家治理方式进行对比。古代善于用道治国的人:"非以明民,将以愚之。"有人将这句话直译为不让老百姓变得聪明,将让百姓变得愚蠢。并据此认为老子的思想就是愚民。其实这都是不明老子思想的浅薄之论。老子这句话的本意是用大道来教化百姓,不会让百姓知晓智巧伪诈的处世之法,也就是不让百姓变为刁民,而是教导百姓使他们变得质朴敦厚,当然前提是统治者是得"道"之人,这样才能教化好百姓。清代郑板桥就是这

样的人,他有句名言:“聪明难,糊涂尤难,由聪明而转入糊涂更难。放一着,退一步,当下安心,非图后来报也。”这段话是郑板桥的悟道心得,他在潍县任职七年,为官清廉,造福百姓,离开潍县时百姓还为他建立了生祠。

接着老子又讲了当时社会管理混乱的原因:“民之难治,以其智多。”老子所处的东周时期社会动乱,主要原因就是统治者的有为之政,他们使用太多的智巧心机,上位者缺乏德行身教,以一人之智敌万人之智,下面的百姓也相应地变得争名夺利,取巧奸诈之风盛行,社会难以管理。孔子也认为社会管理关键在于当政者的身教,在《论语·颜渊篇》中孔子说:“君子之德风,人小之德草,草上之风,必偃。”孔子也是在变相批评鲁国当政者的德行缺失。

第二部分老子讲以“道”治国的好处:“故以智治国,国之贼;不以智治国,国之福。”这里“智”是指为己谋利,就是私;为了百姓的利益就是公,就有“道”。当政者遵道而为,不用智巧心机治理国家,百姓安居乐业,共享太平盛世的幸福生活,这就是“不以智治国,国之福”。儒家推崇的是以道德和礼制治国,孔子在《论语·为政篇》中说:“道之以德,齐之以礼,有耻且格。”儒家和道家的治国方法不同,但是殊途同归,都是为了社会安定,为了百姓幸福。

老子接着说:“知此两者,亦稽式。”知道了“以智治国”和“不以智治国”两种治国方式及其后果,而后有所取舍就是一种法则。圣人都有这种取舍的大智慧。《论语·述而篇》中孔子说:“三人行,必有我师焉;择其善者而从之,其不善者而改之。”“常知稽式”,这个“知”是王阳明所说的“知行合一”的意思,如果知道了而不去落实,就不是真正的知。如果当政者明白了这两者之间的差别,就一定会有所取舍。治国遵“道”而行,此谓玄德,那么他的德行就很大很深远了。玄德是最接近“道”的上德,仁德还是在后面,处于上下德之间。玄德与“道”一样，都是向相反的方向运动，返璞归真，“反者道之动”，一般事物崇尚外表华美，而玄德崇尚素朴；一般事物崇尚智巧和功利，而玄德崇尚朴实和道义，所以玄德与一般事物是相反的，返归质朴之本。“然后乃至大顺。”玄德合乎“道”的自然、无为之性。为政以玄德，并用玄德教化民众，就能让百姓远离对物欲的追求，回归真朴状态，社会复归和谐。

【老牟悟语】

1.上天代表百姓利益，一个人无私为百姓服务就有大德，就是与天道合一。德者“得”也，大德必有好报。而打着为服务百姓旗号的人为己谋利，就有愧于天道。“愧”者心中有鬼，时机一到，灾祸就会像鬼一样显现。

2.说话刻薄者貌似聪明，却常常遭人以针锋相对，终是福薄之人；言行厚道者看似愚笨，却处处被人以诚实相待，实为多福之人。

3.有的人只是能够背诵圣贤经典，就以圣贤自居到处说教，而自身习气没有一点改变。这些人不过是披着圣贤服装唱了几场戏而已。

【王弼注道德经】

明，谓多见巧诈，蔽其朴也。愚，谓无知守真、顺自然也。多智巧诈，故难治也。智，犹治也。以智而治国，所以谓之贼者，故谓之智也。民之难治，以其多智也，当务塞兑闭门，令无知无欲。

而以智术动民。邪心既动，复以巧术防民之伪，民知其术，随防而避之。思惟密巧，奸伪益滋，故曰“以智治国，国之贼”也。稽，同也。古今之所同则，不可费。能知稽式，是谓玄德。玄德深矣，远矣。

译文：明，是聪明、多识，机巧、诡诈的意思，遮蔽了简单朴素之意。愚，是无知、保守本真、顺其自然。聪明、机智、诡诈，所以难以治理。

智，就是以机巧、心眼、套路来治理国家。用机巧来治理国家，之所以说是国家的灾难，就是因为利用了心机。百姓难以治理就是因为他们心机太多。应当努力关闭引起他们欲望和获得知识的门路，让他们变得纯朴、敦厚。

而用智巧的权术来控制老百姓，动了不正心术，又用诡诈方法来防止老百姓。老百姓知道了这些方法，久而久之就会想出避开的对策。想得越周密、机巧，奸诈虚伪就会越多，所以说“用机巧来治理国家，是国家的灾难”。稽，是相同的意思。古今规则一样，不可以废除。按照“道”的规律了解这个法则，就是“玄德”。玄德高深、幽远啊！

【河上公章句】淳德第六十五

古之善为道者，非以明民，将以愚之。说古之善以道治身及治国者，不以道教民明智巧诈也，将以道德教民，使质朴不诈伪。民之难治，以其智多。民之所以难治者，以其智多而为巧伪。故以智治国，国之贼；使智能之人治国之政事，必远道德，妄作威福，为国之贼也。不以智治国，国之福。不使智能之人治国之政事，则民守正直，不为邪饰，上下相亲，君臣同力，故为国之福也。知此两者亦稽式。两者谓智与不智也。常能智者为贼，不智者为福，是治身治国之法式也。常知稽式，是谓玄德。玄，天也。能知治身及治国之法式，是谓与天同德也。玄德深矣，远矣，玄德之人深不可测，远不可及也。与物反矣！玄德之人与万物反异，万物欲益己，玄德施与人也。然后乃至于大顺。玄德与万物反异，故能至大顺。顺天理也。

译文：古代善于运用“道”治理国家的，不是运用“道”教化民众掌握智慧变得机巧伪诈，而是用“道”教化民众，使民众质朴敦厚。民众难以治理的原因，是因为民众非常智慧而且机巧多诈。因此以智巧治理国家，必将成为国家盗贼。使用智能伪巧的人治理国家政事，必定会远离道德，滥用职权，作威作福(民众也会效仿而远离道德，这等于窃取了国家安定的根本)，所以称之为国家盗贼。不使用智能伪巧的人治理国家政事，民众就会持守正直淳朴之道，不做奸邪伪巧的事情，举国上下相亲互信，君臣之间勠力同心，所以这是国家的福气。经常利用智巧伪诈的人会戕害社会，不利用智巧伪诈的人会造福社会，这也是修养身心与治理国家的两种不变法则。能够知道修养身心和治理国家的法则并坚持以“道”修身治国，就是与天一样至高无上、淳厚质朴的美德。具有天一样美德的人内涵之深远无法探测，遥不可及，具有天一样美德的人与万物不同。万物想的是有益于自己，天一样的美德是施舍给众人。天一样的美德与万物相反相异，所以能够达到“大顺”。“大顺”就是顺应天道自然之理。

六十六章

【原文】江海之所以能为百谷王者，以其善下之，故能为百谷王。是以圣人欲上民，必以言下之；欲先民，必以身后之。是以圣人处上而民不重，处前而民不害，是以天下乐推而不厌。以其不争，故天下莫能与之争。

【译文】江海之所以能够成为百川河流汇聚的地方，是因为它甘处低下之处，所以能够成为百川之王。因此，圣人要领导百姓，必须用言辞对百姓表示谦下，要想统领百姓，必须把自己的利益放在百姓后面。所以，圣人虽然地位居于百姓之上，而百姓并不感到负担沉重；居于百姓之前，而百姓并不感到利益受到伤害，天下百姓都乐意推戴他而不厌弃他。因为他不与人相争，所以天下没有人能和他相争。

【说解】本章老子讲圣人的不争之道，只有善于处下，才能真正居上。

首先老子讲百川归往江海的原因："江海之所以能为百谷王者，以其善下之，故能为百谷王。"这里老子用海纳百川比喻圣人之德，自古有道者居上必明处下之道，强势者必懂示弱之法。老子也是在提醒当政者要蓄养谦德，要意识到执政须以民为本，责任在肩就要付出更多，把自己位置放低，这样大家才会来成就你，然后你再带领大家一起走向成功。如此执政，才能够受到百姓的敬仰和拥戴。

接着老子讲圣人甘于处下所达到的效果:“是以圣人欲上民,必以言下之。”这样“居上位”和“言下之”相平衡,才可以建立和谐的氛围。如果居上位者说话盛气凌人,自高自大,就极易导致上下失衡而产生矛盾。所以有谦德的国君都会自称孤、寡、不谷,以赢得民心。“欲先民,必以身后之。”当政者要想统领百姓,必须把自己的利益放在百姓后面。人与人之间相互交往也是一样,让出了利益获得的就是“德”,“德”是“道”的外现,它看似虚无,但关键时候功用强大。如果当政者姿态如江海,则“德”如江海,百姓的资源都会汇集而来成就他。如果政者把自己抬得很高,则离德离心,百姓就会像水一样离他而去。

“是以圣人处上而民不重,处前而民不害。”有道的圣人虽然地位居于百姓之上,而百姓并不感到负担沉重。原因就是圣人做事都会考虑百姓的利益,想百姓之所想。《论语·尧曰篇》中孔子说:“因民之所利而利之。”孔子主张当政者务必关注民众愿望,要多考虑百姓利益。圣人居于百姓之前,“为之于未有,治之于未乱”,会将百姓难题化解于无形之中,所以百姓并不感到利益受到伤害。

接着老子说“是以天下乐推而不厌”。圣人做到处处为百姓着想,百姓也报之以“德”,都从内心乐意推戴圣人而不厌弃他。《尚书》有言:“天视自我民视,天听自我民听。”古代统治者称天子,天子的去留最终还是要听老百姓的。上古时期的禅让都是通过推举方式,甚至到了汉代还是以“举孝廉”为主推举官员。

最后老子讲了圣人的不争之德。有人错误地以为不争就是什么都不做,什么都不争,结果天下都没有人与他争了,这种解释背离老子本意。对于当政者来说,事事处处为百姓服务,不与民争名、争利,这样百姓就会支持他,继而会得到越来越多人认可,最后天下百姓都来成就他,这是老子“天下莫能与之争”的本意。孔子也主张不争,在《论语·八佾篇》中说:“君子无所争,必也射乎!”

我们一旦明白了老子的不争之道，就会把日常自己该做的事认真做好，不与人去争，把结果、名利都看得很轻，一切顺其自然。这样做事不争的人就有了“德”，这个“德”一定会以适当方式还回来，这就是“道”。这样长久坚持之后就会发现，别人没法跟你争了，因为你的工作已做到极致，又毫无欲望之心，已经远远超出一般人境界，这就是“天下莫能与之争”的境界。

【老牟悟语】

1 遇事替别人承担过错的人有德，担多大过错有多大德，积德者必会得到好报；遇难能吃亏受辱的人有后福，受多大辱享多大福，受辱者必得上天眷顾。

2.人的德是树根，钱财是树上的花果，人缺了德，树上的花果也不会长久，所以常见无德的人有了钱又回归贫困。而有德的人生活会越来越宽裕，这就是《中庸》上说的“大德必得其禄”。

3.高贵者的“道”在低处，谦下待人便是在“道”上，施舍救人便是积德。位卑者的“道”在高处，不屈膝求人便是在“道”上，热心助人便是积德。

王弼对此章未做注释。

【河上公章句】后己第六十六

江海所以能为百谷王者，以其善下之，故能为百谷王。江海以卑，故众流归之，若民归就王。以卑下，故能为百谷王也。是以欲上民，欲在民之上也。必以言下之；法江海处谦虚。欲先民，欲在民之前也。必以身后之。先人而后己也。是以圣人处上而民不重，圣人在民上为主，不以尊贵虐下，故民戴而不为重。处前而民不害。圣人在民前，不以光明蔽后，民亲之若父母，无有欲害之心也。是以天下乐推而不厌。圣人恩深爱厚，视民如赤子，故天下乐推进以为主，无有厌也。以其不争，天下无厌圣人时，是由圣人不与人争先后也。故天下莫能与之争。言人皆有为，无有与吾争无为。

译文：江海因为处于低下的位置，所以才有众多河流汇入，好像万民归属于君王一样。因为善于低下，所以能够成为百川主宰与归属。要想居于万民之上，必须效法江海，在言行上谦下于民众；要想处于万民前头，就要优先考虑民众利益，最后考虑自己的事情。圣人居于万民之上作为主宰，不认为自己尊崇高贵而轻视下民，所以民众就会拥戴他，不认为生活负担沉重。圣人处在万民前头，不因自己荣耀而把民众遮蔽在后面，民众亲近他就像对待父母一般，没有想要伤害他的心思。圣人恩情深爱意厚，看待民众如同自己孩子，所以圣人能被天下人推举而没有人讨厌反对他。天下之所以没有厌恶圣人的时候，是由于圣人谦下，从不与人争先争后，所以天下没有人能够与他相争。这就是说世人都在努力有为，没有人与圣人争无为。

六十七章

【原文】天下皆谓我道大，似不肖。夫唯大，故似不肖。若肖，久矣其细也夫！我有三宝，持而保之。一曰慈，二曰俭，三曰不敢为天下先。慈，故能勇；俭，故能广；不敢为天下先，故能成器长。今舍慈且勇，舍俭且广，舍后且先，死矣！夫慈，以战则胜，以守则固。天将救之，以慈卫之。

【译文】天下人都说我尊崇的“道”太广大了，大到不像任何具体事物。正因为它伟大，所以才不像任何具体事物。如果它像任何一个具体事物，那么“道”也就显得很渺小了！我有“道”的三种宝贝：第一件叫作慈爱；第二件叫作俭朴；第三件是不敢居于天下人的前面。有了慈爱，所以能勇武；有了俭朴，所以能广开财路；不敢居于天下人之先，所以能成为万物尊长。现在丢弃慈爱而追求勇武；丢弃俭朴而追求大方；舍弃退让而求争先，结果是走向死路。将慈爱原则用到战争上，就能够在战略上最终取胜，用来守卫国家，就能巩固疆土。天要援助谁，就赋予他仁慈之心来保护他。

【说解】本章老子主要阐述“道”的特点及其功用。

共分为三部分。第一部分老子借用天下人的话来讲道体至大。“天下皆谓我道大，似不肖。”天下人说我尊崇的“道”太广大了，大到不像任何具体东西。老子说“大象无形”，因为“道”其大无外，其小无内，无形无状，其功用也强大无比。“道”普遍存在于万物之中，如果它像任何一个具体的事物，那么“道”也就显得很渺小了。孔子教育弟子也要像“道”的功用一样有多种能力，他在《论语·为政篇》中说“君子不器”，意即君子不能像器具一样，只具有一种功能，教化弟子立志多才多能。

第二部分老子讲“道”的三大法宝。老子说我有三个宝贝，也就是“道”的三个最主要的特点：“一曰慈，二曰俭，三曰不敢为天下先。”慈就是慈爱，体现的是人的本性。什么是慈爱呢？很简单，当一个人把别人当成自己时，处处为别人考虑，内心生发的就是慈爱之心。俭是俭朴、俭约，在生活方面要简单节俭，在修身方面要敛欲归朴。“不敢为天下先”主要是指当政者要有谦下、不争之德，不把自己的利益放到天下人的前边。老子讲的“三宝”与《论语·学而篇》中子贡说孔子具有“温、良、恭、俭、让”的品德意思相近。

第三部分老子讲“道”的功用。“慈，故能勇”，大道之勇不是匹夫之勇，而是由慈心生发的勇敢、勇气。“俭，故能广”，俭约是符合“道”的，所以资源广阔，这样做事也容易成功。人不节俭就难有积蓄，也难以应对生活中的突发事件。国家不崇尚节俭，就难以有财力造福民生，难以应对多变的外交局势。“不敢为天下先，故能为成事长”，悟道者有谦下之德，把自己利益放到后边，一切为百姓利益着想，百姓最终也会成就他的事业，把他推到领导位置上去。

接着老子谈人丢掉这“三宝”的后果：“今舍慈且勇，舍俭且广，舍后且先，死矣！”离开大道而追求勇武、大方、争先，只能会陷于失败。没有慈悲的勇敢就是野蛮，野蛮之人的报应就是“死矣”。不仅如此，这样的人还会“绝后”，因为我们每个人的身体都是先祖之德的显现，如果先祖无德，野蛮行事，不是被法办就是身亡，也就没有了后世子孙，所以人生今世要感恩先祖之德。舍弃节俭的大方就是奢侈挥霍，

挥霍纵欲者必亡。孔子在《论语·泰伯篇》中对没有礼约束的勇敢也是持批评态度,他说“勇而无礼,则乱”,意思是勇敢是好的品德,如果勇敢没有礼度约束,做事就会显得莽撞,甚至会产生动乱。

“三宝”以慈悲为本,老子最后总结:“夫慈,以战则胜,以守则固。”众多注家将此译为用慈爱来征战,就能够取得胜利,用来守卫就能巩固疆土。如何用慈心取得战争胜利?这种解释难以让人信服。其实,老子的本意是在战略上可以用慈悲之心消除战争,可以使疆土守卫更牢固。将慈爱的原则用到外交和战争上,就能够在战略上最终获胜;用来守卫国家,就能巩固疆土。孟子的“仁者无敌”也是此意。

“天将救之,以慈卫之。”这句话是本章点睛之语,蕴含了儒释道心法精髓。老子的意思是说上天要援助谁,就让他对万物怀有慈爱之心,他处事就会遵道而行,万物也会以“道”回应他,用慈爱之心来保卫他。儒家也有同样思想,上天想救助谁就会让他以仁爱之心修身,当然人们也会以仁爱之心回报他,修身之至就是内圣外王,就是“仁者无敌”的境界。佛家也是一样,想救助谁就会让他心生慈悲,悟到自己是佛,“一切众生皆有如来智慧德相”,他知道自己是佛了,慈悲为怀,然后逐步去掉欲念妄想,届时,众生都会成就他。

【老牟悟语】

1.向父母和社会索取越少越好,这样的人奉献越多越有德,事业就越兴旺;向经典和内心索取越多越好,这样的人欲望越少越有智慧,生活就越快乐。

2.骄傲常常遭遇失败,因为他们是近亲;谦虚常常带来进步,因为他们是近邻;懒惰常常遇到愚昧,因为她们是姐妹;奋斗常常跟着胜利,因为他们是兄弟。

3.贫困者手心向下帮助别人就是贵人,贵人心善,久之必有后福相伴；有钱人手心向上一味索取即是贱人，贱人心恶，久之必有奇祸相随。

【王弼注道德经】

久矣其细，犹曰其细久矣。肖则失其所以为大矣，故曰“若肖，久矣其细也夫”。夫慈，以陈则胜，以守则固，故能勇也。节俭爱费，天下不匮，故能广也。唯后外其身，为物所归，然后乃能立成器为天下利，为物之长也。且，犹取也。相慜而不避于难，故胜也。

译文：“久矣其细”是说早就归为具体的事物了。如果像什么东西那早就失去称它为大的缘由了，所以说“如果像，就早已归为具体事物了”。拥有慈母情怀，无战能胜，守无不固，所以能显示出勇敢气质。节俭不浪费，全天下都不会有缺乏，所以能长久持续地发展。只有把自己利益置于别人之后，天下万物才会归附，这样才能成器为天下谋利，成为万物领袖。且，是取的意思。有了慈爱，相互爱惜，不怕困难，所以能取得成功。

【河上公章句】三宝第六十七

天下皆谓我道大，似不肖。老子言：天下谓我德大，我则佯愚似不肖。夫唯大，故似不肖，唯独名德大者为身害，故佯愚似若不肖。无所分别，无所割截，不贱人而自贵。若肖久矣。肖，善也。谓辨惠也。若大辨惠之人，身高自贵，行察察之政，所从来久矣。其细也夫。言辨惠者唯如小人，非长者。我有三宝，持而保之。老子言：我有三宝，抱持而保倚。一曰慈，爱百姓若赤子。二曰俭，赋敛若取之于己也。三曰不敢为天下先。执谦退，不为倡始也。慈故能勇，以慈仁，故能勇于忠孝也。俭故能广，天子身能节俭，故民日用广矣。不敢为天下先，不为天下首先。故能成器长。成器长，谓得道人也。我能为得道人之长也。今舍慈且勇，今世人舍慈仁，但为勇武。舍俭且广，舍其俭约，但为奢泰。舍后且先，舍其后己，但为人先。死矣！所行如此，动入死地。夫慈以战则胜，以守则固。夫慈仁者，百姓亲附，并心一意，故以战则胜敌，以守卫则坚固。天将救之，以慈卫之。天将救助善人，必与慈仁之性，使能自营助也。

译文：老子说：天下人都说我道德广大，我则假装愚笨不像善良的样子。因为自称道德广大会对自身不利，所以要假装愚笨，不像善良人、有出息的样子，对一切都不区别对待，也没有伤害之意，更不轻贱他人以显示自己尊贵。貌似明察是非又能言巧辩的人，身居高位，自我感觉优越，施政苛责，这种人一直以来就存在。这种处事精明又能言巧辩的人只能算是小人，不属于尊长之人。

老子说：我有三样宝贝，一直带在身上并看重依赖它们。一是慈爱，爱护百姓如同自己的孩子；二是俭朴，收取百姓的赋税就好像是从自己身上割肉一样；三是凡事不敢为人之先，执守谦逊退让之道，不带头倡导有为之道。因为对民慈善仁爱，所以民众能够勇于为国尽忠、为家尽孝；天子能够以身作则倡导节俭，百姓有积余就能做更多的事情；不首先做天下人没有做过的事情，保持谦虚谨慎，懂得取舍，就能成为得道人中的领先者。如今的世人舍弃慈善仁爱，只热衷勇武刚强；舍弃俭朴节约，只追求奢侈安逸；舍弃先人后己的美德，只知道抢在他人前头。所行所为总是这样，必将走入死路一条。施行慈仁之道治国修身的人，百姓愿意亲近依附他，与他同心同德，用于战争能够战胜敌人，用于防守能够固若金汤。上天将要救助善良的人，必定赋予其慈善仁爱本性，使其能够自我营护救助自己。

六十八章

【原文】善为士者不武;善战者不怒;善胜敌者不与;善用人者为之下。是谓不争之德,是谓用人之力,是谓配天古之极。

【译文】善于带兵的将帅,不逞其勇武;善于打仗的人,不会轻易被激怒;善于战胜敌人的人,不与敌人正面冲突;善于用人的人,对人总是表示谦和、卑下。这叫作不与人争的品德,这叫作善于借用他人力量和本领,这叫作符合自古以来的天道智慧。

【说解】本章老子以带兵打仗为例阐述不争之德及其功用。

共分为两部分。第一部分老子讲用兵之道:"善为士者不武。"古代称兵士为"卒",军事将领称为"士"。从统兵方面来说,善于带兵打仗的将领,不会逞其勇武,不随便示人以作战利器。打仗要战胜敌人,不仅仅需要勇武之力,更重要的是需要智谋过人。孔子说带兵打仗也讨厌与莽撞勇武的人在一起,他在《论语·述而篇》中说:"必也临事而惧,好谋而成者也。"《孙子兵法》也讲"上兵伐谋",即战争的最高境界是不战而屈人之兵。

"善战者不怒。"从作战方面来说,善于征战的人,不会轻易被激怒。好的将领要有冷静头脑,不轻易动怒,人愤怒则心失定力,没有定力就不会生发智慧,甚至中了敌方圈套还全然不知。"怒而兴师"是用兵大忌,战争中不被对方激怒,控制情绪是致胜关键。刘邦就深谙此理，楚汉两军对峙时，项羽对刘邦说："如果你不投降，我就烹了你父亲。"而刘邦回答："你我在楚王前结为兄弟，我父就是你父，你杀你父，可以分我一碗肉汤喝。"虽然刘邦此举多被后人批评，但当时弱势的刘邦不被激怒，不失为善战者。

"善胜敌者不与。"从致胜策略来说，善于战胜敌方的人，不会与敌方正面冲突。俗话说杀敌一千，自损八百，即使取胜自己也难免有很大损失。避免正面冲突可保全实力，以最小的牺牲而获得更大的胜利。

"善用人者为之下。"老子认为，善于使用贤人的人，态度往往是谦和卑下。这也是老子多次强调的原则，善于处下者方能够真正居上。所谓"为之下"，不是一般的谦让，而是卑下，甘居下位。历史上刘备"三顾茅庐"、周文王为姜子牙拉车、齐桓公拜管仲为仲父，这都是"为之下"而治国成功的典范。儒家的观点是唯贤是举，真正的贤才不计较名利，需要的是施展才能的舞台。《论语·子路篇》中弟子问政，子曰："先有司，赦小过，举贤才。"

第二部分老子讲处世不争之德。一个人做了好事而不与人争功，不争就有了"德"，一旦主动争着要，"德"就没有了。一个人力量有限，居上位的人对下属谦让，常常为下属利益着想，上下齐努力，事业必有所成，最后的功劳不争也是归于领导者。相反，上位者抢着把下属成绩归为己有，自然调动不了下属积极性，事业也难以获得成功。所以争则无德，争则失道，只有"先人后己"的不争之德才符合天道。

"是谓用人之力"就是将别人的能力为己所用，就好像"借力打力"的太极推手一样。士者自己不逞其勇武，而是利用别人的勇武；战者自己不怒，而利用别人怒气取胜；与敌作战避其锋芒击其弱点取胜；善用人者不居人之上，而使人都乐于为他效力。利用别人之力的前提是人要有不争之德。

“是谓配天古之极。”人有不争之德,可以用人之力,再往高了说,这叫作符合自古以来的天道智慧。“古”是古往今来,“配天”就是符合天道。老子为什么把不争之德评价这么高呢?因为悟道的领导者能意识到集体力量之大,会把自己位置放低,借用大家的力量做事,而他又能做到无私无争,这种德行是“配天”的,符合天道的无为法则,天道不争,万物自化;圣人不争,万民自顺。将不争之德推广开来,用于带兵打仗,就能战无不胜;用于治理国家,就能国泰民安;用于修身养性,就能成圣成贤。悟道的当政者无为,有不争之德,符合天道智慧,自然天下莫能与之争。这就是老子讲的:“是谓配天古之极。”

【老牟悟语】

1.自命清高的领导者只能自己干事,自己干得再多,成绩也不会很大;善于居下的领导者能用众人干事,自己干得再少,成就也不会很小。

2.小人认为求人办事容易,所以用极尽卑微的态度求人,但事情办成后很快就会忘恩。君子深知求人办事不易,轻易不会去求人办事,但事情办成后会知恩图报。

3.人心只有拳头那么大,如果装满自私的想法和欲望,就听不进别人意见,同时也将智慧排挤在外。这时人的言行就会被多欲的心所左右,表现出的就是一个自私自利的人。

【王弼注道德经】

士,卒之帅也。武尚先陵人也。后而不先,应而不唱,故不在怒。与,争也。用人而不为之下,则力不为用也。

译文:士,兵的统帅。使用武力多是想先发制人。跟随而不争先,回应而不先出声,所以不会被激怒。与,争战的意思。用人还要置己于别

人之上，这样就难以凝聚大家的力量。

【河上公章句】配天第六十八

善为士者不武，言贵道德，不好武力也。善战者不怒，善以道战者，禁邪于胸心，绝祸于未萌，无所诛怒也。善胜敌者不与，善以道胜敌者，附近以仁，来远以德，不与敌争，而敌自服也。善用人者为之下。善用人自辅佐者，常为人执谦下也。是谓不争之德，谓上为之下也。是乃不与人争之道德也。是谓用人之力，能身为人下，是谓用人臣之力也。是谓配天古之极。能行此者，德配天也。是乃古之极要道也。

译文：真正看重道德的人不喜欢动辄使用武力；善于用“道”作战的人会把邪恶禁锢在内心，把祸患解决在未萌发之时，这样就没有什么值得杀伐愤怒的事情了；善于运用“道”战胜敌人的人，对附近的人施以仁爱，对远方的人感以道德，不给敌人发动争战的理由，这样敌人就会自动降服了；善于团结他人辅佐自己的人，往往能够谦虚下士，甘于居人之下。

居于上位而谦逊让下，这就是不与人相争的至上道德；能够甘于居人之下，这就是善于利用臣下的智慧和力量。能够运用这种道理行事的人，德行可与上天匹配，自古以来就是至为重要的道德规则。

六十九章

【原文】用兵有言,吾不敢为主而为客,不敢进寸而退尺。是谓行无行,攘无臂,扔无敌,执无兵。祸莫大于轻敌,轻敌几丧吾宝。故抗兵相加,哀者胜矣。

【译文】用兵的人曾经这样说:我不敢主动进犯,而采取守势;不敢前进一步,而宁可后退一尺。这就是虽然有阵势,敌人却看不见阵容;虽然奋臂回击,却看不见回击的胳膊;虽然击败了敌人,却像没有真正打击敌人一样;虽然有兵器,却像没有持握兵器一样。祸患再没有比轻敌更大的了,轻敌几乎让我丧失"三宝"。所以实力相当的两军相对,怀有悲悯之心的一方往往取胜。

【说解】本章老子讲有道者以退为进的用兵之道。

共分为三部分。第一部分老子讲有道者防御为主的战略思想。老子认为,有道者本无好战杀戮之心,所以不会首先发动战争。用兵不应该先发制人,而应该采取守势。如果被迫卷入战争,宁可后退采取后发制人的方式,将战争对社会的伤害降到最小。这也体现了老子慎战的思想。儒家对待战争的态度也十分谨慎,所以《论语·述而篇》中说:"子之所慎:齐、战、疾。"

第二部分老子讲战术运用的灵活性和隐秘性。"是谓行无行,攘无臂,扔无敌,执无兵。"这句话也是《道德经》中比较难解析的内容之一,各家解析分歧较多。笔者认为,解析内容既要符合老子思想,又要切合本章内容,还要同当时的社会状况相符。“是谓”表明这段话是解释前面几句的内容。老子处在战争频发的年代,他反对战争,但是支持正义的抗战。他有慎战、以奇用兵的思想,战争的最终目的是消除战争。“行无行”,意思是行军布阵就像没有固定的阵势可摆一样,有道的用兵者行军不见其辙迹,兵力可分布于民间,可游击作战,神出鬼没,行遍天下无所不敌。“攘无臂”的意思是说还没有看到有道的用兵者带兵出击,就将对方打败了。历史上也常有这样的战例,截断对方粮草,或攻其国都,都会使强敌不战而退。“扔无敌”,虽然面临敌人,有道的用兵者却像没有制敌之策一样,就像淝水之战的谢安,一边下棋一边击退前秦百万大军。外敌来犯,原来看似不拿东西的人也都亮出兵器,入侵的敌人会陷于人民战争的汪洋大海。武器只为防御而用,无心作为杀伐之器威胁对方,更不是以多杀人为目的,这就是“执无兵”。

第三部分老子讲轻敌的害处和哀兵必胜的思想。“祸莫大于轻敌”。这句话至今仍是人们所信奉的警世箴言。老子讲谨慎用兵的反例就是轻敌。两军对垒,轻视敌方,很有可能给自己带来毁灭性打击,甚至会导致国家败亡。还有比这再大的灾祸吗?轻敌几乎让我丧失宝贝,有的说是老子的“三宝”,也都是指“道”。反过来说,当政者失“道”就容易产生矛盾,甚至还会引发战争。儒家也反对战争,但是身处战乱年代,孔子也主张要做好应战的准备,《论语·子路篇》中孔子说:“以不教民战,是谓弃之。”

“故抗兵相加,哀者胜矣。”老子首次提出了士气在作战中的巨大作用,“哀兵必胜”就源于此。哀是指由忠诚而生发出来的慈爱,带兵者对下属有慈爱之心,加上受到侵略的军民会感到屈辱,悲愤之情会促使他们奋起抗争,民众一心,就会爆发出惊人能量,所以哀兵必胜。

同时侵略者属于非正义之战,他们奔袭劳累,其理必亏,其气必衰,到了一定时候侵略者失败也是必然的。第二次世界大战中,德日等国侵略者气势汹汹占领各国大片土地,最终侵略者土崩瓦解,其主要原因就是他们发动非正义战争,遇到了各国的“哀兵”。

【老牟悟语】

1.通过战争解决问题是下策,有战争就有杀戮,虽然可以战胜对方但难以让人心服,所以战争必有后患。通过外交谈判解决问题,不战而屈人之兵才是上策,可保国家长治久安。

2.你拥有的财富是社会的,不过是暂时寄存在你那里而已。财富可以使你身心健康,也可以使你病困交加;财富可以让你留有美名,也可以让你留下骂名。有一点是肯定的,任何人离开时都带不走财富。

3. 学习的重点不在于你掌握多少知识,而在于你体悟到多少智慧;智慧的重点不在于你拥有多少,而在于你生活中运用多少。

【王弼注道德经】

行,谓行陈也。以谦退哀慈,不敢为物先。用战犹行无行,攘无臂,执无兵,扔无敌也,言无有与之抗也。吾哀慈谦退,非欲以取强无敌于天下也。

不得已而卒至于无敌,斯乃吾之所以为大祸也。宝,三宝也,故曰“几亡吾宝”。抗,举也。加,当也。哀者必相惜而不趣利避害,故必胜。

译文:行,是排成行列的意思。用谦卑、退让、悲观、仁慈的态度,不敢先发动进攻。作战时还没有排好队列,像没有臂膀一样地奋臂,像没有兵力一样地进攻,像没有兵器一样地握持,像没有能力与对方抗衡一样。我悲观、仁慈、谦卑、退让,不是想利用强大的武力征服天下。

不得已而参战，在战争中所向披靡，这是我担心的可能引起大祸的开端。宝，“三宝”的意思。所以说几乎丧失了我的“三宝”。抗，是相持的意思。加，是指兵力相当。哀伤的士兵必定会互相珍惜，不贪恋好处也不担心坏处，所以能取得最后胜利。

【河上公章句】玄用第六十九

用兵有言：陈用兵之道。老子疾时用兵，故托己设其义也。吾不敢为主而为客，主，先也。不敢先举兵。客者，和而不倡。用兵当承天而后动。不敢进寸而退尺。侵人境界，利人财宝，为进；闭门守城，为退。是谓行无行，彼遂不止，为天下贼，虽行诛之，不成行列也。攘无臂，虽欲大怒，若无臂可攘也。扔无敌，虽欲仍引之，若无敌可仍也。执无兵。虽欲执持之，若无兵刃可持用也。何者？伤彼之民罹罪于天，遭不道之君，愍忍丧之痛也。祸莫大于轻敌。夫祸乱之害，莫大于欺轻敌家，侵取不休，轻战贪财也。轻敌，几丧吾宝。几，近也。宝，身也。欺轻敌者，近丧身也。故抗兵相加，两敌战也。哀者胜矣。哀者慈仁，士卒不远于死。

译文：“用兵有言”就是陈述用兵作战的道理，这是老子不满当时的国君对外用兵，所以假托自己名义讲述用兵的意义。他说：我不敢首先发动战争，而是注重调和矛盾，不倡导首先使用武力解决问题，用兵打仗要秉承天意，只有到了万不得已之时才会行动。侵略他国边境国界、掠夺他人财宝据为己有，这样的“进”我一寸也不敢进，而宁愿在关闭城门、固守城池这样的“退”上多退一尺。这就是说，敌方通过战争得到利益就会不停地发动战争，成为天下之贼，这种行为虽然应予诛杀，但是不应该通过大规模战争这种方式；虽然愤怒地发火捋袖子，好像也不能真的抡动手臂；虽然想去吸引敌人，却好像没有什么敌人可吸引；虽然想要手持武器，好像又没有什么兵刃可以持用。

这是为什么呢？因为伤害对方民众也会获罪于上天,这是遭遇到了无道昏君，徒自让人们忍受丧失亲人的悲痛啊！战争最大的危险是轻敌,不断侵略他国,本质上还是轻敌贪利。欺侮轻贱敌人,接近于丧失自我。轻敌好战的人丧失慈爱、俭朴、不敢为天下先的为人至宝,接近于丧失自我。所以,双方对抗交战,哀怜慈仁一方不忍心士兵远征赴死,反而能激发斗志取得胜利。

七十章

【原文】吾言甚易知，甚易行，天下莫能知，莫能行。言有宗，事有君。夫唯无知，是以不我知。知我者希，则我者贵，是以圣人被褐而怀玉。

【译文】我说的话很容易理解，很容易施行。但是天下竟没有谁能理解，没有谁能实行。言论有主旨，行事也有依据。正由于人们不理解这个道理，因此才不理解我。真正理解我的人很少，那么能取法于我的人就更难得了。因此圣人总是外表穿着粗布衣服，而怀里却揣着美玉。

【说解】本章老子感叹自己的“道”世间难行。

共分为两部分。第一部分老子讲“道”简单易行，但是人们却难知难行。老子曾说“为道日损”，修身求道就是要每天减损自己的欲望和主观见解，减到最后，虚静柔和、慈俭不争等符合“道”的意识自然就来了，一切皆自然无为而成。所以这里老子说“吾言甚易知，甚易行”。世界上一切宗教、一切学问到了最高处都是简单平易。孔子讲的圣贤之道最高境界就是仁道，其实求仁道也很容易，《论语·述而篇》中孔子说：“仁远乎哉？我欲仁，斯仁至矣。”王阳明总结儒家的学问就是四个字：简易广大。

接着老子又发出感叹“天下莫能知，莫能行”，世人热衷的是“为学日益”,认为知识越多越好,现在人们信奉的是“知识改变命运”,其实人们对性与天命知之甚少,知识多了最多影响命运,却难以改变命运。如果人被虚荣的钱权名色迷住眼睛,一味地追求欲望满足,那么学得越多,爬得越高,跌得就越重。战国时期的纵横家就是这样,凭藉所学知识获得锦衣玉食的生活,但是最终下场都十分悲惨。面对当时的社会现状,老子十分失望地说,没有人能理解和践行我说的“道”啊!

为证明自己所讲的“道”的正确性,老子说这些“道”都是老祖宗传下来的,也都是圣贤验证过的真理,所以叫“言有宗”。任何事有它的规律及其主宰,一个人如果懂得事物背后的规律,做事就不会忙乱,这叫“事有君”。孔子也有同样的观点,在《论语·述而篇》中孔子说:“述而不作,信而好古。”

第二部分老子感叹自己的思想不为世人所了解:“夫唯无知,是以不我知。”老子说任何事都有它的规律,也就是“道”,正由于人们不理解这个“道”,因此才不理解我。常见有人问为什么别人都那么幸运,我的运气就这么差呢?其实,所谓好运气就是做事顺从了天地运行规律,顺道而为运气就好,做什么事都会顺利,人类发射卫星不也是要顺着地球自转的方向发射吗?不好的运气多是逆水行舟,是人们自找麻烦。改运的方法也很简单,就是要发心为更多的人服务,去除为己的私心。因为资源是为公众服务的,当你为大家服务时,言行就符合“道”了,大家就会成就你,运气当然会好。当人们明白这秘密以后,顺道而为做事就会越来越顺利,也就真正理解了老子所说的道理。

“知我者希,则我者贵。”真正理解我的人很少,那么能取法于我的人就更难得了。老子为什么有此感叹呢?因为世人大都把自己的精力用在增加知识和见解上,从修身方面来说,道家不主张整天学习很多知识,而是要去除妄欲、智巧,做到“无知无欲”,最后得到的就是无为无不为的大智慧。正因为世人的想法与修身之道相反,所以老子发出

上面的感叹。

老子最后讲圣人悟道后的状态:“是以圣人被褐怀玉。”人悟道以后,外表穿着还是和常人一样,身穿粗布衣服,但是心里却像揣着美玉,内心光明,人与之相处,如沐春风。相反,现在有的人学习传统文化没几年,就身着古装,信口开河,讲得天花乱坠,做人也没有一点谦卑心态,这样的人就是还没入道,他的讲座也就不用听了。有些讲修身养性的人自己也没有长寿,那他的书也不用看了。讲经商之道的企业家无论挣了多少钱,最后进监狱了,他的经验也不用学了。

我们学习圣人的经典也是一样,“经”是经过,是圣人实践过、体悟过的真理,经过几千年检验是正确的,所以我们要像孔子一样“信而好古”。要怀着至诚之心认真学习,一分诚敬得一分利益,十分诚敬得十分利益。同时要活学活用,注意做好圣贤之道与当今现实生活的结合。不要因为经典里面的话语十分朴实,没有华丽语言,就否认圣人的思想与智慧。

【老牟悟语】

1.人生中最艰难的不是砥砺前行而是抉择;工作中最困难的不是任务繁重而是创新;生活中最痛苦的不是别人批评而是自责。

2.世间的好运都是如此:当你有心追求它时,它就像小鸟一样远飞;当你专心致志做事,无心追求它时,好运就会悄悄来到你身边。

3.智慧的人得到赞美时会句句反思,他们会不断减少自己的错误因而更有智慧;愚蠢的人受批评时会句句反驳,他们会不断增加自己的错误因而更加愚蠢。

【王弼注道德经】

可不出户窥牖而知,故曰“甚易知”也。无为而成,故曰“甚易行”

也。惑于躁欲，故曰“莫能知”也。迷于荣利，故曰“莫能行”也。宗，万物之宗也。君，万物之主也。以其言有宗，事有君之故，故有知之人，不得不知之也。唯深，故知者希也。知我益希，我亦无匹，故曰“知我者希，则我者贵”也。被褐者，同其尘；怀玉者，宝其真也。圣人之所以难知，以其同尘而不殊，怀玉而不渝，故难知而为贵也。

译文：不用出门打开窗户就能知晓，所以说很容易被了解。无所作为就能完成，所以说很容易去实行。迷惑于躁动的欲望，所以说都不了解。沉迷于对权力的追求，所以说都不会按照这个去做。宗，是指万事万物的源头。君，是指万事万物的关键。因为说出来的话有核心宗旨，做的事有关键要点，所以懂得这个规律的人，不用去主动了解也是知晓的。因为道理太深刻，所以了解的人很少。知道我的人也就稀少，与我能匹敌的人更是没有了，所以说了解我的人很少，按我说的道理去做的人更是难得。披着不起眼的衣服，是为了与尘土相同；怀里抱着玉的人，是珍视自己的本真。圣人之所以难以了解，是因为他们同尘土混同没有什么两样，他们怀中的玉却洁净而没有污损，所以因难以了解而更加难得。

【河上公章句】知难第七十章

吾言甚易知，甚易行。老子言：吾所言省而易知，约而易行。天下莫能知，莫能行。人恶柔弱，好刚强也。言有宗，事有君。我所言有宗祖根本，事有君臣上下，世人不知者，非我之无德，心与我之反也。夫唯无知，是以不我知。夫唯世人之无知者，是我德之暗，不见于外，穷微极妙，故无知也。知我者希，则我者贵。希，少也。唯达道者乃能知我，故为贵也。是以圣人被褐怀玉。被褐者薄外，怀玉者厚内，匿宝藏德，不以示人也。

译文：老子说：我所说的话通俗易懂、简单易行，天下的人却没有知道的,没有执行的。这大概是由于世人厌恶柔顺弱下,喜爱刚烈强硬(所以不认同无为之道)。我所说的话有祖先传承的根本,我所做的事有君臣上下的规矩,世人不理解、不执行,并不是我的言行不讲道德,而是世人的心思与我的心思相反。世人不知道不执行的原因,是因为我的道德暗昧不明,不显露在外面,而且极尽微妙之至,所以世人不知道。只有通达大道的人才能明白我的言行,因为知道的人少,所以珍贵。穿着粗麻布衣的人不重视外表的单薄,怀藏美玉的人注重内心的淳厚。他们隐匿美玉,藏积道德,从不显示给世人。

七十一章

【原文】知不知，上；不知知，病。夫唯病病，是以不病。圣人不病，以其病病，是以不病。

【译文】知道而不表现为知道，这才算是高明有见识。不知道却自以为知道，这是思想上出了问题。把缺点当作缺点，这样才没有缺点。圣人没有缺点，正因为他把缺点当作缺点，所以才没有缺点。

【说解】本章老子讲世人不知以为知的病根，指出人贵有自知之明。

共分为两部分。第一部分老子对比“知不知”和“不知知”两种不同的认知态度。“知不知，上”这句话有两种解释，一种解释是知道自己不知道。人有这样的意识很好，但是仅是知道不行，还要加上后续努力，做到有过就改，使自己不断进步，才能说是“上”。另一种解释是知道“道”而不表现为知道，悟道之人都十分谦卑，他们“被褐怀玉”，虽然无所不知却表现得一无所知，不会到处向人炫耀，这是真正高明、有智慧的人。前一种解释意思表达不完整，第二种解释相对圆满一些。

与“知不知”相反的认知态度就是“不知知，病”。不知道却自以为知道，也就是俗话所说的不懂装懂，这是思想上的大病。司马光在解析本章时说：“不知而强知则招患。”患字就是一串心，是不懂装懂的人为满足名利欲望而招致的心病。那么这个病怎么治呢？老子随后又开出对治之方："夫唯病病，是以不病。"求道的人要内求修身，一旦发现自己有缺点，就要"病病"，真心地把缺点当作缺点加以改正，这样才没有缺点。孔子也是这样教育弟子，《论语·为政篇》记载，一次孔子对性格鲁莽的子路说："由，诲女知之乎！知之为知之，不知为不知，是知也。"真正得道的人都知道自己是无知的，与孔子、老子同时代的希腊著名哲学家苏格拉底就是这样。人们都说苏格拉底是雅典最聪明的人，苏格拉底却说："我聪明是因为知道自己无知，别人却连无知都不知道。"

第二部分老子用有道圣人的做法来表达自己观点："圣人不病，以其病病，是以不病。"历史上有很多伟大的帝王，他们也会犯一些错误，比如包括汉文帝、汉武帝在内的多位皇帝都下过"罪己诏"，对自己的过失进行忏悔。圣人和他们的区别就是圣人会"以其病病"，时时进行自我反省，做事时会遵道而为，所以圣人不会犯错误。《论语·八佾篇》记载："子入大庙，每事问。"按理说儒家以礼乐学问见长，为什么孔子进入太庙好像什么都不懂，每事都问呢？孔子回答说，这就是礼啊！圣人是在向人们示现礼的本质，就是人要时时存有恭敬心。圣人会慎重对待每一件事，以减少犯错机会。

本章老子主要用"知"和"病"两个字说出了史上最有智慧的绕口令。老子告诉我们，人贵有自知之明，一个人只有做到了"知不知"，同时在修身道路上不断改过上进，这样将会走向幸福人生。一个人如果"不知知"，没有自知之明，不求上进，看不见自己的缺点，那么他将带着这种毛病烦恼终生。

【老年悟语】

1.聪明的人善于发现并利用别人的缺点，他们处处利己，最终遭遇的必是失败，所以聪明为己是“小聪明”；智慧的人能够发现并改正自己的缺点，他们处处利人，最终拥有的必是成功，所以智慧为人是“大智慧”。

2.人贵有自知之明，当一个人意识不到自己的缺点和陋习时，这些毛病会越长越大，越来越顽固。等你意识到问题的严重性时，想再去除就很难了。

3.人具备积极、好学、和善、无私的品德，接近的就是圣人、真人、佛的境界；人有了消极、嫉妒、仇恨、自私的性格，接近的就是小人、鬼怪、地狱的境界，人同样是活一辈子，你愿意往哪个境界努力呢？

【王弼注道德经】

不知知之不足任，则病也。

译文：不知道却自以为知道，知道的却不能成为凭借，这就是问题了。

【河上公章句】知病第七十一

知不知上，知道言不知，是乃德之上。不知知病。不知道言知，是乃德之病。夫唯病病，是以不病。夫唯能病苦众人有强知之病，是以不自病也。圣人不病，以其病病，是以不病。圣人无此强知之病者，以其常苦众人有此病，以此非人，故不自病。夫圣人怀通达之知，托于不知者，欲使天下质朴忠正，各守纯性。小人不知道意，而妄行强知之事以自显著，内伤精神，减寿消年也。

译文：知晓了大道也说不知晓，这是至上的道德；不知晓大道而说知晓了，这是道德有了缺陷。只有能够切身感受其疾苦并希望改正这种不知道而强说知道的毛病，才能使自己不会存在这种缺点。圣人没有这种不知道而强说知道的缺点，是因为圣人洞悉且常常难过于世人存在这种缺点,并利用这样的悲叹来警戒教化世人,所以自己不会存在这种缺点。圣人怀有通天达地的智慧,但他反而假托自己不知道的原因,是想要天下人都变得质朴自然、忠诚守正,各自保守纯洁的心性。道德卑劣的小人不懂大道本意,违反自然规律妄言乖行,不懂装懂来显耀自己,这样做会损伤元精元神,导致减少寿限、消耗命年而不能长寿。

七十二章

【原文】民不畏威，则大威至。无狎其所居，无厌其所生。夫唯不厌，是以不厌。是以圣人自知，不自见；自爱，不自贵。故去彼取此。

【译文】当百姓不畏惧统治者的威逼压迫时，那么大的祸患就要到来了。统治者不要逼迫得百姓居无定所，不要压榨得百姓难以生存。想要不被百姓厌恶，就不要压迫百姓。所以圣人有自知之明，不自持己见，不自我表现，但求自爱而不自显高贵。所以统治者要学习圣人舍弃自见、自贵，保留自知、自爱。

【说解】本章老子警告统治者不要过度威逼压迫百姓。

共分为两部分。第一部分讲统治者压迫百姓的害处："民不畏威，则大威至。"如果统治者过度威逼压迫百姓，百姓对统治者就会失去信任，水可载舟亦可覆舟，等到百姓不害怕刑法威严时，就会进行反抗。当小的抗争凝聚成大的运动，统治者的政权就岌岌可危了。历史上的陈胜、吴广起义，就是被秦朝残暴的统治逼得走投无路，最后揭竿起义，拉开推翻暴秦统治序幕。统治者和百姓的关系有个合适的度，统治者把握得好百姓就给予信任，失度百姓者则报之以质疑和抗争。圣人都有民信为本的观点，孔子在《论语·颜渊篇》中说："民无信不立。"管理国家可以没有军队，可以没有粮食，但是统治者不能失去百姓信任，没有百姓信任的国家就会分崩离析。

老子接着说："无狎其所居，无厌其所生。"狎同狭，意思是老白姓居住的地方很狭小，统治者不要使百姓不得安居。孟子说："无恒产者无恒心。"让百姓居无定所，不能保障基本生活所需，百姓就会寻求改变现状，社会就会发生动乱。起义造反历来是大罪，一人造反，祸及九族，所以中国老百姓有个特点，就是不把他们逼上绝路，只要有一个破房容身，有一口饭吃，他们都不会起来造反。有道的管理者都会以确保百姓基本生活所需为己任。新加坡从上世纪六十年代开始就实施了"居者有其屋"计划，他们建立了政府租屋制度，让老百姓都有房子住，使百姓得以"身安"。同时仅五百多万人的新加坡还有庙宇教堂六百多座，让老百姓得以"心安"，所以新加坡成为了世界上管理最好的国家之一。

"夫唯不厌，是以不厌。"统治者不去压迫百姓，不让他们感到生存有压力，老百姓也会很宽容，就不会厌弃统治者，也愿意来支持他们。有道之君都是以民为本，他们即使使役百姓，也会考虑到百姓利益。《论语·尧曰篇》中孔子说当政者的五种美德之一就是"劳而不怨"，必须使役百姓也要尽量避免农忙时节，这样就会得到百姓理解。同时征用劳力也是为了国家利益，老百姓怎么会怨恨呢？

第二部分老子阐述圣人的做法让统治者学习。"是以圣人自知，不自见；自爱，不自贵。"有道的圣人有自知之明，他们明白肩负的责任，所以不会穷奢极欲，为所欲为，不会过于表现自己的权势，而会兢兢业业为百姓服务。《史记》记载，周公"一沐三握发，一饭三吐哺"，为了百姓利益，周公无论是在洗头还是在吃饭，遇有求见的人都要停下来先处理工作。《论语·卫灵公篇》中孔子教育弟子说："修己以安百姓。"为政要通过提高自身修养，认真做事使所有百姓都能够安乐生活。圣人珍爱自己生命，更珍爱自己名声，但是不自以为高贵。"故去彼取此。"老子要统治者向圣人学习，舍弃自见、自贵的缺点而保持自知、自爱的优点。统治者只要做到勤政廉政，不去压榨、欺负百姓，自然会得到百姓支持，自然政治清明、社会安定。

【老牟悟语】

1.贫困的人心有善念，无私地帮助别人，便是无位的高官。高官利欲熏心，搜刮百姓财富，便是有位的乞丐。

2.官员勤政廉政，都认为是百姓有福，其实他的子孙受福最多，前辈的美名便是留给他们的荫德。官员为政不廉，都认为是百姓受害，其实他的子孙受害更多，前辈的骂名便是留给他们的遗祸。

3.稍有点嫉妒心可使人奋进，但是嫉妒过度就会伤害别人利益；稍有点宠爱可增加亲情，但是宠爱过度容易生成怨恨；稍有点贪欲可得到实惠，但是贪欲过度就接近了牢狱。

【王弼注道德经】

清静无为谓之居，谦后不盈谓之生。离其清净，行其躁欲，弃其谦后，任其威权，则物扰而民僻，威不能复制民。民不能堪其威，则上下大溃矣，天诛将至。

故曰“民不畏威，则大威至。无狎其所居，无厌其所生”。言威力不可任也。不自厌，是以天下莫之厌。是以圣人自知不自见。不自见其所知，以耀光行威也。自贵，则狎居厌生。

译文：淡泊宁静、无所作为的状态称作居，谦卑退让、不过分表现自己称作生。远离清静而进入躁动欲望的状态，放弃谦卑退让而任意施势和权力，则扰乱事物的正常状态，百姓的权利也难以得到保障，威势就不能制约老百姓了。老百姓不能忍受统治者的威力，整个国家都会崩溃，老天的惩罚也就自然而然地来了。

所以说“老百姓不畏惧统治者的威严，就会发生大的麻烦。不要让

他们住的地方越来越狭小，不要让他们的生存受到压迫”。这就是说威势不可依赖。只要不厌恶自己，那么普天下的人都不会厌恶你。不要张扬展现自己所知晓的，这是典型的夸大荣耀、滥用权威。天天显耀自己的高贵，就难以守得住淡泊宁静、谦卑退让的心态。

【河上公章句】爱己第七十二

民不畏威，则大威至。威，害也。人不畏小害则大害至。大害者，谓死亡也。畏之者当爱精神，承天顺地也。无狎其所居，谓心居神，当宽柔，不当急狭也。无厌其所生，人所以生者，以有精神。托空虚，喜清静。饮食不节，忽道念色，邪僻满腹，为伐本厌神也。夫唯不厌，是以不厌。夫唯独不厌精神之人，洗心濯垢，恬泊无欲，则精神居之不厌也。是以圣人自知，不自见，自知己之得失，不自显见德美于外，藏之于内。自爱不自贵。自爱其身以保精气，不自贵高荣名于世。故去彼取此。去彼自见、自贵，取此自知、自爱。

译文：人若不畏惧小的灾害那么大的灾害就会到来，大的灾害就是指死亡。畏惧死亡的人应当爱惜自己的元精元神，顺承天地的自然规律。不要逼迫扰乱他人的安静生活，要心中怀有神明，处事宽容柔顺，不应当处于急躁狭促的状态中。人之所以能够生存的原因，就是因为有元精元神支撑，人的元精元神依托于空净虚明之中，喜好清静。如果饮食不加节制，忽视大道的清静自然而念念不忘声色名利，满肚子的乖谬不正，这样就会损伤根本危害精神。只有不厌弃元精元神的人，经常洗涤身心垢秽，安于淡泊无欲，那么元精元神就会常在而不厌弃主人。所以具有至上道德的人深知自己的得失，不会自我显耀道德的美名让大众知道，而是深藏于内心。具有至上道德的人爱护自己的身心以保持元精元气，不会自我尊贵于高位荣华以扬名于世。所以，要舍弃自我显耀、自我尊贵，求取自知和自爱。

七十三章

【原文】勇于敢则杀，勇于不敢则活。此两者，或利或害。天之所恶，孰知其故？是以圣人犹难之。天之道，不争而善胜，不言而善应，不召而自来，繟然而善谋。天网恢恢，疏而不失。

【译文】勇于表现刚强的人容易送命，善于表现柔弱的人反而能够保全性命。这两种勇的结果，有的得利，有的受害。上天有所厌恶，可谁知道其中原因呢？圣人也难以解说明白。天道自然规律是：不争而善于取胜，不说话而善于得到响应，不召唤而自动到来，宽缓从容而善于安排筹划。天道宽广无边，虽然宽疏但并不漏失。

【说解】本章老子主要阐述柔弱不争之道。

共分为两部分。第一部分老子对比两种不同的勇敢。一种是“勇于敢则杀”，是指有实力的人敢于伤害、侵犯别人，这样的人“则杀”，就是死路一条。圣人对这样的人都是持批评态度，孔子在《论语·颜渊篇》中答弟子问时说：“一朝之忿，忘其身，以及其亲，非惑与？”另外一种是“勇于不敢则活”，是指人在有实力的状态下“不敢”。他们不会轻易去冒犯、伤害别人，老子说这样的人“则活”，他们是同于道的人，所以会保全自己。汉初名将韩信年轻时甘于承受胯下之辱，这就是“勇于不敢”。假如当时年轻气盛的韩信“勇于敢”，将羞辱他的屠夫杀死，那么世间就多了一个杀人犯，汉朝就少了一个开国名将。

老子接着说“此两者,或利或害”,老子前面已经有了“则杀”、“则活”的定论,为什么又在这里发出“或利或害”的疑问呢?因为社会现实常与人们想象的情形相反。现实中“勇于敢”的人可能会获利,“勇于不敢”的人可能会吃亏。比如孔子的弟子颜回很有仁德却不幸过早夭亡,而当时无恶不作的盗跖却得以长寿,以至于司马迁在《史记》中对此也发出了好人没好报的疑问:“天之所恶,孰知其故?是以圣人犹难之。”被天道所厌恶的“勇于敢”,可又谁知道其中的缘故呢?就是有智慧的圣人也难以解说明白。不是说圣人不明白,而是因为世人多以名利之心看待事物,圣人则是从“道”的观点看待事物,所以圣人有时说出了事物真相而世人难以相信。如果从“道”的观点来看前面的例子,就可以说是颜回“夭非夭”,他虽然过早夭亡,但是美名永存;盗跖“寿非寿”,盗跖虽然长寿但是流传至今的是骂名,这也算解答了司马迁的疑问。

第二部分老子主要讲天道自然。老子列举了符合天道的四法则:不争抢、不说话、不召唤、行动迟缓。“不争而善胜”,一个人争抢功劳就没有了“德”,反过来,有功劳而不争的人就有了“德”,有德者得道,得道多助,所以最后的胜利是不争者。“不言而善应”,意思是圣人效法天道行不言之教,做到无己利他,所以大家都会积极响应他的号召。孔子教育弟子也要学习上天的不言之教,《论语·阳货篇》中孔子说:“天何言哉?四时行焉,百物生焉,天何言哉?”也就是老子所说的“夫物芸芸,各复归其根”,天道自然,星宿自然运行,万物自然生长,各安其位。“繟然而善谋”意思是看似不露痕迹,从容、放松的样子,但是最终的结果却好像谋划好的一样。有的人做事遵道而为,看似没有目标,工作十分轻松,最终却十分成功。而有的人心怀叵测,看似目标坚定,整天十分努力,最终却没有好的结果。其原因就是无私之心、无为而为是符合“道”的,而有私之心、有为而为是不符合“道”的,所以最后的结果也就显而易见了。

老子最后讲"天网恢恢,疏而不失"。现在常说的"天网恢恢,疏而不漏"就源于此。这里最后老子告诉了人们一个天道秘密,就是一个人做事只要"勇于不敢",再做到符合天道的四法则,其结果就不用考虑了,最终自然会有好的报应。相反,如果做事"勇于敢",恣意妄作,不符合天道规律，就必然会有祸患。任何人都逃脱不了这个天道,所以老子说"疏而不失"。老百姓常说的"头顶三尺有神明"、"人在做天在看"也都是说的这个道理。孔子在《论语·雍也篇》中说:"人之生也直,罔之生也幸而免。"做事不符合天道的人如盗跖、秦桧之流,即使他们侥幸多活几年,可如今世间还留有骂名,谁还说他们长寿呢？短寿的颜回、岳飞等人至今美名流传世间,又有谁说他们不长寿呢？这就是"天网恢恢,疏而不失"的含义。

【老牟悟语】

1.人生最大的敌人就是自己,它往往以时间、能力、金钱、健康等借口停止前行的脚步,使你失去一次又一次成功机会,人只有战胜自己才会成功。

2.世上其他人做恶都情有可原,惟独老师不能做恶,否则便没有了教化他人的人。其他人犯法都情有可原，惟独执法者不能犯法,否则便没有公正治世的人。

3.有的人糊涂一世,他们用损失道德的方式赚钱,用损害健康的方式花钱,等到大难临头才后悔自己走错了路,可惜明白来得太晚。

【王弼注道德经】

勇于敢则杀,必不得其死也。勇于不敢则活,必齐命也。俱勇而所施者异,利害不同,故曰"或利或害也"。孰,谁也。谁能知天下之所意邪？其唯圣人。夫圣人之明，犹难于勇敢，况无圣人之明，而欲行之也。故曰“犹难之”也。

天唯不争，故天下莫能与之争。顺则吉，逆则凶，不言而善应也。处下则物自归。垂象而见吉凶，先事而设诚，安而不忘危，未兆而谋之，故曰“繟然而善谋”也。

译文：勇于表现坚强的人会不得善终，勇于表现柔弱的人可以保全生命。这两种都是有勇气但做法却不一样，得到的结果也相反，所以说“有的获利，有的遭害”。孰，是谁的意思。谁能够了解上天的意图呢？只有圣人。只是有了圣人的高明还不行，难的是做到主动勇敢的行动，但现实情况却经常是既没有圣人的高明还想去行动。所以说“圣人也认为这非常困难”。

只有不争，天下万物才能与其无争。顺应“道”的规则就会顺利，逆反而行就会有祸患，不发布号令却能得到响应和追随。处于低下的地方，万物就能自然而然地归附。观察事物的动向就能知道好坏，在事前就要端正心态，居安思危，未雨绸缪，所以说“坦然从容而善于谋划”。

【河上公章句】任为第七十三

勇于敢则杀，勇敢有为，则杀其身。勇于不敢则活。勇于不敢有为，则活其身。此两者，谓敢与不敢也。或利或害。活身为利，杀身为害。天之所恶，恶有为也。孰知其故？谁能知天意之故而不犯？是以圣人犹难之。言圣人之明德犹难于勇敢，况无圣人之德而欲行之乎？天之道，不争而善胜，天不与人争贵贱，而人自畏之。不言而善应，天不言，万物自动以应时。不召而自来，天不呼召，万物皆负阴而向阳。繟然而善谋。繟，宽也。天道虽宽博，善谋虑人事，修善行恶，各蒙其报也。天网恢恢，疏而不失。天所网罗恢恢甚大，虽疏远，司察人善恶，无有所失。

译文：自恃勇气而敢做敢为，就会杀害自己的身体；有勇气自认怯弱而不敢妄为，就会自然地活在世上。敢于有为与不敢有为这两种做法，能让身体活着的就是利好，招致杀害身体的就是祸害。上天厌恶的是有为，谁能知道天意的原由而不侵犯它呢？具有至上道德的圣人通明大道真谛也还犯难于勇敢，况且没有圣人的道德而想要勇敢有为呢？天道自然不与世人相争高贵与低贱，而世人自发地畏惧它；天道静谧不言不语，而万物自发地变动以顺应天时变化；天道不主动召呼万物，而万物都知道背阴而向阳规律。天道虽然宽广博大，但是却善于谋划考虑人间事理，让修善与行恶各自受到相应果报。天道如同广阔浩渺的大网，虽然看起来稀疏宽松，却是专司督查人世善恶，不会有任何失漏。

七十四章

【原文】民不畏死，奈何以死惧之！若使民常畏死，而为奇者吾得执而杀之，孰敢？常有司杀者杀，夫代司杀者杀，是谓代大匠斫。夫代大匠斫者，希有不伤其手矣。

【译文】百姓不畏惧死亡，怎么能用死来吓唬他们呢！假如百姓真的畏惧死亡的话，对于为非作歹的人，我们就把他抓来杀掉。谁还敢为非作歹？经常有专管杀人的人去执行杀人任务，代替专管杀人的人去杀人，就如同代替高明的木匠去砍木头，那代替高明的木匠砍木头的人，很少有不砍伤自己手指头的。

【说解】本章老子批评统治者用严刑峻法治理百姓。

共分为两部分。第一部分老子讲统治者不能靠一味杀戮进行管理。“民不畏死，奈何以死惧之！”无道的统治者不明天道规律，使用刑罚以显示其威严，经常使用杀戮手段恐吓百姓，最后百姓都感到死亡不再可怕，也就不畏惧死亡了。最终结果就是“民不畏威，则大威至”，百姓无所畏惧了，统治者的大祸就来临了。孔子也反对统治者这种严苛的治理方式，《礼记》中记载孔子对弟子们说：“苛政猛于虎。”老子接着做了一个假设：“若使民常畏死”，“而为奇者吾得执而杀之，孰敢？”当然老子的这个假设必须要结合道德教化才会有作用。孔子在《论语·为政篇》中说：“道之以政，齐之以刑，民免而无耻；导之以德，齐之以礼,有耻且格。”大意是用法治进行管理,百姓能免于犯罪但会丧失羞耻心;用道德教化百姓,他们就不会犯法而且有羞耻心。我国历史上最常用的社会治理方式就是儒法并用,只有以德治国和依法治国并用才能相得益彰。从历史经验来看,极端依靠严刑峻法进行治理,杀人越多的朝代,民心越不稳定。如秦朝以刑罚种类繁多、手段残酷而著称,百姓不堪其苦,所以一旦有人带头奋起反抗,强大的秦朝瞬间就灭亡了。孟子也说过“不嗜杀人者能一之”,否则就会像秦朝一样,即使统一天下也会很快失去天下。

第二部分老子讲杀人有违天道必遭报应:“常有司杀者杀。”古代经常有专管杀人的人去执行杀人的任务,而且是“秋后问斩”,因为秋天代表肃杀,所以古代执行死刑多是在秋天,也是遵循天道。老子的意思是上天掌管着人的生死大权,即使有人犯了死罪,也要经过专门的司法人员办理,统治者不能依仗权势随意剥夺人的生命。“夫代司杀者杀,”统治者代替专管的司法人员去杀人,是实行“人治”的方式草菅人命,属于越权行事。而这些人往往还打着“替天行道”的名义。明末张献忠杀人如麻,自己还立了个“七杀碑”,上书“天生万物与人,人无一物与天,杀杀杀杀杀杀杀”。他立碑也是想为自己的杀人罪行开脱。孔子的政治主张是避免使用杀戮手段,《论语·颜渊篇》中季康子想用杀掉无道的人来成全有道的人,孔子说:“子为政,焉用杀?子欲善而民善矣。”孔子推崇用身教感化百姓。

老子随后举了一个例子:“是谓代大匠斫。”各个行业都有得道之人,高明的工匠掌握了木工活诀窍,干起活来砍得很准确,雕刻起来也得心应手。统治者直接杀人就是越权干预司法,就像一个不会使用斧子的人代替高明的木匠砍木头。这些嘴上说是替天行道的人,其实就是“代大匠斫”。老子接着讲了后果:“夫代大匠斫者,希有不伤其手矣。”历史上杀人众多的将领多数都没有好下场。据《蜀破镜》记载,张献忠战败后把自己的数十妻妾和年幼的儿子统统杀掉，自己最后也被清兵射死，这就是老子所说的其报好还。

老子认为，人自有天命，死亡也是自然的。统治者要爱护百姓而不是随意决定百姓生死。如果统治者实施严刑峻法，越俎代庖干预司法，就会伤及无辜百姓，自己也必受其害。

【老牟悟语】

1.有猜忌心的人用怀疑的眼光看人，把别人的好心当成恶意，把杯中的弓影当成蛇影，结果看到周围整天杀气重重；有仁慈心的人用仁爱的眼光看人，把别人的恶意也当做无意，把噪音当成悦耳音乐，结果感觉周围整天爱意浓浓。

2.说人间是苦海的人，心完全受情绪、欲望、妄念的蒙蔽，他看不见人间的美好，心已经坠入苦海。如果你说圣贤经典可以救他出苦海，他会拒绝你伸出的橄榄枝，还认为你别有用心。

3.用阴险诈术害人的，早晚会被别人伤害，还会贻害自己儿孙后代；用造谣中伤害人的，早晚会遭别人中伤，还会伤害自己身心健康。

【王弼注道德经】

诡异乱群，谓之奇也。为逆，顺者之所恶忿也；不仁者，人之所疾也。故曰“常有司杀”也。

译文：诡异地引起社会动乱的人和事，就称作奇。违背道的规律，是顺应自然规则的人所厌恶讨厌的；不仁义的人，是大家都嫉恨的。所以说常有专管杀人的人，去执行杀人任务。

【河上公章句】制惑第七十四

民不畏死，治国者刑罚酷深，民不聊生，故不畏死也。治身者嗜欲伤神,贪财杀身,民不知畏之也。奈何以死惧之?人君不宽刑罚,教民去情欲,奈何设刑法以死惧之?若使民常畏死,当除己之所残克,教民去利欲也。而为奇者,吾得执而杀之,孰敢?以道教化而民不从,反为奇巧,乃应王法执而杀之,谁敢有犯者?老子疾时王不先道德化之,而先刑罚也。常有司杀者。司杀者,谓天居高临下,司察人过。天网恢恢,疏而不失也。夫代司杀者,是谓代大匠斲。天道至明,司杀有常,犹春生夏长,秋收冬藏,斗杓运移,以节度行之。人君欲代杀之,是犹拙夫代大匠斲木,劳而无功也。夫代大匠斲者,希有不伤手矣。人君行刑罚,犹拙夫代大匠斲,则方圆不得其理,还自伤。代天杀者,失纪纲,不得其纪纲,还受其殃也。

译文:治理国家的人所施刑罚严苛深酷,百姓无以为生,活不下去,所以就不再畏惧死亡。修治身心的人过分地恣纵欲望而损伤精神,贪图财宝而招致杀身之祸,人们不知道还害怕他什么。国君不去放宽治国的刑罚,不去教化民众弃除情欲,怎么反而设置严刑峻法用死亡来吓唬他们呢?如果想要民众长期畏惧死亡,就应当去除自己的残酷和严苛,教化民众舍弃名利及欲望。如果用大道教化民众而民众不从教化,反而爱好奇诈伪巧之事,这时就根据王法捉拿镇杀他们,谁还敢不守教化?老子不满当时的君王不首先用道德教化民众,而是先用刑罚。由执掌杀伐的人(天道)执行杀伐,是指上天居高临下,司察人们过失。天道这张大网虽然看起来稀疏宽松,却不会有任何失漏。天道至清至明,执行杀伐有自然规律,就好像春天生发、夏天成长、秋天收获、冬天储藏一样合乎自然,又像北斗星辰的杓柄运转移动,自然而然地按照节气度数规律运行。国君想要代替天道执行杀伐,就像拙笨的莽夫代替高明的木匠砍削木材一样劳而无功。国君执行刑罚,如同拙笨的莽夫代替高明的木匠砍削木材,不论砍方削圆都找不到规律窍门,还会把自己弄伤。代替上天执行杀伐失掉纲领法度,得不到执行杀伐的纲领法度,还会遭受灾祸。

七十五章

【原文】民之饥，以其上食税之多，是以饥。民之难治，以其上之有为，是以难治。民之轻死，以其上求生之厚，是以轻死。夫唯无以生为者，是贤于贵生。

【译文】百姓所以遭受饥荒，是由于统治者收取赋税太多，所以百姓才陷于饥饿。百姓之所以难以统治，是由于统治者政令繁苛、喜欢有所作为，所以百姓就难以统治。百姓之所以轻生冒死，是由于统治者追求奉养过厚，把百姓逼上绝路，所以百姓觉得死也算不了什么。只有不追求生活享受的人，才胜过厚养自己生命的人。

【说解】本章老子讲了社会治理中的问题及其原因，劝诫统治者治国要遵道而为。

共分为两部分。第一部分老子揭露了百姓饥饿、难以管理、轻生冒死的原因。“民之饥，以其上食税之多，是以饥。”上是指上层的统治者及其管理者，百姓为什么饥寒交迫？除了偶发天灾外，主要就是因为当政者收取的税赋过多，而且都被他们挥霍。统治者不明白减轻百姓税赋更能促进社会生产发展，从而使税源更多。《论语·颜渊篇》中记载，孔子的弟子有若建议鲁哀公减税，鲁哀公说减税后我的收入不足怎么办？有若说：“百姓足，君孰与不足？百姓不足，君孰与足？”纵观中国历史，税赋轻薄的时代也是国家财力富足的时代，汉文帝时期甚至取消农业税收，最后国库里钱多得连穿钱的绳子都烂掉了。反过来，凡是税赋最重的年代，往往社会资源特别贫乏，国家财力也特别薄弱，这种现象在西方被称为拉弗曲线。

“民之难治，以其上之有为，是以难治。”百姓为什么难以统治呢？是由于统治者过度搜刮财物，使百姓没有饭吃，“饥寒起盗心”，这样就会造成盗窃与诈骗现象频频出现，加上统治者政令繁苛、为所欲为，导致民不聊生。统治者把百姓的心折腾乱了，他们失去百姓信任，百姓也就难以统治了。

“民之轻死，以其上求生之厚，是以轻死。”百姓为什么不把死当一回事？是因为统治者厚养自己，把自己的生命看得太重要，掠夺百姓财富，生活穷奢极欲，使百姓居无定所，衣食无着。百姓生活在水深火热之中，没有了活路，所以就“是以轻死”，也就不把死亡当回事了。

第二部分老子在分析了社会治理中的问题及其原因后，给统治者开了一个应对之方：“夫唯无以生为者，是贤于贵生。”无以生为者就是无为，统治者淡泊名利、不过分注重生命、不追求生活享受，整天为老百姓利益着想，这样百姓自然淳朴，社会自然安定。如果统治者有这种境界，那就是真正接近“道”的人。老子说这种人“是贤于贵生”，比那种过分厚养自己生命，向百姓索取太多，而导致民不聊生的人要高尚得多。孔子也反对当政者处处为自己着想，不考虑别人利益的行为，所以《论语·里仁篇》中孔子说：“放于利而行，多怨。”老子最后开出此方，实际上是在苦口婆心地规劝统治者，不要过分追逐自己的享乐，不要过分压榨百姓，否则百姓真的没有了活路，他们必然轻生冒死，这样社会就会产生动乱，统治者的好日子也就到头了。

【老牟悟语】

1.贪婪者奢侈多欲，为满足欲望吃山珍海味，得富贵病，死后轻如鸿毛;觉悟者淡泊名利,为修身求道吃粗茶淡饭,行善积德,一生重于泰山。

2.用欺骗的方法损人利己,其实损害的是自己的德行,日后必吃大亏。“欺”字拆开就是“欺人其实是欠人家的”,“骗”字拆开就是“骗人暴露后马上被人看扁”。

3.一个人成长要感谢给你提意见的人,意见警示使你不断成熟;还要感谢使你遭遇困境的人,遭遇困境使你更加坚强。

【王弼注道德经】

民之所以僻,治之所以乱,皆由上,不由其下也。民从上也。

译文:老百姓为什么会变得邪僻,偏离正常生活轨道,国家为什么会变得混乱,这些都是由上层执政者引起的,而不是平民百姓。老百姓都是跟从上层领导的。

【河上公章句】贪损第七十五

民之饥,以其上食税之多,是以饥。人民所以饥寒者,以其君上税食下太多,民皆化上为贪,叛道违德,故饥。民之难治,以其上之有为,是以难治。民之不可治者,以其君上多欲,好有为也。是以其民化上有为,情伪难治。民之轻死,以其上求生之厚,人之轻犯死者,以其求生活之道太厚,贪利以自危。是以轻死。以求生太厚之故,轻入死地也。夫唯无以生为者,是贤于贵生。夫唯独无以生为务者,爵禄不干于意,财利不入于身,天子不得臣,诸侯不得使,则贤于贵生也。

译文:民众吃不饱穿不好生活饥迫,是因为他们的国君征收赋税过多、对下摊派过多,民众都潜移默化地像国君一样贪婪,这样叛离大道、违背道德,所以就会生活饥迫。民众之所以难于管辖治理,以因为上面的国君有着太多欲望,肆意妄为,这样他的民众就会跟着效行有为之道，上上下下虚伪诈作而难以管治。人们轻率地触犯死亡的原因，以因为追求生活享受太过奢厚，贪图财利导致自入危境。因为追求长生长寿而过于生活奢厚，反而轻易地进入死亡境地。只有不把贪生享受作为重要追求的人，官位爵禄干扰不了意志，财色名利进入不了身心，天子不能御使为臣，诸侯不能随意差遣，这样就胜过以生为贵的人了。

七十六章

【原文】人之生也柔弱，其死也坚强。草木之生也柔脆，其死也枯槁。故坚强者死之徒，柔弱者生之徒。是以兵强则不胜，木强则兵。强大处下，柔弱处上。

【译文】人活着的时候身体柔软，死了之后身体很僵硬；草木生长的时候柔软脆弱，死后变得干瘪枯槁。所以坚强的东西属于死的那一类，柔弱的东西属于活的那一类。因此，军队越是逞强越难取胜，树木越是高大越是容易遭到砍伐。自逞强大者反而处于劣势，甘居柔弱者终将转为优势。

【说解】本章表达了老子贵柔戒刚的思想。

共分为两部分。第一部分老子通过列举人体和草木的例子，阐述了柔弱胜刚强的观点。老子先说人的状态："人之生也柔弱，其死也坚强。"人活着的时候身体是柔弱的，特别是年幼的孩子和运动员，身体柔韧性尤为明显，而人死了以后一段时间内就会变得僵硬。随后说草木的状态："草木之生也柔脆，其死也枯槁。"草木生长的时候也是柔软脆弱的，死后失去水分就会变得干瘪枯槁。老子柔弱胜刚强思想的形成，得益于老师商容的启发和教诲。据《慎子·外篇》中记载，老子拜见老师商容时说："先生病得如此重，有什么遗教可以告诉弟子吗？"商容张开口说："你看我的舌头还在吗？""在。"老师又问："我的牙齿还在吗？”“没有了。”老师又问：“你知道原因是什么吗？”“不是因为舌头是柔软的，牙齿是刚硬的吗？”老师说：“好啊！是这样的。世界上的事情、道理都已包容尽了，我还有什么可以再告诉你的呢？”从这里可以看出老子柔弱胜刚强思想的源头以及老子尊敬师长的高尚品德。

接着老子说出结论：“故坚强者死之徒，柔弱者生之徒。”坚强的东西属于死的那一类，柔弱的东西属于活的那一类。大家要注意，老子所说的坚强并不是现代人所说的坚定、刚强之意，而是指过于逞强、妄为等背离大道的行为。柔弱也不是现代人所说的柔嫩、弱小，而是指不妄为、谦下、蓄势待发之意，是合乎于大道的行为。孔子也认为，真正的强大并不是勇武好斗，《中庸》中记载，弟子问什么是强，孔子说：“故君子和而不流，强哉矫！中立而不倚，强哉矫！”圣人告诉我们，人生在世，切莫逞强好斗，应该采取柔弱谦下的态度与人相处，这样才能在复杂的社会中站稳脚跟。

第二部分老子以用兵和树木为例说明逞强的坏处和柔弱的好处。“是以兵强则不胜”，一方面是说作战时过于逞强，对外暴露自己的实力和弱点，就容易被对方有针对性地袭击，甚至被对方消灭；另一方面是说国君凭借强大的军事力量，肆意发起不义战争，必将丧失民心，最终就会导致败亡。所以古人说：“国虽大,好战必亡。”希特勒、日本侵略者莫不如此，他们凭借强大军队发动侵略战争，最后都是土崩瓦解。

“木强则兵”也是同理。暴风雨袭来，长得高的大树不能弯曲，就很容易被刮倒，树木长得粗壮也容易被人砍伐利用。可见，凡事过头容易遭遇不测之灾。孔子也多次教育弟子谦虚好学，要注意克服性格刚强的毛病，《论语·阳货篇》记载，孔子对子路说：“好刚不好学，其蔽也狂。”性格刚强的子路没有听从老师劝告，最终死于卫国内乱。

“强大处下，柔弱处上。”老子最后总结说，自逞强大者反而处于劣势，甘居柔弱者终将转为优势。有人会说老子讲的道理与现实状况不符，现实中常见的都是强者以势压人，争强好胜的人占的便宜也多。其实老子在这里不是讲平民百姓间的利益相争，我们在前面说过，《道德经》是老子讲给诸侯国国君和卿大夫的管理之道，老子是想让当政者懂得柔弱处下的道理，做到以柔克刚，以退为进。使他们在管理中面对处于弱势的百姓，避免逞强好胜，不以权势压人，这样就会得到百姓的认可和支持。

将“强大处下，柔弱处上”的理念用于个人修身求道也是如此。人的有为、妄念、欲望就属于修身中的“强大”，如果做不到“处下”，就会耗散人的精力和能量，这样修身就越修就越偏。人的无为、淡泊、寡欲就属于修身中的“柔弱”，如果做到“处上”，就会使人回归自性，就能汇集自己的精力和能量，这样越修人有就越有定力，有定力自然会生出智慧。

【老年悟语】

1.一个人遭遇挫折往往是祸福的转机。此时如果想得开，主动内省改过，事情会向好的方向转化，甚至会有意外之喜，就是因祸得福。此时如果想不开，心怀怨恨，处处寻机报复，事情会向坏的方向转化，甚至会引发新的灾祸，就是祸不单行。

2.人的高贵不是源自出身和地位，而是在于心念和言行。平民遵道而行，心善、言善、行善，就会彰显高贵；天子背道而行，心恶、言恶、行恶，就是独夫民贼。

3.上天会给每个人成功的机会，这些机会有时需要你在关键时刻孤注一掷才能抓住，有时需要你在困难时坚持不懈才能得到。只要你努力前行就有新的机会。切忌机会来时患得患失，犹豫不决。

【王弼注道德经】

强兵以暴于天下者,物之所恶也,故必不得胜。

译文:用强大的武力对付天下百姓,是万物所厌恶的,所以肯定不会成功。

【河上公章句】戒强第七十六

人之生也柔弱,人生含和气,抱精神。故柔弱也。其死也坚强。人死和气竭,精神亡,故坚强也。万物草木之生也柔脆,和气存也。其死也枯槁。和气去也。故坚强者死之徒,柔弱者生之徒。以上二事观之,知坚强者死,柔弱者生也。是以兵强则不胜,强大之兵轻战乐杀,毒流怨结,众弱为一强,故不胜。木强则共。本强大则枝叶共生其上。强大处下,柔弱处上。兴物造功,大木处下,小物处上。天道抑强扶弱,自然之效。

译文:人的生命包含有中和之气,抱守着无形无质的元精元神,所以是柔弱的;人的死亡是因为中和之气枯竭,元精元神消亡,所以就僵硬了。万物及草木的生命也是柔和脆弱的,因为它们有中和之气存在;万物及草木死亡也会干枯萎槁,因为中和之气消散了。通过以上两件事情观察生死与刚柔的关系,就会得出刚强的东西容易死亡、柔弱的东西容易生存的道理。强大的军队往往轻开战端、喜好杀戮,使荼毒流窜、怨恨集聚,众多弱小力量为了生存而团结成一个强大的力量来对抗它,所以强大的军队不会取得最终胜利。树木的根本强大,那么枝枝叶叶就会附着于根本上共同生长。兴建高大建筑创造功绩,自然会把大的木料用在下面的基础上,把小的物件用在上层的建筑上。天道抑制强大,扶持弱小,这是自然规律的结果。

七十七章

【原文】天之道，其犹张弓与！高者抑之，下者举之；有余者损之，不足者补之。天之道，损有余而补不足。人之道则不然，损不足以奉有余。孰能有余以奉天下？唯有道者。是以圣人为而不恃，功成而不处，其不欲见贤。

【译文】上天运行的规律，不正像张弓射箭的道理吗！当人将弓拉开后弓的上端会降低，弓的下端会升高。原来很长的弓就变得短了，原来很窄的弓变得宽大了。上天的规律，就是减少有余的补给不足的。可是社会法则却不是这样，要减少不足的，来奉献给有余的人。那么，谁能够减少有余的，以补给天下人的不足呢？只有有道的人才可以做到。因此，圣人有所作为而不占有，有所成就而不居功，他还不愿意显示自己的贤能。

【说解】本章老子讲述了“天之道”和“人之道”的区别，强调圣人遵“天之道”而为。

共分为两部分。第一部分老子用张弓射箭比喻上天运行的规律。“天之道，其犹张弓与！”上天运行的规律，不是很像张弓射箭的道理吗！后面几句，不少译者讲得过于复杂，其实老子就是讲了张弓射箭时四种直观的状态：弓竖着放时样子是很高很窄的，当我们将弓拉开后，弓的高度会降低，宽度会加大，这样弓的上端会降低，就是“高者抑之”,弓的下端会升高,就是“下者举之”;弓拉开后很长的弓背就弯曲变短了,就是“有余者损之”,弓弦与弓背间很窄的宽度也变得宽大了,就是“不足者补之”,所以弓拉开后产生了类似天之道“抑之、举之、损之、补之”的四种效果。

张弓射箭看似简单,还可以悟出很多道理。孔子也用射箭比喻君子之争,在《论语·八佾篇》中孔子说:“君子无所争,必也射乎。揖让而升,下而饮,其争也君子。”

我们在做事时应该也要遵循天道,当事业成功或者身处高位时,一定要“高者抑之”,做事要低调些,要认识到自己并没那么重要,言行要更加谨慎,这样就不会得罪人,不会失去大家信任和支持。当我们的事业遭遇低谷时,一定要“下者举之”,要树立坚定信心,更加积极工作,与大家团结一起度过难关,这样就会走出低谷迈向成功。

第二部分老子讲“天之道”和“人之道”的差别:“天之道,损有余而补不足。”上天有其自然的运行法则,不仅用昼夜往来、寒暑交替、阳光雨露等方式滋养万物,还有地震、台风、暴雨、生灭等各种调节自然界平衡的方式,减少有余的补给不足的。老子接着说人类社会的法则却不是这样,“损不足以奉有余”,人都有趋利欲望,往往都是减少不足的,来奉献给有余的。老子所处的时代社会动乱,越是贫穷的人被压榨得越厉害,富裕的人反而越来越富。有钱的富人依附权贵,做一些锦上添花的行为,很少有人为穷苦百姓着想。中国历史上有个“三百年规律”,就是社会财富分配不公到了一定程度,就会有人“替天行道”,所以历史上各朝代一般都超不过三百年,这或许就是“天之道”对“人之道”的纠偏调整。

随后老子向当政者提出建议:“孰能有余以奉天下?唯有道者。”当政者遵道而行,百姓生活幸福,社会就会安定,统治者的政权也就会更稳固。孔子也给当政者提过类似建议,他在《论语·季氏篇》中说“不患寡而患不均，不患贫而患不安”，认为财富不均和安定问题是当政者所要解决的重要问题。

“是以圣人为而不恃”，圣人把事情都做好了而不自恃其能，不作为要挟勒索手段。“功成而不处”，圣人不考虑自己利益，有所成就而不居功。圣人将功劳让给别人，自己得到的是“德”，有了“德”自然会得到百姓支持。“其不欲见贤”，圣人为大家做了好事，但是不愿意显示自己的贤能。老子意在让世人向圣人学习，学习圣人无己利他、谦逊待人的品德，使人们信奉的“人之道”逐步转化为“天之道”，这样社会就会更安定，人们生活就会更幸福。

【老年悟语】

1.做了好事而不要名誉，得到的是真正的美德；做了好事而乞求名誉，得到的是纸做的花朵；做了好事被恩赐名誉，得到的是塑料材质的珠宝。

2.人一旦骄傲了，就会跟着无知浅薄的人走向狂妄之门；一个人谦虚好学，就会跟着智慧的人走上希望之路。

3.成大事者都有无己利他之心，他们做事与“损有余而补不足”的“天之道”相合，得众人之心成就自己事业。失败者都会看重一己之利，他们做事与“损不足以奉有余”的“人之道”相合，失去众人之心，自然一事无成。

【王弼注道德经】

与天地合德，乃能包之如天之道。如人之量，则各有其身，不得相均。如惟无身无私乎？自然，然后乃能与天地合德。谁能处盈而全虚，损有以补无，和光同尘，荡而均者？唯其道也。是以圣人不欲示其贤，以均天下。

译文：与天地具有相同的品德，像天那样宽容、接纳一切，每个人各有特点，各有思想，没法强求一样。果真能做到无私无我？顺应自然之道，就能具备与天地一样的品德。谁能做到处于圆满状态还思想虚无，减损有余的来补充不足的，在光明处与光融合，在污垢处与尘土合一，影响广大而均衡，只有“道”。所以圣人不显示自己贤能，而是使天下顺其自然得以均衡。

【河上公章句】天道第七十七

天之道，其犹张弓欤？天道暗昧，举物类以为喻也。高者抑之，下者举之；有余者损之，不足者补之。言张弓和调之，如是乃可用耳，夫抑高举下，损强益弱，天之道也。天之道，损有余而补不足。天道损有余而益谦，常以中和为上。人之道则不然，损不足以奉有余。人道则与天道反，世俗之人损贫以奉富，夺弱以益强也。孰能有余以奉天下？唯有道者。言谁能居有余之位，自省爵禄以奉天下不足者乎？唯有道之君能行也。是以圣人为而不恃，圣人为德施，不恃其报也。功成而不处，功成事就，不处其位。其不欲见贤。不欲使人知己之贤，匿功不居荣，畏天损有余也。

译文：“天之道，其犹张弓欤？”是指上天之道暗昧不显，例举拉弓射箭这件事来比喻说明天道的规律。拉弓射箭要调整高低及力度大小，这样才能最有效地利用弓箭。抑制高上、抬举低下，减损强大、补益弱小，这也就是天道规律。天道是减损盈余的而增益欠缺的，以调和万物达到中正平和、天然和谐为至上。人道则与天道相反，世俗中的人常常是折损贫穷的用来奉足富有的，抢夺弱小的用来增益强壮的。有谁能够居于富贵有余的地位，自己节省下奉禄用来奉养天下贫穷不足的人呢？只有具备至上道德的圣人能够这样做。圣人普施道德于天下，从不自恃功德而求取回报，成就功业也不居功爵之位。圣人不想让人们知道自己的贤德，有意隐藏功名而不居功享荣，因为畏惧天道折扣有余的法则。

七十八章

【原文】天下莫柔弱于水，而攻坚强者莫之能胜，以其无以易之。弱之胜强，柔之胜刚，天下莫不知，莫能行。是以圣人云：受国之垢，是谓社稷主；受国不祥，是为天下王。正言若反。

【译文】天下再没有什么东西比水更柔弱了，而攻坚克强却没有什么东西可以胜过水，没有什么东西可以代替水。弱胜过强，柔胜过刚，遍天下没有人不知道，但是却没有人能实行。所以圣人说，承担国家的屈辱，才能成为国家的君主，承担全国的祸灾，才能成为天下的君王。正面的话好像在反说一样。

【说解】本章老子阐述了柔弱处下的处世原则。

共分为两部分。第一部分老子讲了柔弱胜刚强的道理："天下莫柔弱于水，而攻坚强者莫之能胜。"水至柔，用什么容器装水，水就会成为什么形状。天下再没有什么东西比水更柔弱的了。而攻坚克强的事物却没有什么东西可以胜过水，水不断地滴，可以滴穿坚硬的石头。还有一种叫水刀的切割工具，它能用高压水切割金属、石头等坚硬的材料。"以其无以易之"，水具有十分柔弱的特性，同时又能胜过刚强，兼具这两种特性的，没有什么东西能代替水了。孔子也借水的这一特性来教育弟子，他在《论语·颜渊篇》中说："浸润之谮，肤受之愬，不行焉，可谓明也已矣。"古人将世间万物按照性质分成木、火、土、金、水五大类，称为五行，水在五行之中是最柔弱的，但是水能够灭火，木头在水中会腐烂，金属在水中会锈蚀，土见水会变软，可见五行中水是最强大的。

老子接着说“弱之胜强，柔之胜刚”。有人说老子讲的都是个别事例，因为我们平时见到的多是强大胜过弱小，刚强胜过柔弱。其实，老子的话有一定条件，他主要是从社会管理和做人处事原则来讲的。老子所讲的柔弱并不是唯唯诺诺、胆小怕事，而是柔中有刚、弱中带强。意在告诫当政者在管理中不要以强势压人，不要争抢名利，做到为人谦下，善待百姓，这样就会得到百姓的认可和支持。“天下莫不知，莫能行。”这个道理说起来没有人不知道，大家也都认可，但是却没有人能实行。有的统治者为了彰显自己的权势，快速推行政令，于是就用强权管理百姓，为所欲为。殊不知推行这种过于强势的专制管理，其后果就是失去民心，达到一定程度百姓就会起来反抗，造成社会动乱。孔子也主张使用柔弱的治理方式，《论语·学而篇》中孔子说：“道千乘之国，敬事而信，节用而爱人，使民以时。”

第二部分老子借用圣人话教导人们处世要谦卑。老子将有道的统治者称之为圣人，圣人是儒家修行的最高境界，而到了庄子那里，就有了“真”、“至”、“圣”、“贤”的分法，他认为修行最高的是真人，第三等的才是圣人，后世道家沿用庄子说法，这和儒家有所区别。老子认为，有道的统治者不但要明白“柔弱胜刚强”的道理，还须承受国家的“垢”、“不祥”。一个人为了国家而承受了这些最不好的事情，才有资格成为天下领导者。历史上的开国之君大都是历尽磨难才得到天下，他们吃苦在前，享受在后，甚至还发生了一些极端的历史事件。比如勾践受辱后卧薪尝胆，最后聚集力量出兵灭吴，成为春秋霸主；周文王被囚禁七年，甚至还被迫吃了用儿子的肉做的肉饼，他含垢忍辱，最终得以三分天下有其二，为推翻纣王奠定基础。

最后老子说“正言若反”，这句话与六十六章讲的“欲先民，必以身后之”的意思相近。有道的统治者身处高位，他们不彰显自己权势而是放低身态，处处把百姓利益放到前面，还要承受国家的痛苦、耻辱、不吉祥的事，他们比别人付出更多。正因为做到了这些，所以才能“处上”，百姓才会把他推到天下王的位置，成为江山社稷的主人。

【老牟悟语】

1.“吃亏是福”是一种生活智慧。一个人吃亏后心态平和，内求诸己，得到的就是智慧，这样的人吃亏是福；一个人吃亏后心态失衡，外求诸人，得到的就是烦恼，这样的人吃亏是凶。

2.人生无非就是想求得事业成功、拥有智慧、生活快乐。其中拥有智慧是最重要的。人有了智慧，可以助力事业成功，可以使人生活快乐。而很多事业成功的人没有快乐，很多快乐的人事业没有成功，都是因为缺少智慧。

3.如果想让别人改变，最好的办法是先改变自己，然后感化对方改变，这样双方在德行方面都有收获；如果强迫别人改变，只会加大别人敌对情绪，这样双方得到的是重重烦恼。

【王弼注道德经】

以，用也。其，谓水也。言用水之柔弱，无物可以易之也。

译文：以，是用的意思。其，是指水。这句话说的是水柔弱的本性，没有什么事物能够改变它。

【河上公章句】任信第七十八

天下莫柔弱于水，圆中则圆，方中则方，壅之则止，决之则行。而攻坚强者莫之能胜，水能怀山襄陵，磨铁消铜，莫能胜水而成功也。以其无以易之。夫攻坚强者,无以易于水。弱之胜强,水能灭火,阴能消阳。柔之胜刚,舌柔齿刚,齿先舌亡。天下莫不知,知柔弱者久长,刚强者折伤。莫能行。耻谦卑,好强梁。是以圣人云:谓下事也。受国之垢,是谓社稷主;人君能受国之垢浊者,若江海不逆小流,则能长保其社稷,为一国之君主也。受国不祥,是为天下王。人君能引过自与,代民受不祥之殃,则可以王天下。正言若反。此乃正直之言,世人不知,以为反言。

译文:天下没有比水更柔弱的了,水流入圆形器具中就呈现圆形,注入方形器具中就呈现方形,堵住水的去路它就停下来,开个口子它就会流出来。水能淹没高山,漫过丘陵,也能磨损钢铁,消蚀青铜,没有什么比水做得更成功的。攻克坚硬顽强的东西,没有什么能够取代水。柔弱的水能够灭掉炙热的火,阴柔能够消损阳刚。舌头柔软,牙齿刚硬,但牙齿往往先于舌头而消亡。天下人都知道处事柔弱的人能够长久、强梁刚硬的人容易折伤的道理,但是谁都不按这个规律行事,都耻于谦卑低下,喜好强梁刚硬。因此圣人说:国君能够忍受国家存在脏垢污浊的原因,就如同宽广的江海不拒纳小小的溪流,这样才能长久保有江山社稷,国君也才能成为江山社稷的君主。国君能够把民众的过失归咎为自己的过失,代替民众承受不祥事件的殃罚,那么就可以主宰天下了。这是正确而直朴的话,然而世人不理解,认为是反话。

七十九章

【原文】和大怨，必有余怨，安可以为善？是以圣人执左契，而不责于人。有德司契，无德司彻。天道无亲，常与善人。

【译文】和解深重的怨恨，必然还会留下残余的怨恨，这怎么可以算是妥善的处理办法呢？因此，圣人保存借据的存根，但并不以此强迫别人偿还债务。有德的人就像持有借据的圣人那样宽容，没有德的人就像掌管田税的逼人交税。天道对任何人都没有亲疏之分，永远善待天下所有的人。

【说解】本章老子主要阐述化解怨恨、与人为善的思想。

共分为两部分。第一部分老子讲化解怨恨的方法。“和大怨，必有余怨，安可以为善？”开篇老子假设了一个问题，双方结下了很深的怨恨后通过努力化解了矛盾，但是大的怨恨不会一下消除的，必然还会留下残余的怨恨，这怎么可以算是妥善的处理办法呢？其实处理好余怨最好的办法就是老子在六十三章中所说的“报怨以德”，用自己的德行感化对方便可消除余怨。孔子对待怨恨的观点与老子不同，他在《论语·宪问篇》中提出了“以直报怨”的观点。以正直报答怨恨的说法比较符合世间的人情往来，但是从社会管理的角度来说，当政者来对百姓的不满应对“以直报怨”和“以怨报怨”都不合适，只有用“报怨以德”的方式才能彻底化解怨恨，这样才能得到百姓支持。

其实老子还讲了更有智慧的应对怨恨的方法，那就是“为之于未有，治之于未乱”。明朝有个官员死前立了一个遗嘱，是给判案的官员看的，大意是如果他的子孙中有亲属间打官司的，请判案的官员先处罚原告。这个官员很有智慧，他明白如果亲属间打官司就会产生大怨，官司结束余怨未了，亲情也就没有了。现今不孝顺父母、兄弟纠纷、夫妻离婚的诉讼案件很多，他们都是不明白这个道理啊。

“是以圣人执左契，而不责于人。”契是指契约，一分两半，债权人持左边借据。因此，圣人保存借据，但并不以此强迫别人偿还债务。意思是说有德的当政者即使对百姓有恩德，也不会像别人欠了他的债一样追债，那样做就容易产生怨恨。孔子在《论语·公冶长篇》介绍了一种减少怨恨的方法：“伯夷、叔齐不念旧恶，怨是用希。”意思是伯夷、叔齐不记恨别人旧有之恶，所以他们的怨恨就很少。

第二部分老子将有德之人和无德之人进行对比。“有德司契，无德司彻。”有德的人就像持有借据的圣人那样宽容大度，这样就不会积累那么多的矛盾，不会产生大怨。没有德的人就像掌管税收的人逼人交税，当政者为了自己的利益压榨百姓，老子认为这是无德的表现，这样一定会积累矛盾，产生大怨。

最后老子说：“天道无亲，常与善人。”很多人将此句翻译为天道对任何人都没有偏爱，永远帮助有德的善人。这样容易让人误解，在第五章中老子说“天地不仁”，天地是没有感情的，会公平对待每一个人，怎么会帮助有德的善人呢？其实，这里“常与善人”的意思是永远善待天下所有的人，在四十九章中有“善者，吾善之；不善者，吾亦善之”。圣人对于善人和不善的人都会善待他们，这样不善的人也会受到感化，使不善的人改过归善。

老子意在提醒当政者，天道是公平的，没有任何偏私。有德的当政者用“有德司契”心态去处理政事，就不会产生怨恨，他们遵天道而行，做到“生而不有，为而不恃，长而不宰”，就一定会得到百姓拥护和支持，也就是得到上天支持。司马迁在《史记》中也引用了“天道无亲，常与善人”这句话，表达了自己对伯夷叔齐和盗跖不同命运的困惑。其实答案寓于天道之中，伯夷叔齐顺天道而为，饿死于首阳山上而被誉为仁者，盗跖逆天道而为，食人肝肉而被归于恶人，这就是最好的报答，至今人们还在歌颂伯夷叔齐，盗跖至今还留有骂名，他们生前的境遇相对于这些又算得了什么呢？这都是天道。

【老牟悟语】

1.常常赞美别人的人，一定性格温和，内心阳光普照，最终会成为有德之士；整天怨恨别人的人，一定性情刻薄，心里垃圾成堆，最终会成为无德小人。

2.人生遭遇的事无论好坏都是来成就我们的，有利的事会助力我们事业成功，不利的事可以使我们收获经验，继续努力也会走向成功。

3.损人利己的人目光短浅，损人者无德，无德必有恶报，所以损人最终的结果就是损己；无己利他的人目光长远，利他者有德，有德必有好报，所以无己最终的结果就是利己。

【王弼注道德经】

不明理其契，以致大怨已至。而德和之，其伤不复，故有余怨也。左契，防怨之所由生也。有德之人，念思其契，不念怨生而后责于人也。

译文：不明白如何处理契约，不能正确处理人与人之间的关系，必然导致大的恩怨产生。用德来和解，造成的感情伤害已经无法恢复如初，所以还会有无法调解的怨气。持有左半边契约，不去责备别人与契约相违背，是为了防止积怨产生。有德的人，一直顾念契约的约定，而不会因违约产生怨恨并去责备别人过失。

【河上公章句】任契第七十九

和大怨，杀人者死，伤人者刑，以相和报。必有余怨，任刑者失人情，必有余怨及于良人也。安可以为善？言一人吁嗟，则失天心，安可以和怨为善？是以圣人执左契而不责于人。古者圣人执左契，合符信也。无文书法律，刻契合符以为信也。但刻契为信，不责人以他事也。有德司契，有德之君，司察契信而已。无德司彻。无德之君，背其契信，司人所失。天道无亲，常与善人。天道无有亲疏，唯与善人，则与司契同也。

译文：把杀人的人处死，把伤人的人处以刑罚，以此求取相互的调和还报。任用刑法的人没有顾及人与人之间的情义，必定遗留下怨恨殃及没有罪责的家人亲属等无辜之人。只要有一个人唉叹伤感，也是违背了天意，怎么可以用调和怨恨来妄求息事宁人呢？古时候圣人拿着左契，以左右相合为信物。那时候没有文书及法律的规范，用镌刻的左右相合的契符作为信用凭证。但是契符只作为信用凭证，不能强责对方从事其他的事情。具有道德的国君，督察契约的履行以诚信治理国家；不具有道德的国君，违背了他的契符信用，查找民众过失以刑法治理国家。上天之道没有亲疏远近，只是亲近眷顾善良的人，这与司察契信是相同的。

八十章

【原文】小国寡民，使有什伯之器而不用，使民重死而不远徙。虽有舟舆，无所乘之；虽有甲兵，无所陈之；使人复结绳而用之。甘其食，美其服，安其居，乐其俗。邻国相望，鸡犬之声相闻，民至老死不相往来。

【译文】国家领土很小，百姓很少，即使国家拥有各种各样精巧的工具，也都放弃不用，让百姓看重死后的葬身之地而不随便迁到远方去。即使百姓拥有船和车，他们也没有遥远的目的地去经常用这些船和车；即使国家拥有很牢固的盔甲和锋利的兵器，也没有地方来贮存和使用这些兵器；让百姓回归到打绳结记事的时代。人人对自己生产出的粮食吃得很可口，认为自己生产的丝麻做成的衣服很美，对住宿自己的房子感到很安心，对自己的风俗习惯感到很快乐。隔壁邻国很近，彼此鸡鸣狗吠都能听到，但两国的百姓都安于自己的生活，从出生到年老去世也不互相往来。

【说解】本章老子描述了“小国寡民”的理想社会景象。

共分为两部分。第一部分老子讲理想的社会状况。这个理想的国家是“小国寡民”，国家领土很小，百姓很少，这样社会治理自然很简单，社会成员间的关系也好协调。即使拥有十倍、百倍人工效率的精巧器具，也不拿出来用，这在现代人看来是不可思议的，现代人都讲求工作效率，都会优先使用先进的器具。但是古人有他们的想法，庄子就讲了一个“抱瓮老人”的故事。说孔子的弟子子贡看见一个老人不用辘轳取水，而是用瓦罐到井里打水，就笑话他笨。老人郑重地对子贡讲，人使用机巧的器具就会有投机取巧之心，他为了保持自己朴素的德行，所以不用辘轳取水。本章老子的意思就是使用最简单的工具，以使自己保持纯净的心灵和朴素的德行。后世有智慧的人也借鉴了老子的观点培养孩子勤劳的品德。曾国藩在外做官时，就多次写信让儿子每天都要下地干活，让女儿给他做鞋；郑板桥临死的时候要吃儿子蒸的馒头，等馒头做好了，人却不在了，临终给儿子遗言：流自己的汗，吃自己的饭，靠天靠地靠祖宗不算好汉。再看看我们身边众多好吃懒做、叛逆成性的孩子，就可以明白古人的智慧了。“使民重死而不远徙”，让百姓很看重自己死后的葬身之地而不随便搬家到远方去。中国人有安土重迁的观念，在外漂泊，心神不定，死的时候一定要落叶归根。远离故土，祖先的坟茔和自己的家无人照看，这是违背信仰的，所以百姓都不愿意离开自己的生养之地。

老子接着说，“虽有舟舆，无所乘之；虽有甲兵，无所陈之”，即使拥有船和车，他们也没有远征的欲望，不会用这些船和车；即使国家拥有很牢固的盔甲和锋利的兵器，没有战争用得上，也没有地方来贮存和展示这些兵器。虽然暂时都用不上，但是国家要有战略储备，做到有船有车，有甲有兵，以防万一。

“使人复结绳而用之。”古人进行耕种等基本生产活动，不需要复杂的计算方式，让百姓回归到打绳结来记事的时代。有人认为，老子要使百姓结绳记事，是反社会文明的倒退行为。其实，社会文明一直不断向前发展，是不可能倒退的。老子的本意是让百姓的心不要过度追逐物欲，让百姓生活回归到朴素、平等、和谐的理想状态。庄子的“其嗜欲深者，其天机浅”就很好地阐释了老子的这一思想。人沉醉于身外欲望，过度关注聪明技巧，其天生的智慧就会被蒙蔽。孔子的弟子子贡、冉求都聪明过人，但是最后得传儒家道统的却是曾参和颜回。孔子在《论语·先进篇》中说“参也鲁”，曾参有点反应迟钝，但是曾参著有《大学》《孝经》流传后世，被誉为“宗圣”，还培养出了“述圣”子思。孔子说颜回“如愚”，看似有点愚笨，但是最终得传孔子心法，被后世誉为“复圣”。儒释道都有同样的观点，都反对过度追求心智技巧，因为欲望是修身求道的大忌。

第二部分老子描绘了“小国寡民”的安乐生活。老子先从吃、穿、住、行、精神生活方面展示了百姓的幸福生活。“甘其食”，吃着自己生产出的粮食很甘甜，相对于现代用各种添加剂做出来的美味食品，天然食品对人体健康来说是最好的美味。“美其服”，自己生产的丝麻做成的衣服最美，这种满足感来自于内心。“安其居”，相对于我们现代人住在水泥框架结构的高楼里，古人住在自己盖的房子里最接地气，也感到很安心。“乐其俗”，他们淳朴的风俗习惯没有任何表演的性质，一切皆发自内心，所以感到很快乐。

老子的理想社会与庄子的“至德之世”、儒家的“大同世界”都同样描述了百姓安居乐业的生活。孔子在《论语·子路篇》中还讲了一种国家治理的最高境界：“近者悦，远者来。”“近者悦”是因为国力强盛，百姓安居乐业，生活蒸蒸日上；“远者来”是因为声名远扬，外交辉煌，外地的百姓都前来归顺。

最后老子勾画出了一幅世外桃源的画面：“邻国相望，鸡犬之声相闻，民至老死不相往来。”这段话很容易让人想起陶渊明的名篇《桃花源记》。陶渊明显然深受老子思想影响。老子说，邻国很近，抬头就可以望见，彼此的鸡鸣狗吠都能听到，但两国的百姓都安于自己的生活，到年老去世也不互相往来，这里的不相往来不是说民众没有感情，而是指民风淳朴，百姓没有过多需求，也没有矛盾冲突，都过着自足自乐的美好生活。

老子的说法,实际上是针对当时社会乱象而言。很多国君为了实现自己欲望,崇尚勇武和刚强,他们肆意发动侵略战争,急于扩大领土,造成百姓流离失所,大道废失。老子希望统治者学习上古圣人的治理方式,遏制自身欲望,带领百姓恢复淳朴的生活方式,这样社会就会安定,百姓就能安居乐业。

【老牟悟语】

1.与磨难和痛苦相伴而来的常常是幸运之神。智慧的人会欣然接受磨难和痛苦,所以常常会得到幸运之神的眷顾;精明的人拒绝磨难和痛苦,所以也就将幸运之神拒之门外。

2.有的人为妻儿花钱可以大手大脚,而自己年迈的父母孤独清贫却不管不问,他们不知道这出戏多年以后还将重演,只不过苦难的主角将会换成自己,导演就是千古不变的孝道。

3.内心有阳光,看到的世界就是一片光明,感受到生活快乐无比;内心受蒙蔽,看到的世界就是一片阴霾,感受到生活悲凉无比。

【王弼注道德经】

国既小,民又寡,尚可使反古,况国大民众乎!故举小国而言也。使民虽有什伯之器,而无所用,何患不足也。使民不用,惟身是实,不贪货赂。故各安其居,重死而不远徙也。

译文:国土小,人口又少,尚且可以使其返回古代的和谐社会,况且地大物博人口众多的大国呢!所以举小国的例子来说明问题。老百姓虽然有精良工具器械却不使用,这样还担心什么工具不够用的呢?有工具却没人使用,只知道自己安稳的生活是实实在在的,不贪图钱财欲望。所以能各自安居乐业,守住故土而不迁徙远处。

【河上公章句】独立第八十

小国寡民，圣人虽治大国，犹以为小，俭约不奢泰。民虽众，犹若寡少，不敢劳之也。使有什伯之器而不用；使民各有部曲什伯，贵贱不相犯也。器谓农人之器。而不用，不征召夺民良时也。使民重死而不远徙。君能为民兴利除害，各得其所，则民重死而贪生也。政令不烦则民安其业，故不远迁徙离其常处也。虽有舟舆，无所乘之；清静无为，不作烦华，不好出入游娱也。虽有甲兵，无所陈之。无怨恶于天下。使民复结绳而用之，去文反质，信无欺也。甘其食，甘其蔬食，不渔食百姓也。美其服，美其恶衣，不贵五色。安其居，安其茅茨，不好文饰之屋。乐其俗。乐其质朴之俗，不转移也。邻国相望，鸡犬之声相闻，相去近也。民至老死不相往来。其无情欲。

译文：具有至上道德的人虽然治理着很大的国家，却还像在治理弱小的国家，注重勤俭节约，不好奢侈安逸。治下民众虽然很多，却还像人口单薄稀少那样，不敢轻易劳役百姓。这样做的目的就是让民众各自建有军事化的组织，贵贱贫富之间互不侵犯。“什伯之器”的“器”指农民的军事化组织。“而不用”指不随便征用民力、不占用农民时间。国君能够为人民兴办有益有利的事业，消除各种弊端危害，百姓都得到合适的安顿而人人满足，那么民众就会重视死亡而珍惜生命了。政令不烦苛，人民就会安居乐业，就不会向远方迁移而离开常住的地方。遵循天道治理国家追求清静无为，不妄施烦政追求奢华，也不经常出入游玩娱乐，这样虽然有船有车却没有什么用途来乘坐，虽然有刀甲士卒却没有什么阵仗来用兵，因为无为施政不会与天下人产生怨恶及仇恨。

为政者要致力于让人们回归到结绳记事的淳朴社会环境中，去除文饰回归质朴，讲求诚信没有欺诈。甘心食用自己的蔬菜食物，不渔猎百姓的劳动成果；喜欢穿着自己的粗布衣服，不看重五色华服；安心居住在自己的茅屋,不喜欢装饰华丽的房屋;忘情于自己质朴的习俗,没有改变的心思。邻国之间相亲相近,鸡鸣狗叫也能互相听到,各国都能独立自主、自给自足,百姓之间没有利益可争夺,到老到死也没有往来的必要。

八十一章

【原文】信言不美，美言不信；善者不辩，辩者不善；知者不博，博者不知。圣人不积，既以为人，己愈有；既以与人，己愈多。天之道，利而不害。圣人之道，为而不争。

【译文】真实可信的话不漂亮，漂亮的话不真实；善良的人不巧言善辩，巧言善辩的人不善良；真正有智慧的人不认为自己博学，卖弄自己懂得多的人不是真有智慧。圣人不存占有之心，而是尽力照顾别人，结果自己也更为充足；他尽力给予别人，自己反而得到更多。天道规律是让万事万物都得到好处，而不伤害它们。圣人的行为准则是主动付出而不跟别人相争。

【说解】本章是《道德经》最后一章，主要阐述了圣人遵循天道，“为而不争”的处世准则。

共分为两部分。第一部分老子讲了要透过表面现象辨识人：“信言不美，美言不信。”通常情况下，真实可信的言语未加任何修饰，也没有掺杂个人的私利，不拐弯抹角，所以听起来都不漂亮。反过来，那些甜言蜜语多是阿谀奉承之言，这些漂亮的话经不起推敲印证，也就失去了真实性。孔子也很讨厌这样的人，他在《论语·学而篇》中说：“巧言令色，鲜矣仁。”“善者不辩，辩者不善”是说善良的人心地纯朴，是非明了，一般不会巧言善辩；相反，巧言善辩的人常常对不合己意的事物品头论足，甚至百般挑剔，横加指责，所以巧言善辩的人不是真正的好人。“知者不博，博者不知”，是说一个能体悟大道，真正有智慧的人是十分谦卑的，他不会去炫耀自己的博学多闻。《论语·述而篇》中记载，当孔子听说有人称赞自己时说：“若圣与仁，则吾岂敢！”社会上有了点知识的人就喜欢卖弄学问，讲得天花乱坠，其实所讲都是细枝末节，没有领悟到大道的核心本质。真正的“道”需要人从内心体悟，这里的“美言”、“辩者”、“博者”说的都不是“道”，这样的人不是真有智慧。

第二部分老子讲圣人遵天道而为。“圣人不积，既以为人，己愈有；既以与人，己愈多。”老子所说的圣人是指有道的统治者，他们完全去除私利，总是尽力帮助天下百姓，不存任何占有之心，结果自己也更为充足。《大学》中说“财散则民聚”，圣人将财富散放到民间，这样民心就聚集起来了，民众一心搞建设，国家自然会富足，这样圣人得到的也更多。从精神方面来说也是一样，圣人尽力给予别人爱心、同情心、学问、知识等，自己反而得到的回报更多。比如老师给学生讲课，自己要先学习准备所讲的知识，课上要解答学生们的疑问，课后自己都会有新的感悟，所以从知识中受益最多的是讲授知识的人。

老子最后说：“天之道，利而不害。圣人之道，为而不争。”天道规律是让万事万物都得到好处，而不伤害它们。圣人的行为准则是，主动付出而不跟别人相争。《道德经》结尾这段话在国内外影响很大，原联合国秘书长潘基文就职典礼上就引用了其中两句：“利而不害，为而不争。”被称为日本“经营之神”的稻盛和夫将“敬天爱人”作为自己的最高经营准则，“敬天”就是尊崇利而不害的天道，“爱人”就是践行为而不争的圣人之道，这与老子的思想不谋而合。

老子《道德经》第一章讲“道可道，非常道”，就是在告诫人们，我所说的“道”不是那个真正的“道”，《道德经》中间的章节是从不同层面、

不同角度全面地阐述了“道”，以及道之用显现的“德”，本章做最后总结再讲“道”。老子的“道”分天地之道和圣人之道。天地之道有“生而不有，为而不恃，长而不宰”的特点，其中，“生”、“为”、“长”就是“利”，天道利于万事万物，“不有”、“不恃”、“不宰”就是“不害”，天道让万事万物得到好处，所以老子总结说“天之道，利而不害”。圣人之道属于有为的层面，一旦有为就容易产生利益相争。为解决这个问题，圣人遵循天之道做到了“为而不争”，正因为付出了而不与人相争，所以圣人的有为就有了“德”，如果有为是无心的那就达到更高层次的“玄德”境界，有心而为就属于较低层次的“德”的境界，比如有心而为的“仁德”就比“玄德”的境界要低。一般当政者有心而为又与人争名争利，就容易产生利益纠葛和各种矛盾，最终将导致社会道德沦丧，甚至会引发内乱。

最后一句也解答了关于老子“无为”思想的疑问，很多人错误地认为老子的“无为”就是无所作为，什么都不干。其实，答案就在这里，老子的“为而不争”就很明白了，圣人首先是“为”，其次才是“不争”，而不是无所作为。

【老年悟语】

1.古人读书志在成圣成贤，心量很大，成就也大，所以他们的经典至今还在世间传承；今人读书志在有钱有权，心量小，成就也小，所以他们的作品随着钱权很快消失。

2.推荐一个抉择两难问题的方法。遇到两难问题时，首先要发真诚之心对待，尽力去除欲望和侥幸心理，切忌使用巧诈之术；其次尽量从利于大众利益的角度，最起码从不伤害他人利益的角度去抉择，这样虽不会最大得利，但是一定不会有后患，自然会有好的结果。

3.儒释道圣贤希望后人践行他们传承的“道”，不是希望后人恭敬他们，只要遵“道”而行就会有莫大收益。然而后人只知道恭敬儒释道圣贤，给他们上香磕头，不愿意践行他们传承的“道”，心里却还想得到莫大收益。

【王弼注道德经】

无私自有，唯善是与，任物而已。顺天之利，不相伤也。

译文：不去自私占有，只需善待万物，任凭自然发展。顺应自然规律则利万物，而互不伤害。

【河上公章句】显质第八十一

信言不美，信者，如其实也。不美者，朴且质也。美言不信。美言者，滋美之华辞。不信者，饰伪多空虚也。善者不辩，善者，以道修身也。不彩文也。辩者不善。辩者，谓巧言也。不善者，舌致患也。山有玉，掘其山；水有珠，浊其渊；辩口多言，亡其身。知者不博，知者，谓知道之士。不博者，守一元也。博者不知。博者，多见闻也。不知者，失要真也。圣人不积，圣人积德不积财，有德以教愚，有财以与贫也。既以为人己愈有，既以为人施设德化，己愈有德。既以与人己愈多。既以财贿布施与人，而财益多，如日月之光，无有尽时。天之道，利而不害；天生万物，爱育之，令长大，无所伤害也。圣人之道，为而不争。圣人法天所施为，化成事就，不与下争功名，故能全其圣功也。

译文：“信”是指真实，“不美”是因为纯真质朴，“信者不美”是说真实的言辞因为纯真质朴而显得不华美；“美言”指华美动听的言辞，“不信”是因为巧饰伪装、空洞虚无，“美言不信”是说华美的言辞多是虚伪不可信的。“善者”指以大道修养身心的人，“善者不辩”是指他们不喜欢文饰宣扬自己，不好机言巧辩；“辩者”指巧言机辩的人，“不善”指巧舌多言导致祸患，“辩者不善”指巧言机辩的人因为巧舌多言

容易导致祸患。山里有美玉,人们会挖掉藏有美玉的山;水里有宝珠,人们为此搅浑藏有宝珠的深渊;巧言利齿、多言好辩的人,会因此而致祸亡身。“知者”是指真正知晓大道的有识之士,“不博”是指持守一元,不杂学以求博闻;“博者”是指学识杂博、多闻多见的人,“不知”是指杂学求博而没有真知灼见。

至上道德的圣人积累德行而不累积财富,积累了道德可以用来教化愚钝的人,有了财富可以施舍给贫穷的人。既然已经为人教化道德,教化得越多自己就越有道德;既然把财富布施给别人,布施得越多自己的财富就越多。这样的道德和财富就如同日月之光,没有穷尽的时候。天道生养万物,爱护养育它们使它们成长壮大,不会受到伤害。圣人效法上天施行的无为之道,教化成功,成就事业,不与天下人争抢功名,所以能够成就至上至圣的功德。